EN CONTACTO

2de

A2 ▸ B1

SOUS LA DIRECTION DE :
José Inzaurralde
IA-IPR Académie de Paris

COORDINATION PÉDAGOGIQUE :
Dolores Vázquez Salvadores
Professeure certifiée - Académie de Paris

AUTEURS :
Natalia Calvo
Professeure agrégée - Académie de Paris
Margaux Canet
Professeure agrégée - Académie de Créteil
Beatriz De Val Arruebo
Professeure agrégée - Académie de Paris
Andrea Hinglais
Professeure certifiée - Académie de Paris
Maxime Léveillé
Professeur agrégé - Académie de Rouen
Francisco-Diego Rodriguez
Professeur certifié - Académie de Créteil
Michaël Salaün
Professeur certifié - Académie de Versailles
Andrés Sarraude
Professeur agrégé - Académie d'Aix-Marseille
Sara Sciuto Linares
Professeure agrégée - Académie de Créteil
Franck Tarin
Professeur certifié spécialisé - Académie de Paris

Précis grammatical
Dulce Gamonal

Belin:
ÉDUCATION

AXE REPRÉSENTATION DE SOI ET RAPPORT À AUTRUI

01 Marca personal

02 Espejito, espejito

170 bis, boulevard du Montparnasse, 75680 Paris cedex 14

ISBN 979-10-358-0203-5

AXE SPORTS ET SOCIÉTÉ

AXE LES UNIVERS PROFESSIONNELS, LE MONDE DU TRAVAIL

05 ¿Profesión? Ni idea

06 Oficios del mañana

AXE LE VILLAGE, LE QUARTIER, LA VILLE

Un pueblo soñado

Mi barrio querido

Mil ciudades

AXE SAUVER LA PLANÈTE, PENSER LES FUTURS POSSIBLES

10

Desafío climático

11

Un plan de acción

12

Contigo o sin ti

13

Solo para mayores

AXE LE PASSÉ DANS LE PRÉSENT

14

Recrear el pasado

15

Evocar y celebrar

16

El peso de la historia

AXE LA CRÉATION ET LE RAPPORT AUX ARTS

17

Por amor al arte

18

Pura belleza

Marca personal

→ ¿CÓMO CONSTRUIR SU IDENTIDAD?

Proyecto

Crear una foto de clase con los perfiles de los alumnos

Descubro

- L'autoportrait de Marina Gondra
- L'amitié et la famille dans la littérature de Beatriz Navas Valdés et Juan José Millás
- Un contrat original entre parents et enfants
- L'univers coloré et *pop* des *Faceless* de Coco Dávez

Comunico

- Décrire le lycée idéal
- Écrire un contrat original sur les règles à suivre à la maison

MÉDIATION

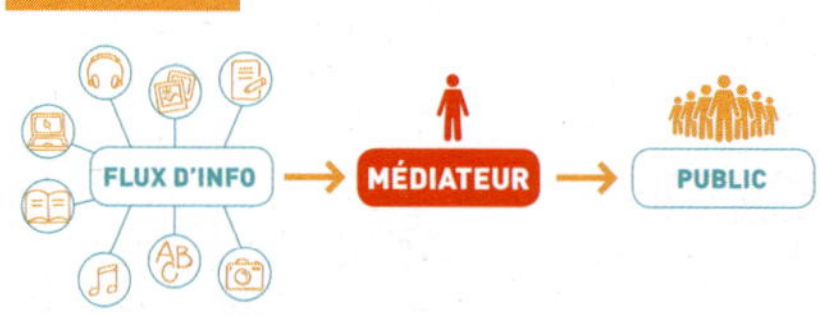

Interpréter et partager les paroles d'une chanson

Utilizo

Vocabulario

- La description physique et le caractère

Gramática

- L'emploi de ***ser*** et ***estar***
- Les verbes du type ***gustar***

Pronunciación

- La lettre ***ñ***

Ortografía

- Les accents grammaticaux

EN TU MÓVIL
Escucha las canciones

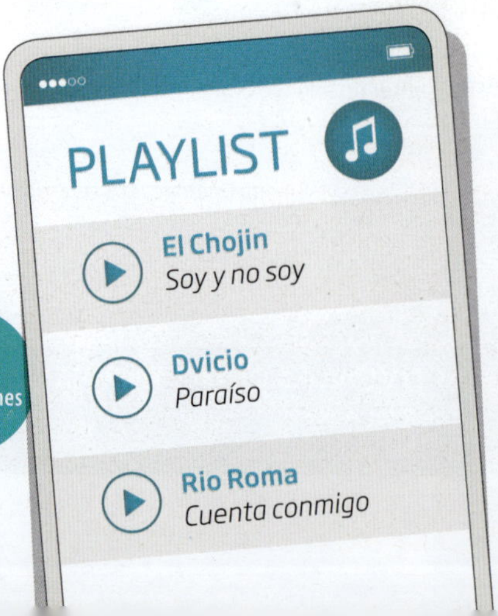

Axe 4

Représentation de soi et rapport à autrui

Marina Gondra (fotógrafa española), *Mis mil caras*, 2013.

¿Reflejos de mi identidad?

En clase

1. Un aula rural de un instituto de enseñanza secundaria de México.

2. Un aula de un instituto de enseñanza secundaria de Madrid.

Entra en acción

1. Observa las fotos y completa el cuadro:

	foto 1	foto 2
lugar	...	...
momento	...	...
personas	...	...
acciones	...	...

2. ¿Qué diferencias encuentras entre las dos?
   En la primera foto...
   ...mientras que...
   En cambio...
   En la segunda foto...

3. ¿En qué clase preferirías estudiar?
   Comenta tu respuesta con tus compañeros/as.
   trabajar individualmente • trabajar en grupo • llevar uniforme

Unas amigas geniales

Hola, diario. Hoy ha sido mi primer día en 1° de BUP[1]. Me han puesto en 1° E y [...] nos han separado a Patricia y a mí de Itziar y Lucía Peyró, cuando saben perfectamente que las cuatro somos inseparables. [...] Lucía es la que saca mejores notas de la clase, yo soy también de las primeras (con sobres[2] y notables[3]) y Patricia e Itziar son de notables y bienes.

Después de clase nos hemos visto todas en el centro comercial para comentar cómo ha ido el día y todo eso, y hemos decidido hablar mañana con las tutoras[4] de cada clase para intentar que por favor nos junten y que por lo menos Itziar y Lucía Peyró vengan a nuestra clase.

No tengo ni idea de por qué, pero me apetece pensar en todo lo que me rodea. Tengo mucha suerte, he de reconocerlo. Tengo unas amigas geniales con las que me río muchísimo, nos ayudamos entre nosotras siempre que podemos. [...] Empiezo a apreciarlas de verdad, así que me atrevo a soltar[5] aquí que las quiero muchísimo. [...] La idea de que dejemos de ser amigas cuando seamos mayores me entristece mucho porque mi madre no conserva ninguna amiga del colegio ni de la universidad y a mí me parece imposible que pueda ocurrirnos[6] a nosotras. Me hace gracia que me ponga sentimental, ¿por qué será? Me pasa cuando pienso en cómo serán las cosas en el futuro [...]. Ahora soy una chica responsable a la que le gusta tener su tiempo para desfasar[7] y con varios defectos que debo corregir: soy desordenada, impuntual, algo mentirosilla y más cortada[8] de lo que me gustaría.

Beatriz Navas Valdés (escritora española), *Y ahora, lo importante*, 2018.

1. 1° de BUP : *classe de 3e dans le système scolaire espagnol des années 1990.* 2. *excellent*
3. *très bien* 4. *professeures principales* 5. *(ici) j'ose dire* 6. ocurrir: *arriver (à quelqu'un)*
7. *(fam.) s'éclater* 8. *(fam.) timide*

Escoge tu camino

POR ETAPAS

1. Lee y di de qué tipo de texto se trata.
2. Explica por qué ha sido un día especial para la narradora.
   la vuelta a clase • un problema • estar separadas
3. Asocia estas frases con un elemento del texto:
   a. La narradora y sus amigas quieren cambiar de clase.
   b. Las chicas se llevan muy bien.
   c. La narradora tiene varios defectos.

EN DIRECTO

1. Explica cómo se siente la narradora.
2. Di qué relación tiene con sus amigas.

PON EN PRÁCTICA

Escribe una entrada de diario para evocar la relación con tus mejores amigos/as en una vuelta a clase especial para ti.
compartir tiempo • ayudarse • reírse

Lo esencial

Para expresarte

EN TU MÓVIL

Vocabulario

- llevar uniforme
- estar atento/a
- ser disciplinado/a
- el curso
- la clase
- el aula
- copiar

Gramática

Les verbes irréguliers au présent de l'indicatif
- «Yo **soy** también de las primeras».
- «**Tengo** mucha suerte».
- «**Empiezo** a apreciarlas».

Le passé composé
«Hoy **ha sido** mi primer día en 1° de BUP».

L'emploi de *ser*
«**Soy** desordenada».

Précis p. 249

Para escribirlo

Les accents grammaticaux
En espagnol, l'accent grammatical permet de distinguer à l'écrit deux mots de forme identique mais qui appartiennent à des catégories grammaticales différentes :
- **mí** > pronom personnel.
- **mi** > adjectif possessif.

Précis p. 237

Tarea

Describe tu instituto ideal.
- Habla del tipo de aula en la que te gustaría estudiar.
- Comenta si te parece mejor que los/as alumnos/as lleven uniforme o no.
- Explica si prefieres las clases tradicionales o las que utilizan las nuevas tecnologías.
- Di si te gusta más trabajar en grupo o individualmente.

¿Todo viene de la familia?

Papá lee

Yo escribo porque mi padre leía. Miradme en el salón de la casa de entonces, los muebles oscuros, oscuro yo también detrás de la butaca[1]. Soy ese crío[2] al que su madre dice: no grites, que papá lee; no corras por el pasillo, que papá lee; baja la televisión, que papá lee... Papá lee. Papá no hace otra cosa que leer. A veces yo ocupaba su sillón y abría uno de aquellos libros imitando los gestos de papá. Cuando lo cogía del revés, mi madre se reía de mí. No sé quién está mal colocado, decía, si el libro o tú. Escribo porque me gustaba imaginar que el libro que papá tenía entre sus manos era mío. Escribo también del modo en que habría sido preso[3] si mi padre hubiera sido funcionario de prisiones.

Cuando aprendí a leer, tomaba los libros del derecho[4], aunque me parece que yo continuaba del revés, y los leía imaginándome que era mi padre leyéndome a mí. ¿Qué pensaría él de esta frase, o de esta otra, escritas por su hijo? Uno de los primeros volúmenes de la biblioteca de papá cuya portada fui capaz de deletrear llevaba por título *El idiota*, lo que constituyó uno de los misterios más extraordinarios de aquellos años. Leí algunas líneas, pocas, de esa novela buscándome en ella, fantaseando que la había escrito yo e intentando entender qué veía mi padre en el idiota (en mí). No juegues en el pasillo, que papá lee. Un día papá salió en la tele y yo lo vi junto a mamá, que estaba muy emocionada.

Se trataba de un programa de libros en el que mi padre discutía con otros que también leían y con algunos que escribían.

Juan José Millás (escritor y periodista español),
Mi verdadera historia, 2017.

1. la butaca = el sillón: *le fauteuil* 2. ese niño 3. ser preso: *être emprisonné* 4. del derecho ≠ del revés

Escoge tu camino

POR ETAPAS

1. Lee el texto e identifica al narrador.
2. Di de qué trata el texto.
   El narrador habla de... Recuerda...
3. Apunta los elementos que permiten definir a la familia del narrador.
   dar órdenes • preocuparse por • burlarse de
4. Para el padre la lectura era lo más importante. Busca los elementos del texto que lo confirman.
5. El narrador trata de llamar la atención de su padre. Cita un elemento que lo muestra.
6. Completa la frase:
   En el seno de esta familia, el narrador se sentía...

EN DIRECTO

1. Explica cómo nació la pasión del narrador por la escritura y por la lectura.
2. Di qué relación tiene el narrador con su familia apoyándote en ejemplos del texto.

PON EN PRÁCTICA

¿Qué libros pondrías en una biblioteca ideal para tu familia?
- *Para los padres*
- *Para los/las niños/as*
- *Para los/las adolescentes*

Haz la lista con 5 títulos por categoría y explica por qué los has escogido.
literatura infantil • literatura juvenil • ensayo • novela • cuento • poesía • cómic

Llegar a un acuerdo

EN TU MÓVIL Ve el contrato aquí

1 *¿Firmar un contrato entre padres e hijos para fijar las normas de convivencia?* ©Telemadrid, 2019.

firmar un contrato: signer un contrat
un bufete de abogados: un cabinet d'avocats
sentar precedentes: créer un précédent (juridique)
el ámbito familiar: la cellule familiale

Lo esencial

Para expresarte

EN TU MÓVIL

Vocabulario

- el padre + la madre = los padres
- el hermano + la hermana = los hermanos
- el hijo + la hija = los hijos
- estar unidos/as
- implicarse ≠ ser indiferente
- charlar
- discutir

Gramática

L'emploi de *estar*
«No sé quién **está** mal colocado».
Précis p. 249

Les démonstratifs
- «Constituyó uno de los misterios más extraordinarios de **aquellos** años».
- «Leí algunas líneas, pocas, de **esa** novela».
Précis p. 241

Les verbes du type *gustar*
«Escribo porque **me gustaba** imaginar que el libro que papá tenía entre sus manos era mío».
Précis p. 247

Para pronunciarlo

EN TU MÓVIL

La lettre *ñ*
Elle se prononce comme le groupe **–gn** dans le mot français « campa**gn**e ».

2 Écoute et note les mots dans lesquels tu entends le son de la lettre ñ.

Entra en acción

1. Escucha la grabación y di cuál fue la idea de este bufete de abogados de Madrid.
2. Según el abogado, ¿cómo son los niños de hoy en día?
   a. Respecto a las obligaciones en general.
   b. Respecto a lo que comen.
3. A lo largo del audio, lista las normas que quiere asentar este contrato.
4. Di cómo reaccionan las madres entrevistadas frente a cada una de estas normas.
5. Y tú, ¿firmarías un contrato así? Explica por qué.

Tarea

Redacta el contrato que aceptarías firmar con tus padres sobre las normas de tu casa.

Con este contrato, me comprometo a...
Mis padres me autorizan a...

EN TU MÓVIL Exercices interactifs

L'emploi de *ser* et *estar*

Observe

1 Lis les phrases. Comment traduis-tu les verbes en gras?

Qu'en déduis-tu?

- En espagnol, il existe deux traductions pour le verbe ... .
- Devant un adjectif ... définit et exprime une caractéristique essentielle.
- Devant un adjectif ... indique un état valable au moment où l'on parle.

Entraîne-toi

2 Lors d'un dialogue avec un(e) camarade de classe, tu te décris :

Mi identidad	Mi estado de ánimo
simpático/a, amable, alegre, atento/a, listo/a	cansado/a, enfermo/a, aburrido/a, enfadado/a

3 Choisis le verbe qui convient.

a. Julián es/está responsable y ordenado.

b. Soy/estoy sentado en la última fila.

c. Los hermanos Guerrero son/están mexicanos.

d. Somos/estamos contentos de volver a clase.

Précis p. 249

Les verbes du type *gustar*

Observe

1 Lis les formes verbales en gras et dis si elles sont conjuguées au singulier ou au pluriel.

2 Identifie à quelles personnes se réfèrent les pronoms soulignés. Que remarques-tu ?

Qu'en déduis-tu?

Le verbe ... et ses équivalents s'accordent avec ... placé ... .

Entraîne-toi

3 Forme des phrases en employant la structure type *gustar*.

a. A Marta / gustar / charlar con sus amigas y amigos.

b. A Pedro y Laura / encantar / los deportes de equipo.

c. A nosotros / gustar / la vuelta a clase.

d. A tus padres / encantar / las cenas en familia.

e. A mí / apasionar / las películas de aventuras.

f. A Paula no / interesar / mucho los videojuegos.

Précis p. 247

La descripción física y el carácter

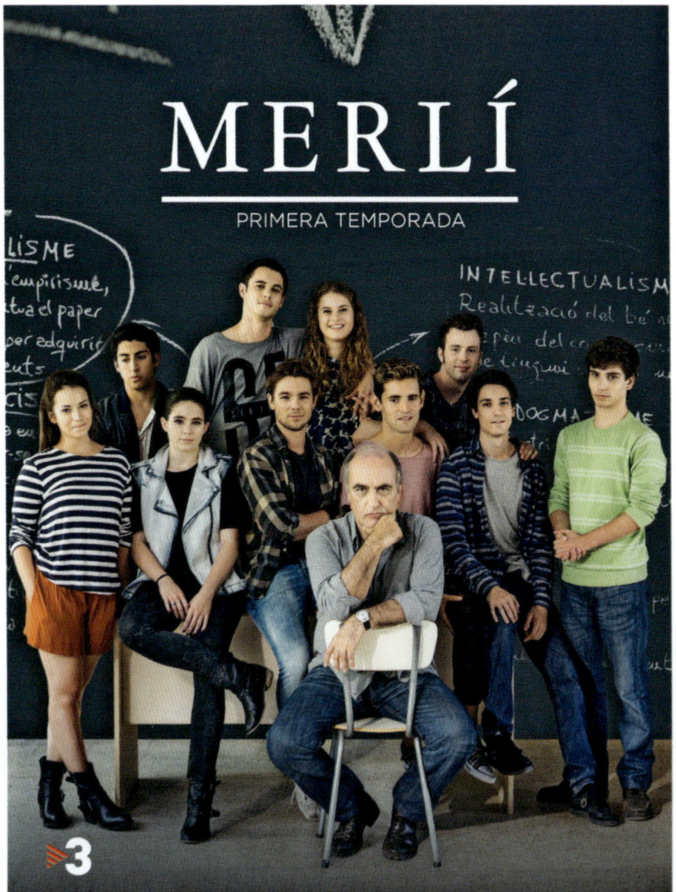

Cartel de la serie *Merlí*, Canal TV3 (España), 2015.

El argumento de la serie *Merlí* gira en torno a **Merlí Bergeron**, un profesor de filosofía con métodos imprevisibles y poco ortodoxos.
Sus alumnos son un grupo muy diverso: **Pol**, un repetidor[1] que enseguida se entenderá con Merlí; **Berta**, una alumna que al principio no soportará a Merlí; **Marc**, un chico amigable y simpático; **Iván**, un chico que padece[2] agorafobia y no se atreve a salir de casa; **Tània**, una chica extrovertida y la mejor amiga de Bruno; **Gerard**, un chico enamoradizo que pedirá consejos amorosos a Merlí; **Joan**, un chico estudioso y tímido con una familia muy estricta; **Mònica**, una estudiante nueva y muy madura; **Oliver**, otro chico nuevo; y finalmente, **Bruno**, el hijo de Merlí y su alumno más difícil.

1. *un redoublant* 2. padecer: *souffrir*

Sinopsis de la serie *Merlí*, Canal TV3 (España), 2015.

1 A2 Lee la sinopsis y di con qué personaje de la serie podrías identificarte.

2 A2 Di qué tipo de alumno/a eres.

3 A2 Explica quiénes son tus amigos/as y lo que os une.

4 A2+/B1 Observa el mapa mental y redacta un texto autobiográfico en el que hablas de ti, de lo que te define y de tus relaciones.

CÓMO SOY

YO SOY...
- amigable
- desordenado/a
- estudioso/a
- impuntual
- responsable
- simpático/a
- tímido/a

ME GUSTA(N)
- el cine
- cocinar
- el deporte
- escuchar música
- estudiar
- leer
- tocar un instrumento
- los videojuegos

EN LA VIDA SOY...
- abierto/a
- curioso/a
- emprendedor/a
- extravertido/a
- ingenuo/a
- introvertido/a
- sensible

EN EL INSTITUTO
- el aula
- ayudarse
- la clase
- mis compañeros/as
- compartir
- concentrarse
- copiar
- el curso
- estar atento/a
- llevarse bien
- mis mejores amigos/as
- mis profes
- reírse
- ser de buen rollo
- ser disciplinado/a
- ser inseparables
- el/la tutor/a

EN CASA
- discutir
- ser dócil
- mi familia
- mis hermanos/as
- implicarse
- ser indiferente
- ser obediente
- mis padres
- participar
- ser rebelde
- ser solidario/a
- estar unidos/as

¿Quién es quién?

Coco Dávez (artista española), *Faceless*, 2017.

"Siempre había estado ligada al color de una manera muy evidente y esto no se mostraba en mis obras, comenzar a realizar estas obras [los *Faceless*] también mostraba esa parte de mi carácter cómico. Utilizar una paleta que remonta a la infancia a mí me alegra los días."

Coco Dávez

"*Faceless* reúne la alegría de los colores y mi lado cómico. Es mi motor creativo."

Coco Dávez

1. Los artistas representados en las obras son hispanohablantes. ¿Ya sabes quién es quién?
2. ¿Cómo los reconociste? Trata de encontrar la foto o el cuadro original.
3. Lo cómico forma parte del cáracter de Coco Dávez. Y a ti, ¿qué rasgos te caracterizan?

Proyecto

Crea la foto de clase con los perfiles de los alumnos

Etapa 1

- Saca una foto de clase e imprímela en el mayor formato posible.
  - ➜ Para que esta actividad sea posible, debéis situaros de manera que cada alumno/a esté bien visible.

Etapa 2

- Dibuja con papel de calcar los contornos de cada alumno/a.
  - ➜ Para calcar, también puedes usar el programa *Paint*.

EN TU MÓVIL Ve el tutorial

Etapa 3

- En casa, cada alumno rellena la zona que le corresponde con las palabras que lo representan.
  - ➜ Piensa en tu objeto fetiche, tu canción preferida, tu deporte predilecto, tu libro preferido, el título en español de una película...
  - ➜ Para realizar esta actividad, se puede también utilizar el programa *Word Art* que permite crear nubes de palabras:
    - completa la lista de palabras en la sección ***words***,
    - descarga la forma en ***shape*** y haz un clic en ***visualize***.
    - en esta sección también puedes definir la forma y el color de cada palabra.

Etapa 4

- En clase, asocia cada uno de los retratos para volver a crear la foto de clase con los perfiles de los alumnos.

MÉTHODE

Faire un portrait

Le portrait est une description physique, psychologique et/ou morale d'une personne. Si l'auteur/e se décrit lui/elle-même, il s'agira alors d'un autoportrait.

Le portrait physique

1 Tu devras mentionner :

- L'âge de la personne, sa taille, sa corpulence et enfin son attitude.
- Son visage et ses particularités (par exemple le regard, l'expression...).
- Les autres parties de son corps, ses bras ou sa posture.

2 Pour réaliser son portrait physique, tu devras :

- Enrichir son portrait avec des comparaisons et des métaphores.
- Ne pas te limiter à énumérer ses particularités physiques, mais les décrire !

Le portrait psychologique

1 Pour dépeindre la psychologie d'une personne, il te faut cerner sa personnalité.

- Ses qualités et ses défauts, ses attitudes et son état d'esprit, ses forces et ses faiblesses.
- Ses goûts et ses centres d'intérêts te permettront d'en dire plus sur sa personnalité.

2 Pour réaliser un portrait psychologique, tu dois :

Rédiger une liste des caractéristiques psychologiques propres à une personne en les reliant à ses actions ou à ses paroles, afin d'animer ton portrait.

01 Actividades de mediación

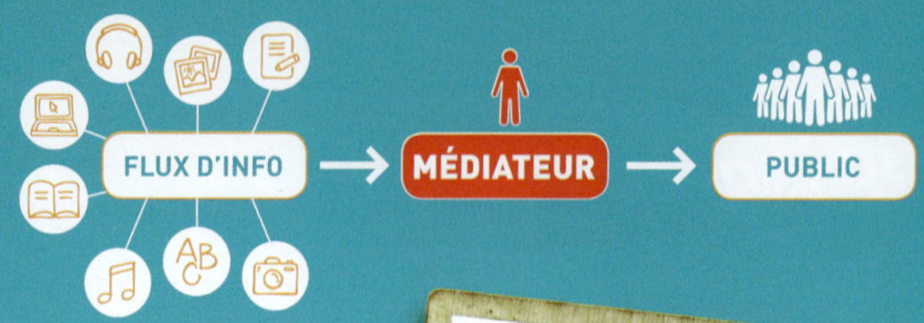

Yo soy así

Has ido descubriendo diversos tipos de retratos y autorretratos, ya sea a partir de la descripción física o del carácter. Ahora escucha estas canciones del repertorio hispano que han pasado a la historia, son en cierta manera autorretratos musicales.

Yo soy aquel
que cada noche te persigue
Yo soy aquel
que por quererte ya no vive
El que te espera, el que te sueña
El que quisiera ser el dueño
de tu amor, de tu amor

Raphael (cantante español)
Yo soy aquel, 1966.

Yo soy rebelde
porque el mundo me ha hecho así
porque nadie me ha tratado con amor
porque nadie me ha querido nunca oír.
Yo soy rebelde
porque siempre sin razón
me negaron todo aquello que pedí
y me dieron solamente incomprensión.

Jeanette (cantante española), *Soy rebelde*, 1971.

Yo soy, yo soy, yo soy...
Soy agua, playa, cielo, casa, planta,
soy mar, Atlántico, viento y América,
soy un montón de cosas santas,
mezcladas con cosas humanas,
¿cómo te explico? Cosas mundanas.

Mercedes Sosa (cantante argentina),
Soy pan, soy paz, soy más, 1982.

Graba una crítica musical

- Estas canciones son autorretratos, escoge una de las tres, escúchala y graba una crítica musical comentando: el contenido, el estilo, la música...

Podrás compartir el fichero (Internet/Whatsapp) con tus compañeros/as y preguntarles qué opinan.

EN TU MÓVIL

Je peux transmettre des informations simples sur une chanson.	A2	☐
Je peux transmettre et interpréter des informations sur une chanson.	A2+/B1	☐

Escribe la letra de tu canción

- Lee las estrofas de las canciones.
- Redacta tu autorretrato a la manera de uno/a de estos/as autores/as, empleando las palabras en negrilla.

Podrás leer tu autorretrato a la clase explicando cómo lo compusiste.

Je peux prélever et reproduire des mots, des expressions et de courts énoncés en lien avec mon expérience.	A2	☐
Je peux paraphraser des strophes d'une chanson.	A2+/B1	☐

Los idiomas persiguen mi desorden

¡Qué GUSTO LEER!

01

Mi nombre es Luis,
soy español,
vivo en Madrid,
en el número uno, calle Larra,
me dice usted la hora, por favor,
¿dónde ha nacido usted
y cuántos años tiene?,
buenos días, amigo,
buenos días, mi amor, te quiero mucho.

Confieso que no tengo
facilidad para estudiar idiomas.
He copiado mil veces las frases y procuro[1]
aprender de memoria, poco a poco,
preguntas y respuestas.
Pero me acabo siempre confundiendo
y a los demás les digo
¿dónde está mi te quiero?,
vivo en Luis
y soy las doce y media de la noche.
Nadie ha podido nunca pasear
por el número uno
sin romper el espejo[2] de las horas
y de su propio rostro[3].

¿Me dice, por favor, qué significan
el tú y el yo, la edad y la palabra España?
Los idiomas persiguen el desorden que soy,
y así los predicados[4] de altas temperaturas
y los verbos de nieve
me tratan sin piedad
igual que a los sujetos derretidos[5].
No me resulta fácil,
pero a veces entiendo
la nostalgia de orden que tienen mis poemas.

Luis García Montero (poeta español),
«Los idiomas persiguen el desorden que soy»,
en *Un invierno propio*, 2011.

1. procurar = intentar: *essayer de*
2. *le miroir*
3. *visage*
4. *les prédicats (fonction grammaticale)*
5. *(ici)* enamorados: *fondre pour quelqu'un*

Entra en acción

1. Basándote en la primera estrofa del poema, escribe otra en la que te presentas y das informaciones personales.
2. Luego escribe una segunda estrofa, desordenando tus informaciones tal y como hace el poeta desde los versos 17 hasta 19.

Séquence 02

Espejito, espejito

→ ¿DAR UNA BUENA IMAGEN DE SÍ?

Proyecto

Participar en un concurso de selfis con autorretratos sin rostro

Descubro

- L'image de soi dans la littérature de Javier Ruescas et Augusto Monterroso
- Les dessinateurs satiriques Danide et Xavi Morató
- La critique sociale de la slameuse Mississippi à l'ère du *selfie*
- Les avantages et dangers des réseaux sociaux

Comunico

- Rédiger des slogans pour dénoncer l'importance accordée aux vêtements
- Illustrer deux points de vue sur l'idée de devenir *youtuber*
- Débattre à propos de l'image de soi sur les réseaux sociaux

MÉDIATION

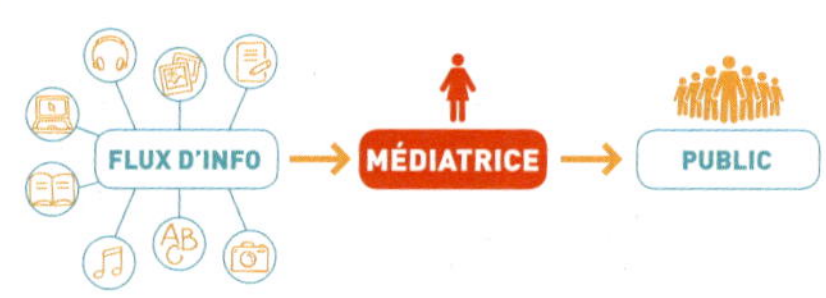

Collecter des informations sur une autobiographie et les communiquer

Utilizo

Vocabulario

- Les réseaux sociaux

Gramática

- Les équivalents de « on »
- Les possessifs

Pronunciación

- La lettre *ll*

Ortografía

- Le pluriel et l'apparition de l'accent écrit
- L'accentuation des phrases interrogatives et exclamatives

Axe 4

Représentation de soi et rapport à autrui

Cartel de la obra de teatro *Selfie*, presentada en Madrid, 2015.

¿Me define la manera de vestir?

Un sello de identidad

EL PAÍS

Sara Cuesta Torrado
Madrid | 14 de octubre de 2018

El juego de la moda no permite escapatoria[1]. Puede convertirse en aliada o enemiga [...]. El estilo es un sello de identidad. La herramienta[2] para exteriorizar la imagen que uno tiene de sí mismo. O para camuflarse tras la apariencia que uno desea tener. «En mi barrio, los delincuentes con pasta[3] eran los que vestían con firmas caras. Porque querían hacerse notar. Hacer saber que ganaban suficiente como para comprar esas marcas. Los verdaderos ricos no sentían esa necesidad de alardear[4]», dice el cantante de trap Yung Beef [...]. Como los delincuentes del barrio granadino donde creció, también él siente debilidad por[5] el lujo. «Me da igual que sea bonito. Me gustan las marcas caras». [...]

El poder que la ropa ejerce sobre quien la lleva traspasa los límites de lo racional. Una prenda puede reforzar la autoestima o bien avergonzarnos[6]. La vestimenta atesora, según Karen J. Pine, profesora de la Universidad de Hertfordshire (Reino Unido), la capacidad de alterar la percepción que uno tiene de sí mismo. Lo cuenta en su libro [...] (*Cuida lo que vistes: psicología de la moda*). Tras un estudio de investigación detectó que, por ejemplo, una camiseta de Superman podía hacer sentir más fuerte al que la llevaba. Entre sus conclusiones planteaba una importante cuestión: «¿somos lo que vestimos o nos convertimos en lo que llevamos puesto?».

Yung Beef, cantante y actor español.

1. *échappatoire* 2. *l'outil* 3. *(fam.) plein de fric* 4. *se vanter*
5. sentir debilidad por: *avoir un faible pour* 6. *faire honte*

Escoge tu camino

POR ETAPAS

1. Completa las frases siguientes:
   a. El estilo vestimentario permite...
   b. O al contrario también sirve para...
2. ¿Cómo les gusta vestirse a los delincuentes con dinero? Explica por qué.
   con cualquier tipo de ropa • con ropa barata • con ropa de marca
3. Asocia las afirmaciones siguientes con elementos del texto:
   a. Yung Beef se identifica con los delincuentes de su barrio.
   b. A Yung Beef, no le importa la estética.
4. Cita el ejemplo del texto que muestra la influencia de la ropa sobre la manera de sentirse.

EN DIRECTO

¿Qué deja ver la ropa de cada persona?

PON EN PRÁCTICA

En grupo, debatid a partir de las siguientes expresiones del texto:
a. «La moda puede convertirse en aliada o enemiga.»
b. «¿Somos lo que vestimos o nos convertimos en lo que llevamos puesto?»

¿SABÍAS QUE...?

El trap es un **género musical** urbano que mezcla hip hop, rap y dubstep. Aunque nació en Estados Unidos en la última década del siglo XX, ha sido a partir de 2015 cuando se ha puesto de moda en España. El grupo Pxxr Gvng –al que pertenece Yung Beef– y C. Tangana son los nombres más conocidos.

El largo de mi falda

25N DÍA INTERNACIONAL CONTRA LA VIOLENCIA HACIA LAS MUJERES

VÍDEO

EL LARGO DE MI FALDA NO TE DICE QUE SÍ

NO8DO
AYUNTAMIENTO DE SEVILLA
Igualdad, Juventud y Relaciones con la Comunidad Universitaria
Dirección General de Igualdad y Cooperación
Servicio de la mujer

Imagen gráfica y Eslogan: **IES Luca de Tena, 4° ESO A y 4° ESO B.**

EN TU MÓVIL
Sevilla pone en marcha la campaña *El largo de mi falda NO te dice que sí*, ©RTVE, 2018.

te va la marcha: (ici) tu cherches à provoquer
juzgar: juger

Entra en acción

1. Observa la imagen y analiza el eslogan. ¿Puedes hacerte una idea del tema y del objetivo de esta campaña?
2. Ve el vídeo e identifica las palabras y expresiones que se refieren a:
   a. La ropa
   b. El machismo
   c. El respeto
3. Esta campaña fue creada por… en la ciudad de… para participar en… .
4. ¿Qué situación quiere combatir? Escoge la(s) respuesta(s) correctas(s): la violencia verbal / el racismo / la homofobia / el acoso sexual
5. ¿Qué opinas de la iniciativa? Justifica.
   innovar • responsabilizar • concienciar • valorar

Lo esencial

Para expresarte

EN TU MÓVIL

Vocabulario
- llevar puesto
- tener estilo
- hacerse notar
- tener vergüenza

Gramática
Les équivalents de « on » (1)
- «**Se** pueden ignorar las tendencias».
- «O para camuflarse tras la apariencia que **uno** desea tener».

Précis p. 247

Para escribirlo

Le pluriel et l'apparition de l'accent écrit
Le passage au pluriel des mots dont l'avant-dernière syllabe portait l'accent d'intensité peut entraîner l'apparition d'un accent écrit pour conserver cette accentuation :
imagen > imágenes
eslogan > eslóganes

Précis p. 237

Tarea

Redacta eslóganes para denunciar la importancia que se le da a la ropa.
- Recuerda que un eslogan es un mensaje corto formado por palabras sencillas para que sea fácil de memorizar.
- Si utilizas el imperativo (orden o prohibición), captarás mejor la atención de tu destinatario/a.

¿Cómo me ven los demás?

Pura apariencia

Danide y Xavi Morató (ilustradores y guionistas españoles), *Ex Solteros*, periódico *El Jueves* n°2146, 11/07/2018.

Entra en acción

1. Identifica a los personajes, di dónde están y lo que hace cada uno.
   probar(se) ropa • sacar fotos
2. Completa las frases:
   a. El hombre se preocupa porque...
   b. Su novia prefiere guardar el dinero para...
   c. Además, piensa que su novio...
   d. El hombre no comprende...
3. A fin de cuentas, ¿qué quiere la mujer? ¿Para qué lo hace?
   presumir • valorarse • dar envidia
4. ¿Cómo reacciona el novio?
   enfadarse • enojarse • tomar a mal
5. ¿Qué te parece la actitud de la mujer?
6. ¿Y tú harías lo mismo para presumir?

1. **estás hecho un pibón:** *(fam.) tu es canon*
2. **ir hecho un adefesio:** *(fam.) être mal fagoté(e)*
3. **ser retorcido/a:** *être tordu(e)*

Una familia de youtubers

Soy la hija pequeña y la que, por tanto, más cómoda debería sentirse con todo esto. Pero aun así, después de todo este tiempo, sigo sin saber hablar con mis padres sin un guion[1] o unas directrices preestablecidas. [...]
Mi padre sale en ese momento del baño, dice un par de palabras a la cámara, sonriendo, y en cuanto la cámara deja de enfocarle[2], su sonrisa se esfuma[3] por completo hasta que me ve. Cuando la recompone, me parece más sincera, pero también más triste. [...]
—Queremos empezar a subir vídeos en YouTube —nos dijeron hace tres años a mi hermana Néfer y a mí. [...]
Recuerdo nuestras caras: el escepticismo dibujado en los labios arrugados de Néfer y mis cejas alzadas, convencida de que nos estaban tomando el pelo[4]. ¿Cómo iban mis padres a hacerse youtubers? ¿No hay un límite de edad? [...].
Es cierto que a veces te hartas de[5] tener que poner siempre buena cara o de cuidar los comentarios que haces, pero también aprendes a pensar dos veces lo que quieres decir y a ser más precavido[6]. A cambio, tenemos lujos con los que muchos solo pueden soñar y oportunidades de vivir experiencias únicas sin gastar, en muchos casos, un solo céntimo. El problema es que a cambio pagamos un precio difícil de calcular porque no existe moneda para ello.[...]
La media por vídeo ahora mismo está en casi quinientas mil reproducciones. [...] Suelen ser vlogs en los que contamos nuestro día, aunque a veces son recetas de mi padre, consejos sobre sexualidad de mi madre o un tutorial de maquillaje de Néfer. Yo trato de salir[7] lo menos posible y me limito a editar los vídeos.[...]

Javier Ruescas (escritor español), *Prohibido creer en historias de amor*, 2018.

1. *un scénario* 2. enfocar: *(ici) filmer* 3. esfumarse: *disparaître* 4. tomar el pelo al alguién: *se moquer de quelqu'un* 5. hartarse de: *en avoir marre de* 6. *prudent* 7. salir: *(ici) apparaître*

Entra en acción

1. Lee el texto. Di quién es la narradora y presenta a su familia.
2. Explica la reacción de las chicas cuando sus padres les hablaron de su proyecto de ser youtubers.
   estar atónitas • estar sorprendidas • estar incrédulas
3. La imagen que da la familia frente a la cámara no es natural. Apunta dos elementos que lo muestran.
4. Completa el cuadro siguiente con los diferentos aspectos de su vida cotidiana :

Aspectos positivos	Aspectos negativos
...	...
...	...
...	...
...	...

5. Explica lo que opina la narradora de la decisión de sus padres. ¿Qué podemos deducir de su carácter?
   ser madura • ser frívola

Lo esencial

Para expresarte

EN TU MÓVIL

Vocabulario

- las redes sociales
- dar buena cara/imagen
- dar una falsa imagen de sí mismo
- subir vídeos en YouTube
- hacerse youtuber
- grabar un vídeo
- sacar una foto
- colgar una foto
- no tener libertad

Gramática

La négation
- «**No** te vas a comprar **nada**».
- «Tú **nunca** te pondrías esto».

Précis p. 243 et 246

Les possessifs
«Recuerdo **nuestras** caras».

Précis p. 242

Para escribirlo

L'accentuation des phrases interrogatives et exclamatives
L'accent écrit est obligatoire au style direct :
- «¿**Qué** dices?».

Et également au style indirect :
- «Comentamos **cómo** ha ido el día».

Tarea

Dibuja un cómic básandote en la situación del texto.
Los padres anuncian a sus hijas que van a hacerse youtubers; a Néfer le encanta la idea y la narradora es escéptica.

Mostrar su mejor cara

Simplemente yo...

EN TU MÓVIL

VÍDEO

Época selfie © Mississippi, 2017.

tío: (fam.) mec
suscribir(se): s'abonner

¿SABÍAS QUE...?

La voz, *Got talent* y *Tú sí que vales*, son programas de televisión de la categoría de «concursos de talentos».

Escoge tu camino

POR ETAPAS

1. Ve el vídeo y di en qué situaciones simula fotografiarse Mississippi.
2. Di qué palabra repite Mississippi y explica por qué.
   egocéntrico/a • narcisista • el centro de atención
3. ¿Cómo se burla de los/las usuarios/as de algunas redes sociales?
4. Para ti, ¿sobre qué otras situaciones podría ironizar Mississippi?
   la comida • la ropa • los monumentos

EN DIRECTO

1. Identifica la palabra que repite Mississippi y el efecto que produce.
2. ¿Piensas que se lo toma en serio? Argumenta tu respuesta.

PON EN PRÁCTICA

Imita a Mississippi e ironiza sobre otra situación. Puedes grabar tu actuación.

Foto sin filtro, ¡por favor!

La era del selfie ha generado un nuevo ideal estético inalcanzable[1]: un yo virtual modificado por filtros y del que se han borrado[2] nuestros «defectos». [...] «Subir una foto[3] sin retocar es de malísima educación. Que lo sepas». Me recrimina Cynthia P., una adolescente de 16 años, que se escandaliza porque pretendo colgar[4] en Instagram una foto como Dios me trajo al mundo (y no quiero decir desnuda, sino sin ningún filtro ni app que altere la realidad). Para ella, Instagram es un templo, todas las imágenes que sube a esa red social están cuidadosamente editadas, posproducidas y «recauchutadas»[5] por varios filtros de embellecimiento, que le otorgan una cara con la que ella se queda bastante satisfecha, a pesar de que no tiene mucho que ver con la suya.

A saber: cejas muy marcadas y elevadas, piel lisa sin rastro de brillos ni acné, ojos desmesuradamente abiertos, pómulos[6] muy altos, óvalo facial afinado y dientes blanquísimos. [...]

Cynthia P. aún no está conforme con el resultado de la foto que subirá esta mañana a Instagram. Lleva más de 15 minutos probando y desechando[7] filtros para conseguir el aspecto que dejará encandilados[8] a sus seguidores (más de 1 000, circunstancia que su madre ni siquiera sospecha). [...] Los expertos hablan de la generación pre-redes sociales, o sea la mía, preocupada hace más o menos una década por los efectos que tendría sobre la autoestima de las más jóvenes la difusión constante en la publicidad de un ideal estético femenino falseado por el Photoshop, y que ahora se encuentran con que la falta de confianza se alimenta de la comparación de la imagen propia con su versión mejorada por la tecnología.

Silvia Torres (periodista española), «La era del selfie», en *Mujerhoy*, 18/03/2018.

1. *inaccesible* 2. borrar: *effacer* 3. *poster une photo* 4. *(ici) publier*
5. *retouchées* 6. *pommettes* 7. desechar: *rejeter* 8. encandilar: *éblouir*

¿SABÍAS QUE...?

La palabra ***selfi*** es de origen inglés. Desde el 21 de diciembre de 2018, la Real Academia Española la ha integrado a su diccionario. *Selfi* se puede utilizar tanto en femenino, una *selfi*, como en masculino, un *selfi*.

Entra en acción

1 Lee el texto y completa las frases siguientes:
a. El nuevo «yo» de la era del selfie es...
b. A Cynthia P. le escandaliza que...

2 Apunta la definición de Instagram según Cynthia P.

3 Di si la afirmación siguiente es verdadera o falsa y justifica:
La foto que Cynthia P. subirá a Instagram se parece mucho a ella.

4 Apunta los elementos que muestran que colgar una foto en Instagram es una tarea difícil.

5 Comenta en qué se oponen la generación de la periodista y la de Cynthia P.
Hace unos años... Hoy en día... Mientras que... Al contrario...

6 ¿Te identificas con la nueva generación descrita en este texto? Escribe tu respuesta en cinco líneas.

Lo esencial

Para expresarte
EN TU MÓVIL

Vocabulario
- el complejo de Narciso
- ser narcisista
- la falta de confianza en sí
- tener la autoestima alta/baja
- retocar una foto

Gramática

L'expression de la durée (1)
- «**Lleva** más de 15 minutos **probando**».

La traduction de « malgré »
- «**A pesar de** que no tiene mucho que ver con la suya».

Para pronunciarlo
EN TU MÓVIL

La lettre *ll*
Le son [ʎ] existe aussi en français comme dans le mot « abeille ». De nos jours, les espagnols ont tendance à prononcer le *ll* comme le *y*. Ce phénomène s'appelle le ***yeísmo***.

3 Écoute les mots et répète-les.

Tarea

Debate con tus compañeros/as: ¿Es importante dar una buena imagen en las redes sociales?
- Para debatir, escoge la idea que quieres defender.
- Prepara tus argumentos por y/o contra con ejemplos para defenderlos.
- Sé convincente y muestra que conoces el tema.

02 Gramática

EN TU MÓVIL Exercices interactifs

Les équivalents de « on » (1)

Observe

1. À quelles personnes sont conjugués les verbes soulignés ?
2. Traduis en français les deux répliques. Comment traduit-on les expressions en gras ?

Qu'en déduis-tu ?

Le pronom « on » français n'a pas d'équivalent systématique en espagnol. Il peut se traduire de façon différente :
... lorsqu'il s'agit d'un fait d'ordre général.
... lorsque le sujet (je) est inclus mais souhaite rester dans un plan plus général.

Entraîne-toi

3. Repère dans les phrases suivantes les équivalents du « on » français.
   a. Se dice que las fotos quedan para siempre en la web.
   b. Uno no se acuerda de todas las fotos en las que sale.
   c. Se valoran demasiado las prendas de marca.
   d. Uno nunca sabe cómo será utilizada su propia imagen.
   e. Para uno la moda no debería tener tanta importancia.

Précis p. 247

Les possessifs

Observe

1. À qui se rapporte le possessif en gras dans chacune des répliques ?
2. Comment les traduirais-tu en français ? Que remarques-tu ?

Qu'en déduis-tu ?

En espagnol, le possessif ... représente la troisième personne du singulier et la troisième personne du pluriel, contrairement au français qui fait une distinction (son/sa et leur).

Entraîne-toi

3. Traduis les phrases en espagnol.
   a. J'ai déjà regardé leurs vidéos.
   b. La photo de notre soirée est sur mon profil Facebook.
   c. Ses parents sont très connus.
   d. Sa sœur a changé sa photo de profil.
   e. Julie a créé sa chaîne YouTube.

Précis p. 242

Las redes sociales

1 A2 Cada logotipo corresponde a una red social. Identifica las redes sociales que conoces y busca en Internet el nombre de las otras.

2 A2 ¿Qué red(es) social(es) prefieres y utilizas? Explica por qué.

3 A2 ¿Piensas que la imagen que das en las redes sociales refleja tu verdadera personalidad? Di por qué.

4 A2+ Un/a amigo/a acaba de colgar una nueva foto de perfil en una red social. Te parece muy «atrevida» y piensas que puede provocar comentarios negativos. Tratas de convencerlo/la para que la borre. Imagina la conversación que tenéis. Utiliza el vocabulario del mapa mental.

5 A2+ Graba un vídeo en el cual presentas tres prendas de vestir que usas. Explica en qué circunstancias las puedes llevar y qué imagen das a los demás.

LA ROPA Y LAS REDES SOCIALES

MI IMAGEN

- la camisa
- la camiseta
- la chaqueta
- la corbata
- las gafas
- el jersey
- la pajarita
- los pantalones
- las bermudas
- el pañuelo
- las prendas
- el sombrero
- el traje
- las zapatillas
- los zapatos

MI FOTOGRAFÍA

- borrar
- colgar una fotografía
- compartir
- descargar
- un filtro
- un perfil
- retocar
- subir

MI ESTILO

- clásico
- deportivo
- elegante
- gótico
- moderno
- natural
- profesional
- relajado
- serio

LAS REDES SOCIALES

- un/a blogger
- un canal
- un/a follower
- un/a influencer
- un/a instagrammer
- suscribir(se)
- un/a youtuber

Ventajas y peligros de las redes sociales

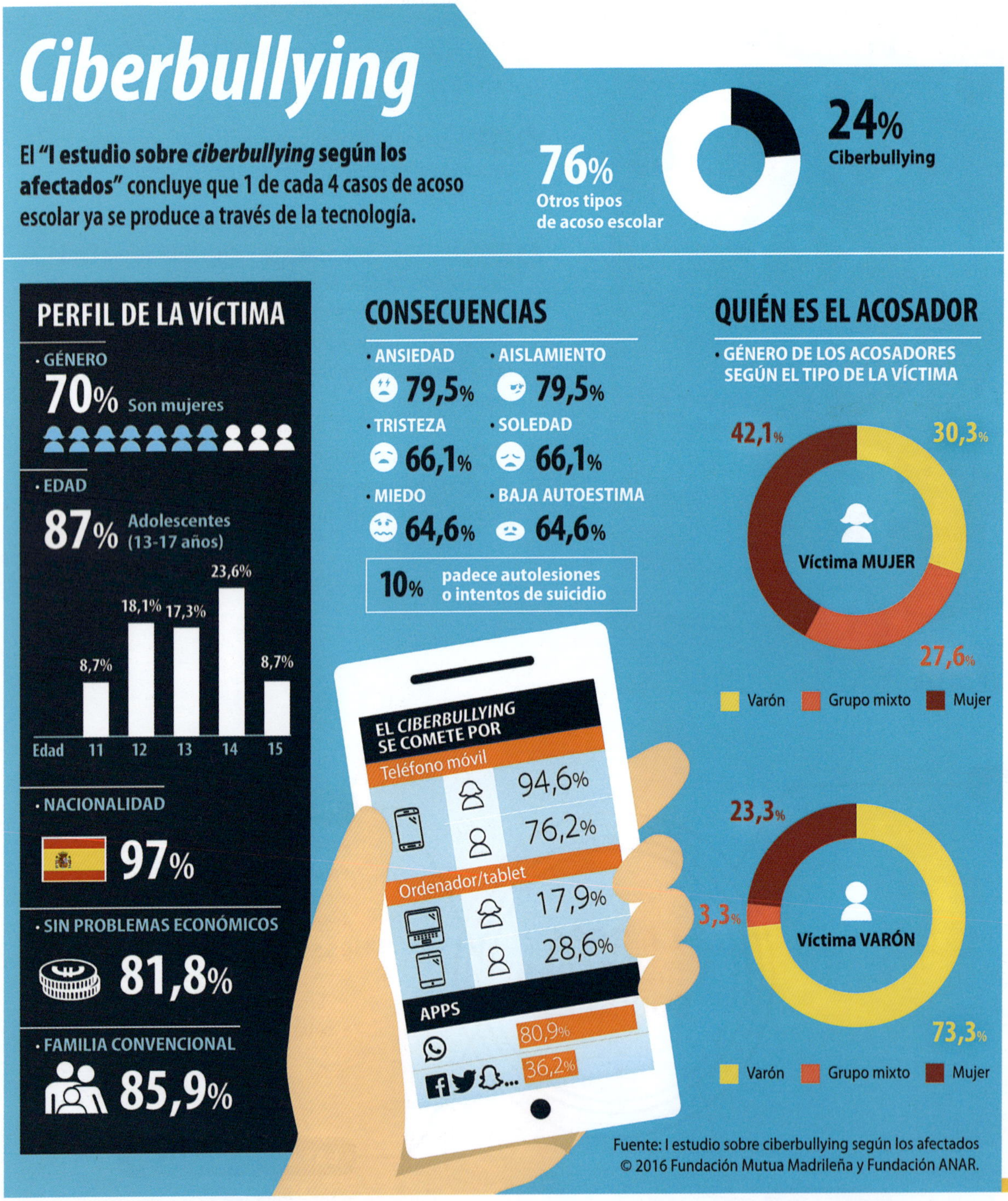

Estudio sobre ciberbullying, Fundación ANAR, Madrid, 2016.

1. Busca la definición de ciberbullying.
2. Apoyándote en esta infografía, explícale a tu compañero/a en qué consiste el ciberbullying.
3. Según el documento, di cuál es el perfil de las víctimas de ciberbullying. ¿Qué podemos deducir?
4. Explica por qué Internet puede ser peligroso.
5. ¿Crees que Internet tiene ventajas? Valiéndote de tus conocimientos y de las siguientes páginas web, responde.

EN TU MÓVIL Por y contras de Internet

Proyecto

Autorretrato sin rostro de una trotamundos.

Participa en un concurso de selfis con autorretratos sin rostro

Etapa 1

- Piensa en tu proyecto y prepara el material necesario.
  - Puedes ocultar tu cara detrás de un objeto que represente uno de tus centros de interés.

Etapa 2

- ¡Intenta ser original! Piensa que el decorado es importante.
  - El fondo de la foto: puedes ponerle color o decoraciones, también puedes usar filtros...
  - El lugar: en el exterior, en casa, en el instituto, en un parque...

Etapa 3

- Realiza tu selfi sin rostro y prepara tu presentación oral.
  - No es necesario redactar lo que vas a decir. Tendrás que explicar tu proyecto en pocos minutos para convencer a los demás de que tu *selfi sin rostro* es el mejor.

    Mi selfi representa...
    Quiero transmitir...
    He utilizado...
  - Puedes proyectar y/o transformar tu selfi con programas informáticos.

Etapa 4

- En clase entera, organiza un concurso para elegir el mejor selfi.
  - Cada alumno/a va a presentar su proyecto individual en unos minutos.

MÉTHODE

Convaincre par la posture

La rhétorique est un art pratiqué depuis l'Antiquité. Afin d'atteindre ton objectif, ton attitude est primordiale. Pour convaincre, tu dois croire en ce que tu dis !

La posture

Capte l'attention en te tenant droit/e face au public :

- Tes deux jambes doivent être ancrées dans le sol, tandis que le haut de ton corps est libre et détendu.
- Fais des gestes avec tes mains pour illustrer ton propos.

Le regard

1. **Regarde tes auditeurs/trices dans les yeux** afin qu'ils/elles se sentent concernés/es par ton discours, sans oublier de balayer la salle du regard.
2. **Ne consulte pas sans cesse tes notes,** cela rendra ton discours plus fluide et maintiendra l'attention du public.

La voix et les silences

1. **Régule le volume de ta voix,** ni trop fort ni trop faible, afin que l'ensemble de la salle puisse t'entendre.
2. **Veille à ce que ta voix ne soit pas monocorde ou forcée** pour rendre vivante ton allocution. Accentue les mots importants.
3. **Ne parle pas vite et ménage-toi des silences.** Ils te permettront de marquer les différents moments de ton discours et de laisser aux autres le temps de s'en imprégner. Profites-en pour te calmer et jeter un œil sur tes notes.

L'attitude

Adopte une attitude avenante et souriante.

Sois dynamique et convaincu/e et n'hésite pas à t'adresser à ton public.

02 Actividades de mediación

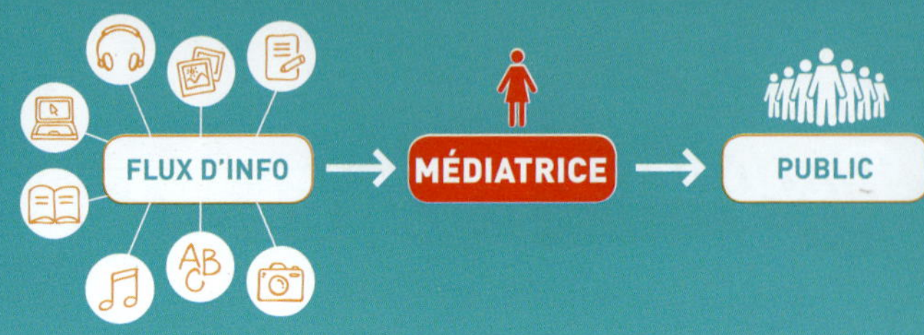

Mirarse en el espejo

Una autobiografía es un relato introspectivo en prosa que una persona real hace de su propia existencia, en el cual narra los acontecimientos más relevantes de su vida y desvela su personalidad. Escribir su autobiografía es quizás también una manera de mirarse en el espejo.

Una deportista

Casi a modo de novela, **Ona Carbonell** narra las experiencias que ha vivido hasta llegar a ser una de las deportistas españolas más importantes. A lo largo de su lectura se descubren lecciones de vida aplicables a la vida cotidiana.

Ona Carbonell
Tres minutos, cuarenta segundos, 2016.

Un científico

Santiago Ramón y Cajal representa a uno de los científicos más importante de la historia de España. Su grandeza no viene únicamente por sus investigaciones, sino también por sus actividades personales.

Santiago Ramón y Cajal
Recuerdos de mi vida, nueva edición 2014.

Una mujer policía

Silvia Barrera, quien además de ser inspectora de policía lucha contra los criminales de la red. Gracias a su labor podemos navegar un poco más tranquilos por la red.

Silvia Barrera
Instinto y polvora, 2018.

Un artista

Con «50 palos y sigo soñando», el cantante **Pau Donés** nos transmite pensamientos que invitan a la reflexión. Lo cuenta a la manera de una conversación amistosa que se alarga durante horas.

Pau Donés
50 palos y sigo soñando, 2017.

Comenta una biografía

→ Escoge una de estas obras, busca más información sobre el/la autor(a) y cuenta a tus compañeros/as qué te interesó de su vida.

La información la puedes encontrar en el sitio Internet del/de la autor(a) o en el de la editorial.

Je peux transmettre les points principaux de textes courts, structurés et simples.	A2	☐
Je peux rapporter les informations données dans des textes bien structurés comportant des illustrations.	A2+/B1	☐

Escribe tu autobiografía

→ Inspirándote en estos textos, escribe tu autobiografía en unas diez líneas.

Selecciona y destaca los momentos, acontecimientos y personas que más te han marcado.

Je peux prélever et reproduire des mots ou de courts énoncés dans un texte court.	A2	☐
Je peux paraphraser de façon simple de courts passages écrits en utilisant les mots de plusieurs textes.	A2+/B1	☐

La mosca que soñaba que era un águila

Había una vez una mosca que todas las noches soñaba que era un Águila y que se encontraba volando por los Alpes y por los Andes.

En los primeros momentos esto la volvía loca de felicidad; pero pasado un tiempo le causaba una sensación de angustia, pues hallaba[1] las alas demasiado grandes, el cuerpo demasiado pesado, el pico demasiado duro y las garras[2] demasiado fuertes; bueno que todo ese gran aparato le impedía posarse a gusto sobre los ricos pasteles o sobre las inmundicias humanas, así como surgir a conciencia dándose topes contra los vidrios de su cuarto. En realidad no quería andar en las grandes alturas, o en los espacios libres, ni mucho menos.

Pero cuando volvía en sí lamentaba con toda el alma no ser un Águila para remontar montañas, y se sentía tristísima de ser una Mosca, y por eso volaba tanto, y estaba tan inquieta, y daba tantas vueltas, hasta que lentamente, por la noche, volvía a poner las sienes[3] en la almohada.

FIN

Augusto Monterroso (escritor honduro-guatemalteco), *La oveja negra y demás fábulas*, 1969.

1. hallar: *trouver* 2. *les serres* 3. *les tempes*

La rana auténtica

Había una vez una rana que quería ser una rana auténtica, y todos los días se esforzaba en ello. Al principio se compró un espejo en el que se miraba largamente buscando su ansiada autenticidad. Unas veces parecía encontrarla y otras no, según el humor de ese día o de la hora, hasta que se cansó de esto y guardó el espejo en un baúl[1].

Por fin pensó que la única forma de conocer su propio valor estaba en la opinión de la gente, y comenzó a peinarse y a vestirse y a desvestirse (cuando no le quedaba otro recurso) para saber si los demás la aprobaban y reconocían que era una rana auténtica.

Un día observó que lo que más admiraban de ella era su cuerpo, especialmente sus piernas[2], de manera que se dedicó a hacer sentadillas[3] y a saltar para tener unas ancas[4] cada vez mejores, y sentía que todos la aplaudían.

Y así seguía haciendo esfuerzos hasta que, dispuesta a cualquier cosa para lograr que la consideraran una rana auténtica, se dejaba arrancar[5] las ancas, y los otros se las comían, y ella todavía alcanzaba a oír con amargura cuando decían que qué buena rana, que parecía pollo.

FIN

Augusto Monterroso (escritor honduro-guatemalteco), *La oveja negra y demás fábulas*, 1969.

1. *un coffre* 2. *ses pattes* 3. *faire des squats* 4. *des cuisses (de grenouille)* 5. *arracher*

Entra en acción

1. Estos microcuentos tienen una moraleja. Identifica los puntos en común y las diferencias entre ellos y redacta la moraleja de cada uno.
2. Ahora te toca a ti inventar un microcuento. El protagonista tiene que ser un animal. Cuenta lo que no le satisface en su vida y con qué sueña. Luego, di lo que le pasa y cómo acaba tu cuento.

Séquence 03

Jugar por jugar

→ ¿HAY RESPETO EN EL DEPORTE HISPANO?

Proyecto

Crear y promover un evento deportivo entre institutos

Descubro

- La passion du football à travers les œuvres d'Horacio Castellanos Moya et d'Eduardo Galeano
- La championne olympique Ruth Beitia, récompensée pour son *fair-play*
- La solidarité dans la pratique du canoë-kayak
- Des sports ancestraux

Comunico

- Rédiger un règlement pour prévenir les comportements antisportifs
- Faire un bref discours pour revendiquer le *fair-play* dans le sport

MÉDIATION

Commenter des événements sportifs

Utilizo

Vocabulario

- Les valeurs dans le sport

Gramática

- L'ordre et la défense
- L'expression de la durée

Pronunciación

- La lettre *g*
- La lettre *u*

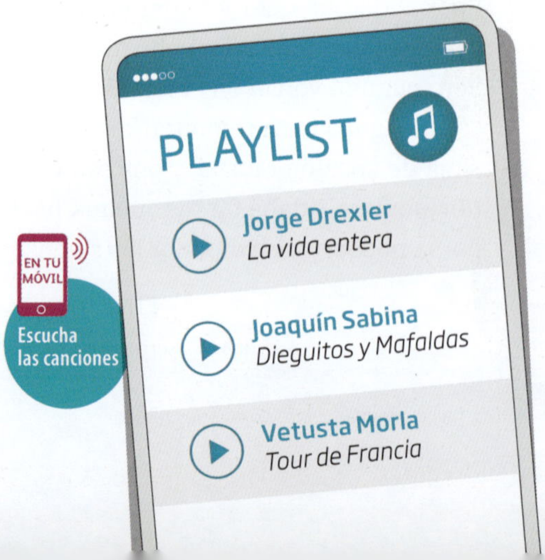

Axe 5
Sports et société

Rafael Nadal (España) y Juan Martín del Potro (Argentina), torneo de Wimbledon, 2018.

¿Cuando compites tu adversario sigue siendo tu amigo?

¿Un modelo de conducta?

El fanatismo de mi hermano

La principal preocupación intelectual de mi hermano es el fútbol, [...] puede hablar horas y horas sobre equipos y jugadores del fútbol nacional, y en especial de sus favoritos, un equipo llamado Alianza[1], para mi hermano el Alianza es la máxima realización humana, no se pierde uno solo de sus partidos, sería capaz de cometer la peor iniquidad[2] con tal de conseguir que el Alianza ganara cada uno de sus encuentros. [...] El fanatismo de mi hermano por el Alianza alcanza[3] tales niveles que hace pocos días se le ocurrió[4] invitarme a que fuéramos al estadio, [...] me invitó al estadio para apoyar al Alianza en su difícil partido contra su adversario de toda la vida, así me lo propuso, como si no supiera que yo detesto las aglomeraciones, como si no supiera que las concentraciones humanas me producen una aflicción indescriptible. No hay nada que me resulte más detestable que los deportes, [...] nada me parece más aburrido y estupidizante[5] que los deportes, pero sobre todo el fútbol nacional, [...] no entiendo cómo mi hermano puede dar la vida por veintidós subalimentados con sus facultades mentales restringidas que corren detrás de una pelota, sólo un tipo como mi hermano puede emocionarse hasta el infarto con los trompicones[6] de veintidós subalimentados que corren tras una pelota haciendo gala[7] de sus restringidas facultades mentales.

Horacio Castellanos Moya (escritor salvadoreño), *El asco: Thomas Benhard en San Salvador*, 1997.

1. Equipo de 1ª división de San Salvador. 2. injusticia o maldad 3. alcanzar: *atteindre* 4. ocurrir(sele) algo a alguien: *avoir l'idée de* 5. *qui rend stupide* 6. *des faux-pas* 7. hacer gala de: *faire étalage de*

Entra en acción

1. Apunta lo que suscita en el hermano del narrador el fútbol y el Alianza.
   pasión • entrega enfermiza • emociones fuertes
2. Di qué opinión tiene el narrador del fútbol y de los deportes.
3. Muestra de qué elementos se vale el narrador para criticar el mundo del fútbol.
   despreciar • ridiculizar • minusvalorar
4. Y tú ¿con cuál de los dos hermanos te identificas más?
   De alguna manera...
   En cierta medida...
   En absoluto...

No me grites

Reglamento para infundir el respeto durante el juego, Galicia (España), 2019.

ENTRE IDIOMAS

Algunos de los términos para designar **al fan** de un equipo deportivo son:

- hincha, aficionado/a o forofo/a
- *supporteur*
- *supporter*

Entra en acción

1. Observa el cartel y di a qué hinchas está destinado.
2. Precisa qué comportamiento habrán tenido durante los partidos
   irrespetuoso/a • violento/a • amenazador/a
3. En tu práctica deportiva, ¿has asistido a escenas como las que trata de evitar el cartel?

Un encuentro tenso

4 *Un encuentro tenso.*

chaparrito: diminutivo de chaparro = bajo (referido a una persona)
momentos más relevantes: des moments les plus significatifs
la estatura: la taille
hacer(se) de palabras = empezar a discutir

¿SABÍAS QUE...?

La palabra **hincha** fue acuñada a principios del siglo XX. El utillero del Nacional de Montevideo (Uruguay), responsable de mantenimiento del material y de **hinchar** (*gonfler*) los balones, se pasaba los partidos animando con entusiasmo al equipo y haciendo que el público hiciese lo mismo. El **hincha balones** del Nacional pasó a representar al tipo de aficionado/a apasionado/a en toda América Latina y de allí pasó a España.

Escoge tu camino

POR ETAPAS

1. Observa la foto e imagina de qué podrá tratar la grabación.
2. Escucha la grabación y di qué acontecimiento deportivo relata.
3. Los periodistas destacan sobre todo:
   a. Un incidente entre jugadores.
   b. El resultado del encuentro.
4. Di cómo reaccionó el árbitro.

EN DIRECTO

¿Cómo consideras la actitud del jugador estadounidense?
la burla • la falta de respeto

PON EN PRÁCTICA

En parejas, comenta con tu compañero/a si la decisión del árbitro fue acertada.

Lo esencial

Para expresarte

EN TU MÓVIL

Vocabulario

- aceptar una derrota
- actuar con deportividad
- el espíritu de competición
- hacer trampas = jugar sucio
- los ultras (España) = las barras bravas (América Latina)
- mantener la sangre fría = no perder la cabeza

Gramática

L'ordre
«**Ríe** y **diviértete**».
Précis p. 246

La défense
«**No** me **grites**».
Précis p. 248

Para pronunciarlo

EN TU MÓVIL

La lettre *g*
Elle se prononce de deux façons :
- [g] devant ***a*** et ***o***, comme dans les mots français « **g**âteau » et « **g**omme » : ju**e**go, ju**g**ador.
- [x] devant les voyelles ***e*** et ***i***, le ***g*** produit un son spécifique à l'espagnol ; il s'agit aussi du son de la lettre **jota** : ori**g**en, ma**g**ia.

5 Écoute les mots et indique lequel des deux sons tu entends : [g] ou [x] ?

Tarea

Redacta un reglamento para prevenir el comportamiento antideportivo en tu instituto, tanto para hinchas como para deportistas. Máximo 5 reglas.

¿Compañerismo entre adversarios?

Un gesto conmovedor

La española Ruth Beitia, campeona olímpica de altura[1], ha recibido el premio International Fair Play (Juego Limpio) de la IAAF[2] por su gesto de consuelo a la italiana Alessia Trost cuando ésta quedó eliminada en la calificación de los campeonatos del mundo. «Estoy sorprendida y orgullosa[3] de este premio de la IAAF. Llevo 32 años dedicada a este deporte y todo lo que soy se lo debo al atletismo. No creo que haya sido por un gesto bonito o feo, sino por un gesto humano que siempre he tenido con mis compañeras», declaró a EFE la capitana del equipo español, que se clasificó duodécima[4] en la final de los Mundiales. Beitia consoló durante varios minutos en plena pista a la atleta italiana, que lloraba[5] tras su eliminación, en una emotiva escena recogida por el videomarcador del estadio [...]. «Nos llevamos muy bien. Al día siguiente me mandó un mensaje cariñoso para decirme que había sido un gesto precioso por mi parte y que se alegraba mucho de mi pase a la final», señaló Beitia.

Laopiniondemurcia.es (EFE-Londres), 13/08/2017.

1. el salto de altura: *le saut en hauteur* 2. *International Association of Athletics Federations*
3. *fière* 4. *douzième* 5. llorar: *pleurer*

ENTRE IDIOMAS

En el tuit de la IAAF puedes observar que la estructura inglesa para expresar la admiración ***What a lady!*** es muy próxima a la francesa ***Quelle dame!*** o ***Quelle femme!***
En cambio, el español utiliza una forma diferente: **¡Vaya mujer!**

Escoge tu camino

POR ETAPAS

1. Lee el artículo y completa los datos de este encuentro deportivo:
   a. Disciplinas deportivas...
   b. Deportistas...
   c. Competición...
2. Apunta cual fue el gesto que llamó la atención de los organizadores.
3. Escoge los adjetivos que caracterizan la escena proyectada en el videomarcador.
   patética • enternecedora • *fair play*
4. Muestra que para Ruth Beitia ciertos principios son inherentes a la práctica del atletismo.
   formación personal • valores humanos • solidaridad
5. Explica por qué Alessia Trost estaba contenta por la calificación de su contrincante española.

EN DIRECTO

Explica el gesto de Ruth Beitia hacia Alessia Trost y cómo se sintieron al final.

PON EN PRÁCTICA

Escribe un tuit para felicitar a Ruth Beitia por su premio.
Tener empatía con...
Ser un ejemplo para...
Solidarizarse con...

Los valores en el deporte

Cartel de la campaña *Deporte y valores*, Gobierno de Navarra, 2017.

la piragua = la canoa: la pirogue
levantar: soulever
sujetar: tenir
los remos: les rames

Entra en acción

1. Observa el cartel y di qué valores quiere promover esta campaña.
   el espíritu de equipo • el individualismo • la solidaridad • el egoísmo
2. Apunta cómo se hace referencia a esos valores en el documento.
   la ayuda mutua • la cooperación
3. Precisa qué es el compañerismo para ti. ¿Cuenta solo en el deporte?
   apoyar • respaldar • respetar
   Según yo... / Mi definición es... / Yo diría que...

ENTRE IDIOMAS

El **euskera** es, junto con el castellano, uno de los idiomas oficiales de la Comunidad Foral de Navarra y del País Vasco. De origen incierto, es una de las **lenguas más antiguas** y la única no indoeuropea de Europa Occidental.

03

Lo esencial

Para expresarte

EN TU MÓVIL

Vocabulario

- respetar a los adversarios/as
- respetar las reglas del juego
- saber ganar/saber perder
- ser un/a buen/a jugador/a ≠ ser mal perdedor/a
- ser disciplinado/a
- el deporte es salud
- uno/a para todos/as y todos/as para uno/a
- que gane el/la mejor
- utilizar la violencia

Gramática

La traduction de « mais » dans une phrase négative
«**No** creo que haya sido por un gesto bonito o feo, **sino** por un gesto humano».
Précis p. 244

L'expression de la durée (1)
«**Llevo** 32 años **dedicada** a este deporte».

Para pronunciarlo

EN TU MÓVIL

La lettre *u*
En espagnol, la voyelle *u* se prononce comme le groupe vocalique français **-ou**: « c**ou**rs », « at**ou**t ». Le son [y] français n'existe pas en espagnol.

6 Écoute les mots et répète-les.

Tarea

Prepara un breve discurso para reivindicar el juego limpio en tu instituto.

- Recuerda que un discurso tiene una estructura clara que comporta una introducción, una presentación de argumentos y una conclusión.
- Incluye una anécdota o historia en tu introducción para cautivar a la clase.

EN TU MÓVIL Exercices interactifs

L'ordre et la défense

Observe

1. Observe les verbes en gras. Quels temps et modes sont utilisés pour exprimer l'ordre ? Où le pronom est-il placé ?
2. Observe le verbe en italique. Quels temps et mode sont utilisés pour exprimer la défense ? Où le pronom est-il placé ?

Qu'en déduis-tu ?

- Pour exprimer la défense, l'espagnol comme le français utilise le mode ... à la forme .... Dans ce cas, les pronoms se placent entre ... et le ....
- À l'impératif les pronoms sont accolés ... le verbe.

Entraîne-toi

3. Donne des ordres ou des interdictions en faisant attention à la place des pronoms.
   a. (Entrenar - nosotros/as) ... todos los días.
   b. (No - decir - tú) ... bobadas.
   c. (Divertir(se) - vosotros/as) ... con la literatura y el deporte.
   d. (No - hacer - ustedes) ... deporte sin haber comido.
   e. (Reprochar(le) - tú) ... su mal comportamiento en el estadio.

Précis p. 246 et 248 Conjugaisons p. 250

L'expression de la durée (1)

Observe

1. Repère les mots en gras et les éléments de la phrase auxquels ils se réfèrent.
2. Traduis les phrases en français. Que remarques-tu ? Quelle expression permet de traduire le verbe en gras ?

Qu'en déduis-tu ?

- Pour exprimer la durée en espagnol, on emploie le verbe ... conjugué suivi d'un complément de temps précisant la période.
- L'équivalent français est l'expression ....

Entraîne-toi

3. Complète en utilisant la structure étudiée.
   a. El nadador ... ... (nadar) cien metros.
   b. El golfista ... cuatro meses ... (concentrar) para preparar el campeonato.
   c. Nosotras ... cuatro años ... (dedicar) al patinaje.
   d. La saltadora de pértiga ... ... (batir) tres récords nacionales.
   e. El equipo de baloncesto ... ... (ganar) tres premios de *fair play*.
   f. El bateador de béisbol ... ... (acertar) cinco golpes.

Los valores en el deporte

1 A2 Encuentra el intruso en cada lista.

a. camaradería | solidaridad | compasión | compañerismo | individualismo

b. valentía | coraje | cobardía | determinación | entusiasmo

c. desaliento | júbilo | pena | tristeza | desánimo

2 A2/B1 Observa la foto y responde:

a. Imagina lo que ha querido captar el fotógrafo en ese preciso instante.

b. Di qué valores representan los atletas y por qué.

EXPRESIONES CORRIENTES DEL DEPORTE QUE HAN PASADO A LA LENGUA COTIDIANA

- caer de pie, caer parado/a = tener buena suerte
- colgar los guantes = retirarse = abandonar
- contra reloj = de prisa = con urgencia
- dar en el blanco = acertar = lograr sus objetivos
- de primera división = de gran categoría
- estar fuera de juego = no tener reacción
- jornada maratoniana = tener una actividad larga e intensa
- tirar la toalla = desistir = rendirse
- tirarse a la piscina = arriesgarse = dar un salto
- tomar, coger carrera = comenzar alguna actividad con fuerza y decisión

3 A2+/B1 Completa las frases con «las expresiones corrientes del deporte».

a. Mi tío ha decidido ••• y pedir la jubilación, quiere dejar de trabajar y descansar.

b. Hoy tuve una •••, no paré de trabajar y mañana presiento que será igual.

c. Cuando el profesor me preguntó, no supe qué decir y •••.

d. Le cuesta mucho entrenar pero nunca •••, es muy tenaz.

e. Han dejado todo para el final y ahora van •••, pero seguramente terminen a tiempo el trabajo.

f. Todo te sale bien, siempre •••.

4 A2+/B1 Elige en la lista de los valores tres que te parezcan fundamentales. Explica por qué lo son en cinco líneas.

LAS ACTITUDES ANTIDEPORTIVAS

- guardar rencor
- hacer trampas
- jugar sucio
- manipular
- ser corrupto/a
- ser egoísta
- ser individualista
- ser intolerante
- ser mal perdedor/a
- ser violento/a
- tener envidia

LOS VALORES EN EL DEPORTE

- el compañerismo
- la complicidad
- la constancia
- la empatía
- el esfuerzo
- la igualdad
- la perseverancia
- el respeto
- el sacrificio
- la solidaridad

Valores ancestrales

"La idea central del proyecto es crear entornos protectores y espacios seguros para niños, niñas y jóvenes, dando al deporte un sentido, utilizándolo como un canal para fortalecer sus valores."

Maritza Campo

ARCO Y FLECHA

Este juego se llamaba *kiánser*. Los hombres formaban una fila y cada uno tiraba su flecha buscando llegar lo más lejos posible. Se utilizaba una flecha, llamada *chár(m)we*, desprovista de punta de vidrio.

RAJALEÑA

Deporte tradicional indígena, donde hombres y mujeres cortan leña[1] en un lapso de tiempo determinado. Al final gana quién más pedazos de leña tenga cortados.

1. cortar leña: *couper du bois*

ARRANCAYUCA

Un jugador/a se agarra a un árbol y detrás de él en fila, le siguen el resto. Otro/a jugador/a trata de jalar la fila para desprender uno/a a uno/a los jugadores/as. El juego termina cuando todos/as los jugadores/as son desprendidos/as del árbol.

BODOQUERA

El soplo de la bodoquera o cerbatana. Los hombres casados y solteros de un pueblo soplan[1] un madero hueco de donde se expulsa una fina flecha elaborada con madera de chonta[2]. Los habilidosos participantes deben atinar[3] al centro de un tablero de cartón.

1. *souffler* 2. *bois de palmier* 3. *viser*

1 Presenta los objetos utilizados en los diferentes juegos ancestrales y explica cómo se practican esos juegos.

2 Lee la cita de Maritza Campo y apunta los objetivos del proyecto del pueblo indígena *Wounaan*. Comenta la idea central del proyecto.

3 Conéctate a este sitio y contesta:

EN TU MÓVIL

a. Cuáles son los deportes que se practicaron durante la II edición de los *Juegos Ancestrales de Panamá*.

b. Elige uno que te parezca interesante, investiga y preséntalo.

Crea y promueve un evento deportivo entre institutos

Cartel a favor del deporte escolar, Gobierno de Cantabria, 2018.

Etapa 1

- Decide qué deporte se practicará en el encuentro.
  - ➜ Piensa en una disciplina deportiva que pueda interesar a un mayor número de alumnos y alumnas.

Etapa 2

- Haz una lista de los valores que quieres promover y redacta el reglamento del torneo incluyéndolos.
  - ➜ Para escribirlo, puedes utilizar la obligación personal o impersonal.
    El respeto • el espíritu de equipo • la honestidad • la diversión • la ayuda mutua

Etapa 3

- Prepara el folleto del encuentro deportivo.
  - ➜ Presenta los elementos externos (lugar, fecha, horario, participantes...) así como el reglamento.
  - ➜ Puedes añadir una imagen o un logo.
  - ➜ Escribe un eslogan que llame la atención.

Etapa 4

- Prepara la comunicación del encuentro deportivo.
  - ➜ Redacta una carta y/o un correo electrónico de invitación.
  - ➜ Escribe una breve información para publicar en las redes sociales como Facebook, Twitter, Instagram...

MÉTHODE

Rédiger un courrier ou un mail

L'en-tête du message

1. **L'identification du destinataire :** il s'agit de la personne physique et/ou de l'organisme à qui tu souhaites t'adresser.
2. **L'objet du message :** il doit être bref et direct, sois précis et concis.
   Invitación a... • Evento de... • Reunión sobre...

L'introduction du message

1. **Commence par une formule d'appel comme :**
   Estimado/a • Querido/a • Buenos días/tardes...
2. **Tu dois donner des informations sur toi** et l'entité pour laquelle tu travailles, en utilisant des formules telles que :
   Soy... • Me llamo... • Estoy en 4º de ESO...

Le corps du message

1. **Explique le motif de ton courrier.**
2. **S'il s'agit d'un événement, décris-le, donne des informations précises sur ses caractéristiques,** par exemple la date, les horaires et le lieu.
   Se trata de... • Se llevará a cabo... • Con el objetivo de... • La inscripción debe hacerse...
3. **Sois toujours courtois et évite le vocabulaire familier.**

La signature du message

Dans cette partie, tu conclus avec une formule de politesse.
Atentamente • Cordialmente • Un afectuoso saludo • Un cordial saludo

03 *Actividades de mediación*

Mundo deportivo

El *fair play* constituye un elemento indispensable en la práctica deportiva y condiciona el comportamiento de los/las deportistas.
Los valores transmitidos por el deporte contribuyen a nuestra construcción personal y a la calidad de las relaciones que mantenemos con los demás.
Ahora, vas a realizar una o varias actividades en relación al mundo deportivo.

Presenta un evento deportivo

- Juega a ser comentarista deportivo/a y cubre un evento en vivo y en directo.
- Elige un vídeo de un minuto aproximadamente.
- Velo varias veces y selecciona los momentos más relevantes que serán comentados.
- Presenta oralmente el evento a la clase mientras que proyectas el vídeo.

Je peux rapporter les points importants d'une vidéo sportive après l'avoir regardée plusieurs fois.	A2	☐
Je peux rapporter les principaux points d'une vidéo sportive.	A2+/B1	☐

Presenta a un(a) deportista *fair play*

- Busca su reseña biográfica.
- Elige una fotografía para ilustrar tu presentación.
- Preséntalo/a y explica a tus compañeros/as, dando tu opinión, por qué lo(a) admiras.

Je peux expliquer de façon simple ce que je ressens au sujet d'un(e) sportif/ve.	A2	☐
Je peux exprimer et écrire mes réactions vis-à-vis de la biographie d'un(e) sportif/ve.	A2+/B1	☐

Redacta un artículo deportivo

- Busca un articulo sobre un encuento deportivo.
- Identifica los datos del evento que merecen ser destacados.
- Resume el artículo.

Je peux lister des informations importantes d'un article sur un événement sportif.	A2	☐
Je peux résumer par écrit les points principaux d'un article de presse sur un événement sportif.	A2+/B1	☐

El hincha

Una vez por semana, el hincha huye de su casa y asiste al estadio. Flamean las banderas, suenan las matracas, los cohetes, los tambores, llueven las serpientes y el papel picado[1]; la ciudad desaparece, la rutina se olvida, sólo existe el templo.

En este espacio sagrado, la única religión que no tiene ateos exhibe a sus divinidades. Aunque el hincha puede contemplar el milagro, más cómodamente, en la pantalla de la tele, prefiere emprender la peregrinación hacia este lugar donde puede ver en carne y hueso[2] a sus ángeles, batiéndose a duelo contra los demonios de turno.

Aquí, el hincha agita el pañuelo, traga[3] saliva, glup, traga veneno, se come la gorra, susurra plegarias[4] y maldiciones y de pronto se rompe la garganta en una ovación y salta como pulga[5] abrazando al desconocido que grita el gol a su lado. Mientras dura la misa pagana[6], el hincha es muchos. Con miles de devotos comparte la certeza de que somos los mejores, todos los árbitros están vendidos, todos los rivales son tramposos[7].

Rara vez el hincha dice: «Hoy juega mi club». Más bien dice: «Hoy jugamos nosotros». Bien sabe este jugador número doce que es él quien sopla los vientos de fervor que empujan la pelota cuando ella se duerme, como bien saben los otros once jugadores que jugar sin hinchada es como bailar sin música.

Cuando el partido concluye, el hincha, que no se ha movido de la tribuna, celebra su victoria; qué goleada les hicimos, qué paliza[8] les dimos, o llora su derrota; otra vez nos estafaron[9], juez ladrón[10].

Y entonces el sol se va y el hincha se va. Caen las sombras sobre el estadio que se vacía. En las gradas de cemento arden, aquí y allá, algunas hogueras de fuego fugaz, mientras se van apagando las luces y las voces. El estadio se queda solo y también el hincha regresa a su soledad, yo que ha sido nosotros: el hincha se aleja, se dispersa, se pierde, y el domingo es melancólico como un miércoles de cenizas[11] después de la muerte del carnaval.

Eduardo Galeano (escritor uruguayo),
El fútbol a sol y a sombra, 1995.

1. *des serpentins et confettis*
2. *en chair et en os*
3. tragar: *avaler*
4. *des prières*
5. *saute comme une puce*
6. *la messe païenne*
7. *des tricheurs*
8. *raclée*
9. estafar: *arnaquer*
10. *arbitre vendu*
11. *Mercredi des Cendres*

Entra en acción

1. ¿Ya te has sentido o comportado así en algún evento deportivo? ¿Qué pasó?
2. Inspirándote en las emociones que transmite este texto y en la canción *La vida entera* de tu playlist, escribe un himno para tu equipo o tu deportista preferido/a.
3. Ponle música (original o adaptada) y grábalo.

Séquence 04

No solo son victorias

→ ¿POR QUÉ ENTONCES TANTOS ESFUERZOS?

Proyecto

Realizar un vídeo de mi(s) experiencia(s) deportiva(s)

Descubro

- Les mémoires de la poétesse et sportive Concha Méndez, membre du groupe *Las Sinsombrero*
- Les *Leonas* de l'équipe espagnole de rugby face aux préjugés
- La biographie du footballeur Andrés Iniesta mise en BD
- L'alpiniste Edurne Pasabán dans la Mission Saipal

Comunico

- Rédiger un discours pour soutenir le droit des femmes à pratiquer tous les sports
- Évoquer une difficulté rencontrée lors de la pratique sportive

MÉDIATION

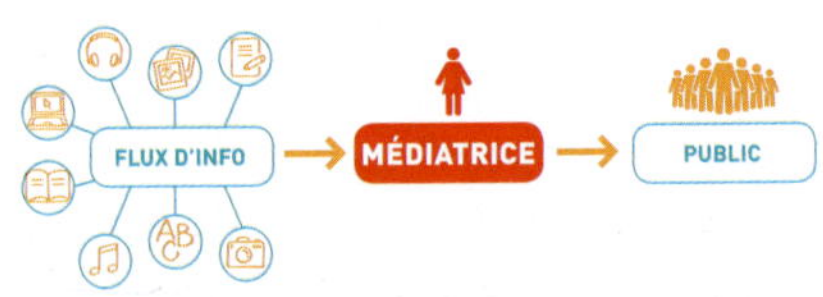

Expliquer des messages sur des valeurs transmises par le sport

Utilizo

Vocabulario

- Le sport

Gramática

- L'obligation
- L'expression de la durée

Pronunciación

- La lettre ***ch***
- Le *sheismo*

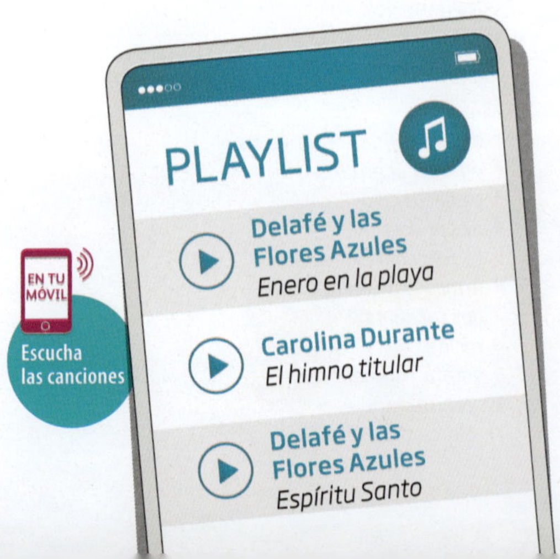

Axe 5

Sports et société

Edurne Pasabán (alpinista española) en la Misión Saipal (expedición organizada en Nepal para dar a conocer la discriminación hacia las mujeres), octubre de 2018.

Y tú, ¿por qué causa ascenderías una montaña de 7 000 metros?

¿Superando obstáculos?

Como una criminal

La poeta Concha Méndez evoca una anécdota vivida en San Sebastián en los años 30.

Uno de los últimos veraneos[1] que pasé en San Sebastián gané el concurso de natación de las Vascongadas[2]. Tenía ya publicados mis primeros libros *Inquietudes, Surtidor* y *El ángel cartero*, y acababa de vender un guión[3] de cine. Las crónicas señalaron que la campeona de natación era poeta y cineasta y publicaron mi fotografía; mi padre, al verme en los periódicos, me comentó: «Apareces retratada como cualquier[4] criminal». Este era mi ambiente familiar; pero imagino que, en el fondo, mi padre estaría orgulloso[5] de que fuera escritora. El día en que se entregaron los premios[6], di mi segundo recital de poesía. Se habían montado sobre el mar, pendientes de una roca[7], dos trampolines[8], uno para mujeres y otro para hombres, los dos a más de seis metros de alto. Llegué a la bahía en traje de baño con los poemas envueltos en hule[9]. Me subí al trampolín y, desde lo alto, desplegué[10] el rollo de poemas y me puse a recitar. Al terminar, por los aplausos y para que vieran que me atrevía, tuve que lanzarme, con todo el vértigo[11] que tengo, caí en el mar y me perdí nadando con los poemas envueltos. Los concursos de natación se hacían en la dársena[12] del puerto, así que teníamos que conocer el mar. Siendo pequeñitos, mi padre empezó a soltarnos en el agua; empezó por mí y así siguió con todos; tres meses al año no hacíamos más que nadar. La mayoría de mis hermanos fueron buenos nadadores. Pedro fue a representar a España en la Olimpiada de París; otra de mis hermanas fue campeona nacional y recibió de manos de la reina una copa de plata.

Paloma Ulacia Altolaguirre (escritora mexicana), *Concha Méndez, Memorias habladas, memorias armadas*, nueva edición, 2018.

1. *les vacances d'été* 2. El País Vasco 3. *un scénario* 4. *n'importe quel/le*
5. estar orgulloso/a: *être fier/ère* 6. entregar une premio: *remettre un prix*
7. *suspendus à un rocher* 8. *plongeoirs* 9. *toile cirée* 10. desplegar: *déplier*
11. *le vertige* 12. *le quai d'un port*

¿SABÍAS QUE...?

Concha Méndez (1898-1986) fue una **poeta, guionista** y **dramaturga** española de las primeras décadas del siglo XX. Pertenece a una gran generación de artistas que constituyeron la *Edad de Plata* de la literatura española. A Concha Méndez y a otras mujeres de esta época se las conoce como «Las Sinsombrero».

Chicas en la playa de Valencia (España) en los años 30.

Escoge tu camino

POR ETAPAS

1. Antes de empezar, observa la foto e imagina quiénes son estas mujeres y qué estarán haciendo.
   colegialas practicando deporte • artistas de cine • amigas celebrando algo
2. Di quién era Concha Méndez y qué ganó.
3. Apunta cómo habló de ella la prensa y cuál fue la reacción del padre.
   extraño/a • exagerado/a • sexista
4. Precisa cómo fue la entrega de los premios.
   a. Describe el lugar.
   b. Resume lo que pasó.
   c. Comenta lo cómico de la situación.
5. Explica la importancia de la natación en su familia.

EN DIRECTO

Presenta a Concha Méndez y explica lo que hizo un verano en San Sebastián.

PON EN PRÁCTICA

Y tú, ¿has vivido alguna anécdota como ésta durante tu práctica deportiva?

Un ejemplo a seguir

VÍDEO

Seas como seas tienes un sitio. Solo tienes que ser valiente © Joma, 2017.

pegar (verbo intr. utilizado como «gustar»): aller bien/mal avec quelque chose ou quelqu'un
marimacho: (fam. et péj.) garçon manqué
de veras: vraiment
el conjunto = el total: l'ensemble

Entra en acción

1. Ve el vídeo y haz la lista de las críticas que se les hicieron a estas jugadoras.
2. Precisa a qué hacen alusión esos reproches.
   el género • el físico • el esfuerzo
3. Cita los elogios que han recibido.
4. Di en qué idea insisten.
   el modelo • el bienestar • la satisfacción
5. Apunta y comenta la frase de la última jugadora.
   ser una misma • ocupar su lugar • tener valor

¿SABÍAS QUE...?

A las **jugadoras** de la selección española de **rugby** se las conoce como **Las Leonas** y a los jugadores del equipo masculino como Los Leones. En la camiseta llevan un logo con un león. Las Leonas han sido siete veces campeonas de Europa.

Lo esencial

Para expresarte

EN TU MÓVIL

Vocabulario

- ser polifacética/o
- sentir(se) como pez en el agua
- tomárselo en serio
- no darse por vencido/a
- romper los estereotipos
- sea(s) como sea(s)
- ser uno/a mismo/a

Gramática

La restriction

«Tres meses al año **no** hacíamos **más que** nadar».

L'obligation (1)

«Seas como seas, tienes un sitio, solo **hay que ser** valiente».

Para pronunciarlo

EN TU MÓVIL

La lettre *ch*

Le digraphe ***ch*** correspond en espagnol au son affriqué palato-alvéolaire sourd [tʃ] : **ch**icas, di**ch**o.
On retrouve ce son en français dans certains mots d'origine étrangère : **Tch**èque, caou**tch**ouc, ske**tch**.

7 Écoute et répète le virelangue.

Tarea

Escribe un breve discurso para defender los derechos de las chicas a practicar cualquier disciplina deportiva.

- Recuerda que un discurso es un texto escrito destinado a ser leído a un auditorio.
- Para captar la atención, recurre a alguna anécdota divertida (puedes apoyarte en el texto de Concha Méndez).
- Cuando lo leas, intenta distanciarte del texto y no dejes de mirar a las personas que te escuchan.

¿Seguro que te sienta bien?

No puedo estar más deprimido

En Roma, en mayo de 2009, el Barça ganó la final de la Liga de Campeones. Andrés Iniesta jugó todo el partido a pesar de tener graves dolencias físicas. Terminó el partido lesionado[1]. A partir de ahí vivió un año de problemas y convalecencias que le afectaron anímicamente. Durante este tiempo su fisioterapeuta, Emili Ricart, fue un gran apoyo[2].

Enrique Ventura (dibujante español) y Miguel Gómez Andrea (guionista español), *Iniesta*, 2018.

1. estar lesionado/a: *etre blessé/e (pour un(e) sportif/ive)* 2. *un soutien* 3. *le sommet* 4. *le succès* 5. *le cerveau* 6. pasar por la cabeza: *passer par la tête* 7. *dévastatrice*

¿SABÍAS QUE...?

Andrés Iniesta (Fuentealbilla, 1984) es un **centrocampista** español que, con el F.C. Barcelona, consiguió cuatro *Ligas de Campeones* y numerosos títulos de *Liga* y de *Copa del Rey*. Como jugador de la selección española, ganó dos *Eurocopas* y el *Campeonato del Mundo* de 2010. En esa final fue Iniesta quien marcó el gol del triunfo en la prórroga.

Escoge tu camino

POR ETAPAS

1. Di cuál es el estado de ánimo de Andrés Iniesta.
   desconcertado/a • decepcionado/a • desanimado/a
2. Precisa las explicaciones que le da el fisioterapeuta.
   prudencia/precipitación • cerebral/muscular • paciencia/impaciencia

EN DIRECTO

Explica cómo se siente Iniesta.

PON EN PRÁCTICA

Un(a) compañero/a lesionada te confiesa lo mal que se siente. ¿Qué consejos le darías para animarlo/a?
No te preocupes...
Seguro que...

El fútbol o yo

VÍDEO EN LÍNEA

La pasión que Pedro siente por el fútbol ocupa toda su vida y le ha traído problemas tanto en lo profesional como en lo familiar. Su mujer, Vero, se ha hartado y le ha dado un ultimátum. Pedro deberá escoger.

EN TU MÓVIL

El fútbol o yo de Marcos Carnevale, Argentina, 2017.

gritar: crier
elegir: choisir
la reja: la grille
las miradas perdidas: les regards perdus
el gesto melancólico: le geste melancolique
las manos entrelazadas: les mains entrelacées

Lo esencial

Para expresarte

EN TU MÓVIL

Vocabulario

- sentir que no hay salida
- venir(se) abajo = desmoronar(se)
- estar harto/a
- (no) atender razones
- no mirarse a los ojos/no cruzar la mirada
- estar cerca/estar distanciados
- dar un ultimátum
- echar del trabajo = despedir

Gramática

L'obligation (2)
«**Tenés** que consultar un especialista».

L'expression de la durée (2)
«¿**Hace cuánto** qué empezó?».

Le voseo
«**Vos sos** un perdedor».

Para pronunciarlo

EN TU MÓVIL

Le ***sheísmo***
Il se retrouve dans l'espagnol *rioplatense* (Argentine, Uruguay et quelques régions du Paraguay). Il consiste à prononcer le son [ʝ] (ll ou y) como le son [ʃ] (-sh-).

8 Parmi les phrases que tu vas entendre, identifie celles qui sont prononcées par un sud-américain.

Entra en acción

1. Observa el póster y di qué te suscita.
   dar la risa • dar pena • dar ganas de verla
2. Deduce la relación entre los personajes, apoyándote en la imagen y en el título.
3. Ve el tráiler y apunta lo que el fútbol es para Pedro.
4. Anota detalles de la exasperación de Vero, y de cómo trata de hacer comprender a Pedro la gravedad de la situación.
5. Di cómo reacciona Pedro al ultimátum de Vero.
6. Comenta esta escena con tus compañeros/as precisando si comprendes a Vero, a Pedro, a los dos o a ninguno de los dos.
   Es verdad que...
   No obstante...
   Ahora bien...
   En definitiva...

Tarea

Cuenta a tus compañeros/as una anécdota difícil que has vivido durante tu práctica deportiva.

- Explica cómo lograste vencer la dificultad.
  Lo que me desanimó fue...
  Para mi fue crucial...

EN TU MÓVIL Exercices interactifs

L'obligation

Observe

1. Qui est concerné(e) par l'action des verbes en gras, dans la première réplique, et dans la seconde ?
2. À quelle personne est conjugué le premier verbe en gras dans la réplique de gauche ?
3. Trouve l'infinitif du verbe « hay ». De quelle forme de verbe s'agit-il ?

Qu'en déduis-tu ?

- Pour exprimer l'obligation ..., on utilise le verbe ... suivi de ... + le verbe à l'... .
- Pour exprimer l'obligation ..., on utilise la forme ... suivie de ... + d'un verbe à l' ... .

Entraîne-toi

4. Reformule en exprimant une obligation. Précise de quel type d'obligation il s'agit.
   a. Las jugadoras de rugby luchan contra la discriminación.
   b. Es importante entrenar en buenas condiciones.
   c. Concha Méndez se rebela contra las tradiciones.
   d. Pedro y Vero abordan sus problemas cotidianos.
   e. Después de hacer deporte es necesario hacer estiramientos.

L'expression de la durée (2)

Observe

1. Repère les mots en gras. À quels éléments de la phrase se réfèrent-ils dans chacun des cas ?
2. Traduis-les en français. Que remarques-tu ?

Qu'en déduis-tu ?

- Pour exprimer la durée, on utilise ... ou ... lorsqu'on précise le début de l'action.
- Lorsqu'il s'agit d'une date ou d'un événement, on utilise ... .

Entraîne-toi

3. Complète avec l'élément qui convient.
   a. Juego en este club ... el año pasado.
   b. ... media hora que estamos nadando.
   c. El equipo de Francia es campeón del mundo ... 2018.
   d. ... ocho meses que los jóvenes se entrenan para un campeonato.
   e. Dejó de entrenar ... tres meses.
   f. ... cinco meses que preparo el maratón.
   g. ... 2015 mi hermano participa en el Tour de Francia.

Conjugaisons p. 250

El deporte y yo

Jugador de tenis en el torneo de Roland Garros.

1 A2 ¿Reconoces al deportista de la fotografía? Di si, a tu parecer, su posición representa el éxito o la derrota. ¿Por qué?

2 B1 Lee estos refranes y ayudándote del vocabulario del mapa mental explica el que más te guste.
- *El éxito o el fracaso, los forja uno paso a paso.*
- *La pereza y el fracaso andan cogidos del brazo.*
- *El mejor premio no es tenerlo, sino merecerlo.*
- *Antes que saber ganar, hay que aprender a perder.*
- *Aprende a perder y aprenderás a ganar y a triunfar.*

3 B1 Explícale a un(a) compañero/a por qué en el deporte «no todo son victorias». Utiliza el vocabulario del mapa mental.

4 B1 Imagina y comenta por qué camino, por qué etapas, pasan los deportistas para obtener la victoria. Utiliza el vocabulario de mapa mental.

NO SOLO SON VICTORIAS

EL ÉXITO
- la conquista/conquistar
- ganar
- el honor
- los logros/lograr
- el mérito
- un premio
- el triunfo/triunfar
- vencer
- la victoria

LAS EMOCIONES Y LOS SENTIMIENTOS
- la angustia
- la ansiedad
- la decepción
- el desánimo
- la desilusión
- el disgusto
- el enojo
- la incertidumbre
- el temor
- la tristeza

- la alegría
- el deleite
- la felicidad
- el gozo
- *Mens sana in corpore sano*
- el orgullo
- la plenitud
- el reconocimiento
- el regocijo
- la satisfacción

LOS ESFUERZOS
- el cansancio = la fatiga
- la determinación
- la dieta = el régimen
- el entrenamiento/entrenar
- el esmero
- las privaciones
- las restricciones
- el sacrificio
- el trabajo/trabajar
- la voluntad

COMPETIR PARA...
- alegrarse
- celebrar
- disfrutar
- distraerse
- entretenerse
- festejar
- reír
- superarse

LA DERROTA
- el desastre
- la desgracia
- el fracaso/fracasar
- perder
- ser vencido/a
- el revés
- el sometimiento/someter

EXPRESIONES
- abrazar la gloria
- coronarse
- llevarse la palma

Mujer y deporte

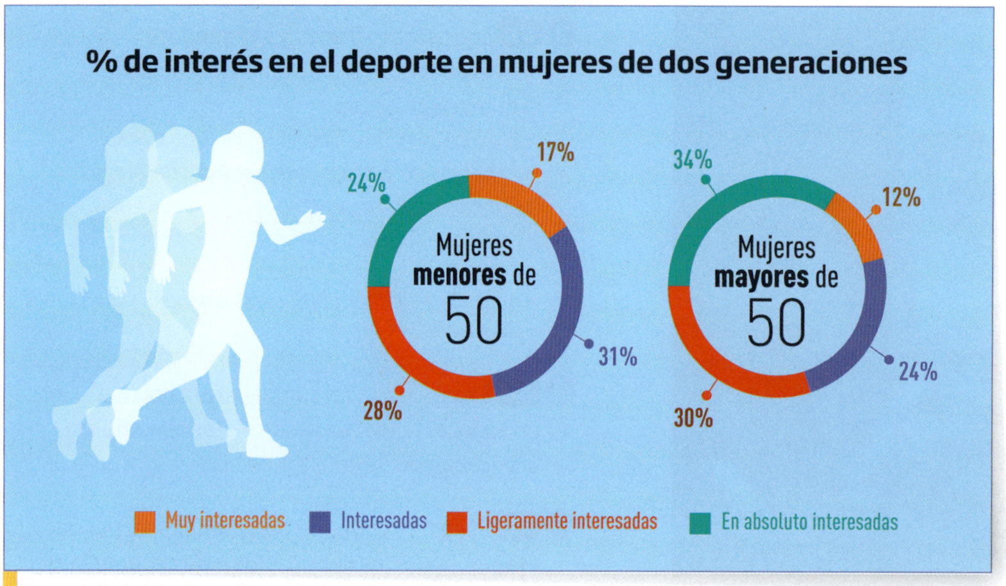

Porcentaje de interés en el deporte en mujeres de dos generaciones, *Informe Women and Sport*, Nielsen, 2016.

> Me siento muy orgullosa y feliz por figurar en los libros de historia. Lo peleé. Superé problemas personales. Apenas existen profesionales en mi deporte, y a base de esfuerzo y cabezonería[1] alcancé mi reto [...]. Ni mis padres ni yo habríamos escrito el libro de mi vida tal y como ha surgido.

Edurne Pasabán

1. *entêtement*

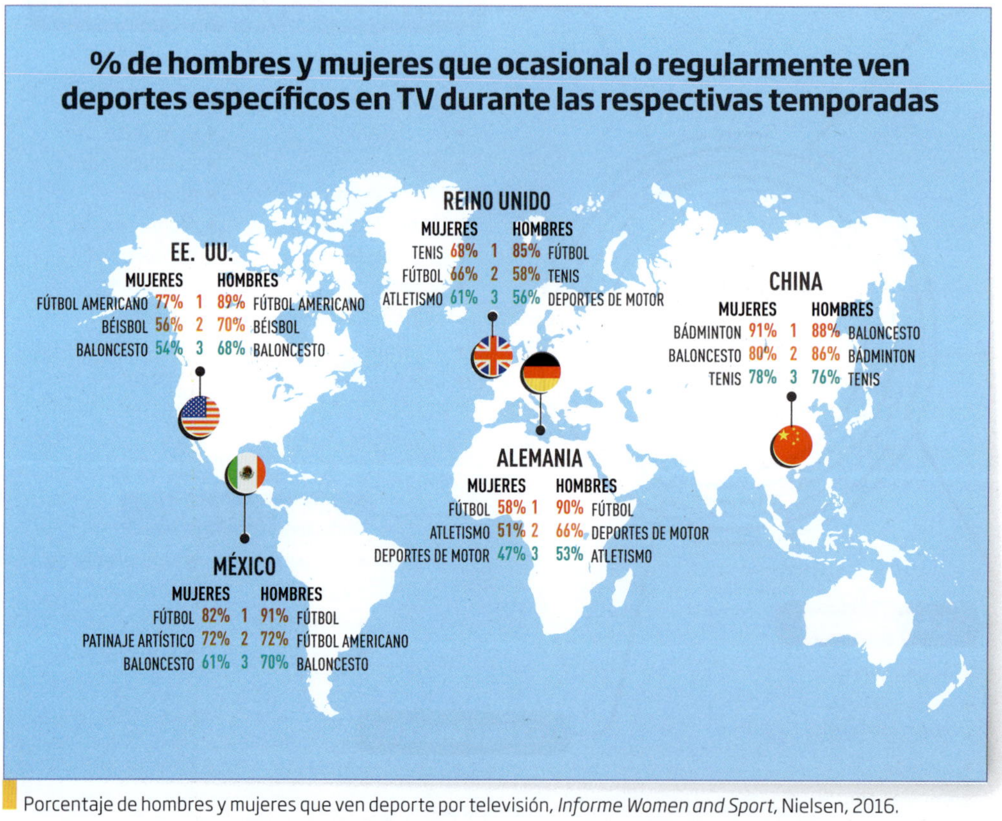

Porcentaje de hombres y mujeres que ven deporte por televisión, *Informe Women and Sport*, Nielsen, 2016.

1 Observa el primer gráfico y compara el interés por el deporte de las mujeres de los dos grupos.

2 Comenta la cita de Edurne Pasabán a partir del gráfico precedente.

3 Analiza la segunda infografía y comenta las diferencias:

a. Entre los hombres y las mujeres.

b. Entre los diferentes países.

Proyecto

Realiza un vídeo de tu(s) experiencia(s) deportiva(s)

Morán, Campos y Alonso (pilotos españoles de fórmula 1) de pequeños.

Etapa 1

- Piensa en momentos de tu vida en los que has llevado a cabo alguna actividad deportiva.
  - ➜ En familia, con amigos/as, con el colegio o el instituto, con un club...
  - ➜ Haz un cuadro cronológico de esos momentos.

edad	deporte	¿con quién?	lugar	emoción suscitada en ti en ese momento	y ¿por qué?
a los 10 años	tenis	con mis hermanos/as y mis padres	en el estadio donde entrenaba mi hermana mayor	me daba la risa	porque la raqueta era más grande que yo
a las 13 años	...	...	...	...	...

Etapa 2

- Busca fotos y/o objetos que puedan ilustrar cada una de esas etapas y añádelas a tu cuadro.
  - ➜ Pueden ser antiguos carnés, camisetas, escudos, material deportivo como pelotas, guantes, cascos, zapatillas...
  - ➜ Puedes utilizar también algún amuleto de cuando practicabas algún deporte, como calcetines, pulseras...

Etapa 3

- Añade una nueva columna al cuadro para precisar si la emoción que sientes ahora es la misma o no que la que sentías en aquel momento.

edad	deporte	¿con quién?	lugar	emoción suscitada en ti en ese momento	y ¿por qué?	emoción suscitada en ti hoy
a los 13 años	balon-mano	con mi amiga Martina	en el estadio con el colegio	sentía alegría	porque nos lo pasábamos genial juntas	Me hace gracia porque la camiseta ya no me sirve pero también...

Etapa 4

- Decide en qué orden quieres contar tu(s) experiencia(s) deportiva(s): cronológico...
  - ➜ Escribe el guion.
  - ➜ Ensaya varias veces en voz alta antes de grabar.

MÉTHODE

Tourner une vidéo

Une vidéo est un support idéal pour transmettre des idées. Elle fait à la fois appel à la vue et à l'ouïe du public, ce qui la rend plus efficace.

Avant de te lancer

1 Trouve le fil conducteur du projet.

- Quel est ton but ? Partager une expérience, faire réfléchir ou réagir, diffuser des informations ?
- Quel en sera le sujet principal et comment vas-tu l'aborder ?
- Comment le mettras-tu en scène ? Sous forme de reportage, de parodie, de drame, de *draw-my-life*... ?

2 Rédige ton scénario.

- Fixe une durée pour ta vidéo.
- Écris le scénario et découpe-le en séquences.
- Rédige tes dialogues, même si tu veux improviser le jour du tournage.

C'est parti !

1 Prépare l'enregistrement.

- Liste les lieux, décors, costumes et personnages par séquence, puis fait appel à ton réseau pour trouver tout ce dont tu as besoin !
- Choisis la/les technique(s) que tu vas utiliser : portable, diaporama sonorisé...

2 Enregistre la vidéo.

Veille à la lumière et au son. N'hésite pas à faire plusieurs prises de vue pour pouvoir choisir la meilleure ensuite.

3 Retravaille la vidéo.

Utilise un logiciel pour couper les séquences inutiles, ajuster le volume, ajouter de la musique ou des effets...

04 Actividades de mediación

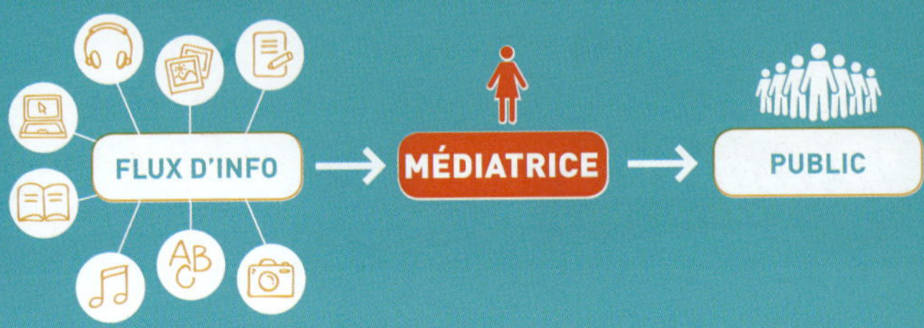

El deporte se compromete con causas nobles

Has podido ver cómo deportistas de alto nivel han tenido que hacer frente a obstáculos de diversa naturaleza en algún momento de su carrera. Además, el deporte resulta un medio ideal de compromiso con causas nobles como podrás descubrir realizando diferentes actividades.

9 *Saúl Craviotto, embajador en Mozambique*
© Manos Unidas, 2018.

Resume y comenta el testimonio de un viaje humanitario

EN TU MÓVIL

- Escucha este audio y resume las palabras del piragüista sobre su viaje humanitario a tus compañeros/as.
- Comparte con tus compañeros/as tus sentimientos respecto al testimonio del deportista.

Je peux lister des informations à propos d'un voyage humanitaire et les présenter à mes camarades de classe.	A2	☐
Je peux exprimer et décrire les émotions ressenties vis-à-vis d'un témoignage.	A2+/B1	☐

EN TU MÓVIL

VÍDEO

Alive © Canción de los Juegos Olímpicos de la Juventud, 2018.

Explica el mensaje de una canción

- Escucha la canción y ve el vídeo. ¿Qué emociones transmiten?
- Presta atención ahora a la letra de la canción en español. ¿Qué palabras comprendes? Apúntalas. ¿Qué puedes deducir?
- Escucha la parte en inglés, ¿qué palabras comprendes? Apúntalas y tradúcelas al español.
- A partir de toda esta información, haz una síntesis y deduce el mensaje principal.
- Haz escuchar la canción a tus compañeros/as y comunícales todo lo que has comprendido.

Je peux lister les idées les plus importantes d'une chanson en espagnol et en anglais, et les communiquer.	A2	☐
Je peux résumer le message principal d'une chanson en espagnol et en anglais pour quelqu'un d'autre.	A2+/B1	☐

¡Qué GUSTO LEER!

En el juego de béisbol el pitcher arroja la pelota al pelotero quien la golpea dirigiéndola hacia alguna zona válida del campo. El pelotero suelta el bate e intenta recorrer el campo, base por base (hay tres en total), hasta llegar al home (punto de llegada y de salida). Si logra hacer el recorrido antes de que la pelota sea recuperada por el otro equipo, marca un punto.

El mejor pelotero[1]

La noche del último juego Andrés llegó temprano al estadio. Calentó[2] bien, corrió bastante y mientras corría se acordó de su primo Sebastián. Aunque no deseaba ni pensar en él y le molestaba todo lo que le recordara al pariente, Andrés se sorprendió pensando en sus consejos, obedeciéndolos como cosa indiscutible. Lo peor era que muchas veces lo había hecho, sin notar siquiera[3] que se trataba de las ideas de su primo. Sebastián decía que durante veinte años había sido el mejor pitcher[4] del barrio y también el corredor más rápido. Podía robarse hasta cinco o seis bases en cada juego. Sin embargo, admitía con sinceridad que jamás fue un buen pelotero: sencillamente le faltaba coraje [...]. Sebastián siempre le aconsejaba que una hora antes del juego corriera fuerte, por lo menos un kilómetro: «de esa forma» decía, «nunca te cansarás en el juego». Y esa noche Andrés corrió con una energía inusual mientras pensaba en Sebastián, en sus cabellos blancos y lacios[5].

Corrió más de un kilómetro y se mantuvo fuerte. En lugar de los diez batazos[6] reglamentarios de práctica, le permitieron dar veinte. Fueron veinte líneas corticas[7], sobre la cabeza del primera base. [...] Andrés se sentía en forma, jamás le había pegado con tanta facilidad a la pelota.

[...] Andrés estaba de segundo en la alineación y rápidamente se paró en el círculo de espera y comenzó a hacer swings[8] con dos bates. Tenía un uniforme amarillo con mangas, números, letras y gorra negra. Aunque era una noche limpia y de mucho calor, se había puesto debajo de la camisa el jersey azul de los Industriales[9] porque sabía que lucía bien y pensaba que le traería suerte. También llevaba su casco, [...] y se había colocado su guante de estambre[10] en la mano derecha. Andrés sabía que tenía estampa[11] de pelotero. [...] Sintió un corrientazo[12] que le subía hasta los codos cuando la punta del bate chocó contra la masa enemiga de la pelota. Y la vio elevarse y caer, como puesta con la mano, detrás del atónito tercera base. Andrés corrió bien y lo hizo doblete[13]. En la segunda base, jadeando[14] sobre la almohadilla, pensó que nunca en su vida se había sentido tan feliz [...]. Estaba orgulloso de sí mismo, no le importaba demasiado lo que veía en las graderías [...] y podía batear otra vez. Sí, se sentía muy feliz y pensó que si había bateado tres hits[15], el cuarto sería el más fácil del mundo, sobre todo esa noche, que podía demostrarle a Sebastián que él sería el mejor pelotero, el mejor de todos los peloteros que había dado el barrio.

Leonardo Padura (escritor cubano), *Fiebre de caballos*, 1988.

1. jugador de béisbol 2. calentar: *chauffer* 3. *sans même s'apercevoir* 4. lanzador 5. *raides* 6. golpe con el bate 7. diminutivo de cortar 8. Hacer movimientos con el bate para tratar de dar a la pelota. 9. Equipo de béisbol de La Habana. Es el más antiguo de la liga de Cuba. 10. *fil de laine* 11. tener estampa: *avoir de l'allure* 12. sentir un corrientazo: *(fam.) sentir un coup de jus* 13. hacer doblete: *faire deux tours de terrain* 14. jadear: *haleter* 15. hit: *moment où le frappeur met la balle sur le terrain de jeu*

Entra en acción

¿Sabías que en Cuba el deporte nacional es el béisbol?
Averigua por qué razón y coméntalo con tus compañeros/as.

Séquence 05

¿Profesión? Ni idea

→ ¿CÓMO SE ELIGE UNA PROFESIÓN?

Proyecto

Informarse sobre su futuro profesional

Descubro

- Le choix de carrière vu par les dessinateurs Tute et Liniers
- L'avenir professionnel à travers les textes de Jorge Ramos, Paulina Flores et Fernando Savater
- Des métiers en voie de disparition
- Des témoignages sur les vocations

Comunico

- Écrire une scène de théâtre pour défendre un choix de carrière
- Échanger avec ses camarades par rapport à un choix d'orientation
- Débattre sur le choix d'une carrière

MÉDIATION

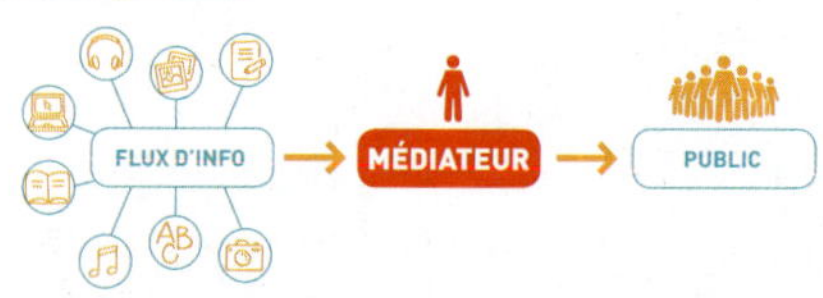

Collecter des informations sur des parcours professionnels, et les présenter

Utilizo

Vocabulario

- L'avenir professionnel

Gramática

- L'expression de l'éventualité
- La traduction de l'article neutre ***lo***

Pronunciación

- La lettre ***v***

Ortografía

- La lettre ***f***
- La syllabe ***-es***

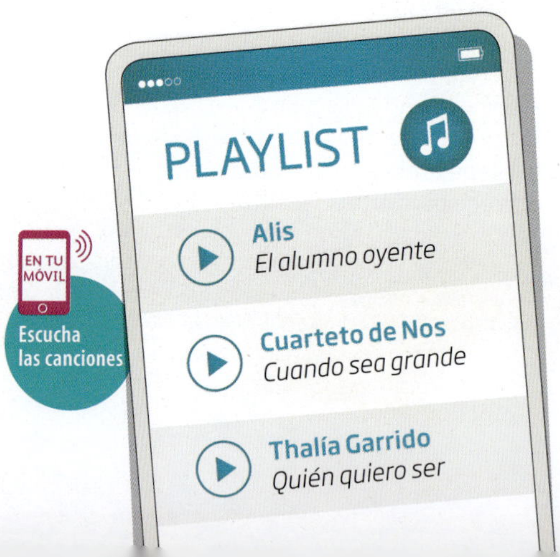

Axe 2

Les univers professionnels, le monde du travail

Dani Rovira (actor español) en la película *Superlópez*, 2018.

¿A quién escuchar?

¿Lo que te haga feliz?

Tute (dibujante argentino), *Lo que te haga felíz*, 2018.

Entra en acción

1. Observa la viñeta, identifica los personajes y comenta la reacción del hijo.
   quedarse paralizado/a • estupefacto/a • asustado/a
2. Di qué actitud tiene el padre.
   hacer la vista gorda • apoyar a • no atreverse a
3. Di qué actitud tiene el hijo.
   felicidad • incomprensión • sorpresa • tristeza
4. La frase de la madre no es coherente. Corrígela y coméntala.
   ser egoísta • no preocuparse por el bienestar de su hijo • pensar en su propia felicidad

Y tú, ¿ya sabes qué llevas dentro?

EN TU MÓVIL

10 *Orientación vocacional*
© carrerasconfuturo.com.

veloces: rapides
cruzar: traverser
curar: soigner
crucial=importante
investigar: faire de la recherche

Entra en acción

1. Escucha la grabación y di por qué los/las jóvenes imaginan el mundo laboral como un juego.
2. Explica cuándo deben enfrentarse a la realidad.
3. ¿Con cuál de estos testimonios te identificas más? Justifica.
4. En grupo, elige tres testimonios y preséntalos en clase.
   De pequeño/a pensaba que quería... de mayor hizo...
   Le motivaba...
   Luego, ya de grande... descubrió que...
5. Prepara una breve explicación como la de los/las chicos/as de la grabación.

La verdadera vocación

Mi papá era el de las reglas en la casa. ¿A qué hora vas a llegar? Nunca salgas sin dinero en el bolsillo. Llama si te atrasas[1]. Haz la tarea. De niño le tenía miedo. Si lo veía leyendo el periódico en la sala me iba a otro lado. De vez en cuando daba gritos y manoteaba[2]. Pero conforme fui creciendo entendí que así era, que los gritos eran inofensivos, que nunca iba a cambiar y que sus estrictas reglas en la casa eran una forma de querernos.

Para mi papá solo existían cuatro profesiones legítimas: arquitecto —como él—, ingeniero, abogado o doctor. Ninguna me interesaba. Así que cuando le informé que iba a estudiar comunicación en la universidad, su respuesta fue: «¿Y qué vas a hacer con eso?». «Eso», así le llamó a mi elección de carrera. Tengo que confesar que había algo de rebeldía y gusto en tomar una decisión que hiciera enojar[3] a mi papá. Si no le gustaba a él, entonces debía de ser una buena opción. Ahora entiendo que su preocupación era mi futuro económico y que no quería que batallara en la vida como él. Estudié lo que más me gustaba a pesar de las protestas de mi papá. Pero él no hizo lo mismo y se notaba. El arquitecto Ramos era un gran mago. Le encantaba hacernos trucos de magia a mis hermanos y a mí. Siempre pensé que esa era su verdadera vocación en la vida. Pero mi abuelo lo obligó a dedicarse[4] a algo que no le apasionaba. A pesar de todo, esta historia tiene un final feliz. Luego de que me vine a vivir a Estados Unidos hice las paces[5] con mi papá. La tensión y el distanciamiento que sufrimos cuando yo era niño y adolescente se convirtieron en una relación cálida.

Jorge Ramos (autor y periodista mexicano), *Stranger, el desafío de un inmigrante latino en la era de Trump*, 2018.

1. atrasar(se): *être en retard* 2. manotear: *gesticuler* 3. *fâcher* 4. *se consacrer* 5. *faire la paix*

Lo esencial

05

Para expresarte

EN TU MÓVIL

Vocabulario

- seguir su vocación
- luchar por sus ideales
- sentirse realizado/a
- alcanzar la meta
- escoger una carrera
- saber escuchar los consejos
- trabajar en
- plegarse a
- satisfacer la voluntad de alguien

Gramática

Exprimer un changement avec *convertirse en*
«En segundos **te conviertes en** un genio inventor de la máquina del tiempo».

La répétition avec *volver(se) a*
«Llegas a secundaria y **te vuelves a** encontrar con esa misma pregunta».

Para pronunciarlo

EN TU MÓVIL

La lettre *v*
Le **v** en espagnol est une consonne bilabiale sonore comme **b**.

11 Écoute les mots et répète-les.

Escoge tu camino

POR ETAPAS

1 Busca en el texto las frases que indican que:
a. El autor, de niño, se sentía intimidado por su padre.
b. El padre no siguió su vocación.
c. El padre estaba preocupado por el futuro económico de su hijo.

2 Subraya los adjetivos que permiten describir el carácter del padre:
estricto / relajado / permisivo / severo / serio / tolerante

EN DIRECTO

¿Piensas que el narrador tuvo razón en seguir su vocación? Justifica.
luchar por sus ideales • alcanzar la meta • sentirse realizado • realizar sus sueños

PON EN PRÁCTICA

Explica en unas cinco líneas por qué el narrador dice que esta historia «tiene un final feliz».

Tarea

Escribe e interpreta una escena.

- Con tus compañeros/as, escribe una escena en la que padres e hijos no están de acuerdo con el futuro profesional escogido por el/la hijo/a.
- Para dar tu opinión puedes utilizar:
  (No) estoy de acuerdo contigo, pero...

¿Qué camino tomar?

Lo que sea, pero en la Universidad

–Yo a las chiquillas[1] las preparé todo un verano para que quedaran en el Carmela[2] ¿cierto? –siguió diciendo mi tía con orgullo–, un verano igual que este. No podían bañarse hasta que estudiaran e hicieran los ejercicios del día.

–¿Qué quieres estudiar, Nico?– preguntó Camila.

–¿Estudiar?

–Sí, ¿qué quieres ser cuando grande? Abogado, médico, ingeniero, profesor...

–¡Futbolista!

–No, los futbolistas son tontos[3]– dijo Camila.

–Entonces... ¡Militar!

–¿Militar?–dijo sorprendida mi tía–. ¿De dónde sacaste eso[4]? Militar... no, eso no es una profesión.

–En los comerciales salen tirándose[5] en paracaídas –dije avanzando con las manos abiertas como las alas de un avión, y luego me paré frente a ellas y [...] las miré y repetí: «Para entrar se necesita más que un buen puntaje[6]».

–En los comerciales muestran puras mentiras[7]–dijo Camila–. Los militares son malos. Les lavan el cerebro. [...] ¿No sabes lo que hicieron en Chile?

–No– dije yo algo avergonzado. Cada día me daba cuenta de todas las cosas que no sabía.

–Mataron a mucha gente. En la dictadura de Pinochet. ¿Sabes quién fue Pinochet siquiera?

Más vergüenza, aunque igual me sonaba[8].

–Entonces voy a ser detective– repliqué, y miré a Javiera esperando que me secundara, pero ella, que iba un poco más atrás, no levantó la vista del suelo.

–¿Rati?[9] No, esos son los peores– apuntó Camila. [...]

–Usted es inteligente, hijo –dijo mi tía–. No se puede desaprovechar así. Tiene que estudiar algo, lo que sea, pero en la Universidad.

Paulina Flores (escritora chilena), *Qué vergüenza*, 2016.

1. las niñas **2.** Es un instituto privado de Santiago de Chile. **3.** *(ici) des idiots* **4.** *d'où sors-tu cela ?* **5.** *on les voit en train de sauter* **6.** *des bons résultats au BAC* **7.** *que des mensonges* **8.** *ça me disait quelque chose* **9.** rati = tira: *nom donné aux membres des services de renseignements*

Paulina Flores (Santiago, 1988) es una escritora chilena cuyo nombre suena como una de las jóvenes promesas de la literatura hispanoamericana más actual. Con el relato que da título al conjunto, « Qué vergüenza », ganó el Premio Roberto Bolaño en 2014. El libro obtuvo también el galardón del Círculo de Críticos de Arte a la mejor autora novel.

Entra en acción

1. Para Nico el mundo profesional es como un juego. En cambio, Camila es más realista. Busca las frases que lo demuestran.
2. Clasifica en dos columnas las profesiones que tienen buena y mala reputación.
3. Para la tía, la mejor opción es entrar en la Universidad. Justifica con el texto y di si estás de acuerdo con ella.
   ser prestigioso/a • despreciar • tener prejuicios

¿SABÍAS QUE...?

En **Chile**, en 1973, tras un **golpe militar** liderado por **Augusto Pinochet**, comenzó una **dictadura** que duró 17 años, en la que secuestraron, torturaron y asesinaron a muchos ciudadanos y ciudadanas. Se estima que las víctimas de la dictadura superan las 40.000, de las que 3.065 están muertas o desaparecidas.

¿Cómo elegir una profesión?

EN TU MÓVIL

un dato: une information
una hornada: une fournée
la selectividad: examen d'entrée à l'université.
comecocos: prise de tête
(no) agobiarse: (ne pas) se démoraliser
impartir: donner
nota de corte: moyenne minimale pour acceder à l'université en Espagne.

VÍDEO

Aquí hay trabajo © RTVE, 2018.

Escoge tu camino

POR ETAPAS

1. Ve el vídeo y di cuál es el dato del día anunciado por el periodista.
2. ¿Es un buen dato?
3. ¿Para quién puede ser estimulante esta información?
4. ¿Qué dilema se plantea a la hora de elegir una carrera?
5. Haz la lista de los consejos útiles para elegir su orientación.

EN DIRECTO

¿Por qué decidir qué estudiar es un verdadero problema? Justifica y precisa con elementos del vídeo.

PON EN PRÁCTICA

Responde con un tuit a los periodistas contestando a la pregunta: ¿qué factor tiene que tener más peso a la hora de elegir una carrera?

Lo esencial

Para expresarte

EN TU MÓVIL

Vocabulario

- quedarse boquiabierto/a
- dedicarse a una pasión
- tener (una) vocación por
- tener aptitudes para
- tener facilidades para
- tener dotes para
- dejarse influenciar
- dejarse convencer
- dar con/dar en el clavo

Gramática

Exprimer la proportion avec *de cada* + nombre
«Ocho **de cada diez** menores de veinticinco años con formación tienen trabajo».

La traduction de l'article neutre *lo*
«Es la suma de todo **lo anterior**».
Précis p. 239

L'expression de la correlation
«**Cuanto mejor** os conozcáis, **mejor** elegiréis».

Para escribirlo

La lettre ***f***
En espagnol, on écrit le son [f] avec la lettre **f**: alfabeto, filosofía.

Tarea

Ayuda a tus amigos/as a encontrar soluciones para elegir la carrera que les gustaría estudiar. Argumenta para defender la elección frente a los padres.

- Determina lo que los padres quisieran para los/las jóvenes.
  Sabemos que nuestros padres...
- Precisa las etapas que deben seguir los/las jóvenes.
- Piensa en dos argumentos para justificar su vocación.
  Me encanta...
  Siempre ha sido mi pasión...
  Siempre me ha gustado...

¿Por gusto o por dinero?

Liniers

VÍDEO

EN TU MÓVIL

Ricardo Siri «Liniers»

pescarle la vuelta = (fam.) piger
me enganché: j'ai accroché
un truco: une astuce
bocetear: esquisser
un ratito: un petit instant
arrancar = comenzar

Entra en acción

1. Observa la foto. ¿Quién crees que es el personaje al lado del hombre?
2. Ve el vídeo y di quién es Liniers y qué le gustaba cuando era pequeño.
3. Cita los tebeos que Liniers leía de niño.
4. Completa la frase.
   Lo que te convierte en artista es...
5. Apunta de dónde surge la inspiración para Liniers.
6. Di cuál es el punto en común de todos los artistas según Liniers. ¿Compartes su opinión?

¿SABÍAS QUE...?

Liniers, seudónimo de Ricardo Siri (Buenos Aires, 1973) es un **historietista**, ilustrador, pintor y editor conocido por ser el autor de *Macanudo*, tebeo publicado desde 2002 en el diario *La Nación*. En 2018, Liniers ganó el prestigioso premio Eisner en el certamen de Comic-Con que se lleva a cabo en San Diego, Estados Unidos. Este premio es el equivalente del premio Oscar en el ámbito del tebeo.

Las carreras con mayor futuro

universia España

Madrid | 25 de abril de 2018

Estados Unidos marca la pauta[1] de las que serán las carreras con mayor futuro laboral hasta 2026 y las relacionadas con la tecnología y la salud son las más beneficiadas. [...] ¿Has consultado alguna vez alguno de los rankings[2] de carreras con mayor futuro laboral? El Departamento de Trabajo de Estados Unidos hace uno anualmente en el que lista los 100 trabajos con mayor demanda de empleo en los últimos años y de ahí extrae[3] las carreras con mayor proyección[4]. [...]

Sí, sabemos que no estamos hablando de las cifras españolas, pero la densidad de población de Estados Unidos y su estabilidad económica marcan una pauta común que puede aplicarse en los países desarrollados[5]. Lejos de ser una sorpresa las carreras tecnológicas y las de ciencias de la salud encabezan este ranking.

[...] En los próximos 5 años se crearán 1.250.000 empleos de los cuales 390.000 deberán ser cubiertos por profesionales formados en carreras tecnológicas y de ciencias de la salud. [...] Si hay un área que se ve más afectada en este caso es el de las humanidades, sobre todo algunas carreras como historia, historia del arte, bellas artes o las diferentes filologías que cuentan con una empleabilidad[6] baja.

[...] El futuro nos empuja[7] hacia una mayor especialización tecnológica y quizás encuentres más facilidades si te decantas por[8] una de las carreras relacionadas con ello. Pero debes recordar que la vocación también es un factor importante a tener en cuenta en la decisión que estás a punto de tomar [...].

1. marcar la pauta: *donner le ton* 2. *les classements* 3. extraer: *extraire* 4. *(ici) les carrières avec plus d'avenir* 5. *développés* 6. Son las habilidades y atributos que hacen a una persona atractiva para una empresa. 7. empujar: *pousser* 8. decantarse por = decidirse por

Lo esencial

Para expresarte

EN TU MÓVIL

Vocabulario

- tener talento
- ser bueno/a para algo
- tener facilidad para
- tener trabajo = empleo
- postular a
- encontrar trabajo
- dedicarse a = consagrarse a
- el área/el campo laboral
- convertirse en/volverse un profesional/un especialista

Gramática

La valeur temporelle de *ahí*
«**Ahí** sí empecé a leer *Mafalda*».
Précis p. 246

L'expression de l'éventualité
«**Quizás** encuentres más facilidades si te decantas por...».
Précis p. 248

Le superlatif synthétique *mayor*
«Los 100 trabajos con **mayor** demanda de empleo en los últimos años».
Précis p. 241

Para escribirlo

La syllabe *es-*
Le **s-** initial suivi d'une consonne n'existe pas en espagnol, ainsi on trouve toujours un **e-** devant : **estabilidad**, **especialización**.

Entra en acción

1. Antes de leer el texto, di cuáles son para ti las profesiones con más futuro. Coméntalo con tu compañero/a.
2. Lee el texto y cita las dos áreas con mayor futuro laboral.
3. Explica en qué elementos se basa el ranking.
4. Di qué áreas resultan perjudicadas según este estudio.
5. Precisa un factor importante que se debe tener en cuenta antes de elegir.
6. Y tú, ¿consultarías un ranking antes de elegir tu carrera?

¿SABÍAS QUE...?

Existen otras **expresiones** para decir **trabajo**:
- **La pega**, en Chile
- **El laburo**, laburar, en Argentina
- **La chamba**, chambear, en México y Perú
- **El curro**, currar, el tajo, ir al tajo, en España
- **El camello**, en Colombia y Ecuador

Tarea

Debate con tus compañeros/as. A la hora de elegir, ¿tenemos que ser apasionados o pragmáticos?

- Todos deben preparar argumentos a favor y en contra de las dos propuestas.
- Anticipa lo que dirán tus compañeros/as así podrás preparar tus contraargumentos.
- Durante un debate no es obligatorio contradecir siempre a tus compañeros/as, puedes atenuar lo que dices.

Estoy de acuerdo contigo, pero...
Es una buena idea, sin embargo...

EN TU MÓVIL Exercices interactifs

L'expression de l'éventualité

Observe

1 Repère les tournures en gras dans les répliques.

2 Pour toi, elles expriment :
☐ la certitude ☐ le futur ☐ l'éventualité ?

3 Identifie le mode utilisé dans chacune des occurrences.

Qu'en déduis-tu ?

- *Quizá* ou *quizás* sert à exprimer l' … .
- Lorsque ce mot est placé en début de phrase, le verbe qui suit sera au …, qui est le mode qui exprime le …, l'incertitude.
- En revanche, si *quizás* se place après le verbe, le mode utilisé sera l' … .

Entraîne-toi

4 Conjugue les verbes au mode qui convient.

a. Quizás mis padres no (aprobar) … mi elección.

b. Quizás (seguir, yo) … una formación profesional.

c. Si haces lo que anhelas, (sentirse, tú) … quizás realizado.

d. Quizás el salón de orientación … (inspirar, vosotros) para tenerlo más claro.

Précis p. 248

La traduction de l'article *lo*

Observe

1 Repère la tournure en gras dans la réplique. Analyse sa composition.

2 Traduis la réponse de la jeune fille en t'aidant du contexte.

Qu'en déduis-tu ?

- En espagnol, *lo* est un article :
☐ masculin ☐ féminin ☐ neutre
- Ici, il est employé devant un … .
- Il peut se traduire en français par … … … .

Entraîne-toi

3 Traduis les phrases en français.

a. Lo apasionante de este trabajo es que me permite viajar por todo el mundo.

b. Lo aburrido para mi hermana era estar todo el día sentada en el colegio.

c. Lo bueno es que mis padres me apoyan en todo.

d. Para el artista, lo principal es la dedicación.

e. A mi modo de ver, para elegir una carrera, lo indispensable es informarse y conocerse bien.

Précis p. 239

Futuro profesional

1 A2 Lee lo que dice cada personaje y encuentra las profesiones que más les corresponden.

Tengo facilidad para el dibujo y las matemáticas. Me gusta el arte, tengo paciencia y soy meticuloso.

Me gustan los trabajos manuales, estar al aire libre y no me gusta el trabajo de oficina. Me gusta madrugar y mi mayor preocupación es la ecología.

profesor(a) | arquitecto/a | albañil | agricultor(a) | jardinero/a | asistente | ingeniero/a

Sendra (dibujante argentino), *Cuando yo sea grande*.
1. almacenero/a = dependiente/a: *magasinier/ère*

2 A2 /B1 Lee la viñeta. Doce años después, Matías, ya adolescente, le explica a su madre por qué va a seguir su vocación y no lo qué ella había previsto.
Escribe el texto en una viñeta.

Mamá, te voy a explicar que...

3 A2 /B1 Tu mejor amigo/a no sabe si desea ir a la universidad o seguir una formación profesional.
Apoyándote en el mapa mental hazle preguntas para ayudarlo/a a conocerse mejor, luego dale tu opinión sobre lo que mejor le corresponde.

CONSTRUIR SU FUTURO

REFLEXIONA Y ANALIZA

- considerar todas las alternativas
- decidir por sí mismo/a
- elegir su propio camino
- entrevistar a profesionales
- investigar
- (no) dejarse influenciar
- pedir consejos
- recopilar información
- seguir su instinto/sus gustos/sus pasiones
- tener en cuenta la opinión de los demás

CONÓCETE A TI MISMO

MIS APTITUDES, MIS CAPACIDADES

- se me da bien el dibujo/las cifras
- poseer capacidad de adaptación, de observación y análisis
- poseer espíritu de líder
- preocuparse por los demás
- ser altruista
- ser ambicioso/a
- ser dinámico/a
- ser entusiasta
- ser perseverante
- tener autoridad
- tener habilidades manuales
- tener voluntad de superación

¿QUIÉN Y CÓMO SOY?

- ser extrovertido/a
- ser idealista
- ser metódico/a
- ser desorganizado/a
- ser pragmático/a
- ser reservado/a
- ser riguroso/a
- ser sociable
- ser una persona solitaria
- tener empatía
- tener facilidad para = tener talento para

¿Desaparecerán o sobrevivirán?

El Comercio — Redacción EC
Lima | 3 de mayo de 2018

Oficios en vía de extinción

Lavanderas, un oficio diluido en agua y jabón

En una época de aparatos domésticos, Delia Veloz saca la mugre ajena[1] sobre piedras ásperas[2] en la lavandería pública *La Ermita*, en Quito. A sus 74 años, es una de las últimas mujeres dedicadas a este oficio. Lo lleva haciendo cinco décadas. En Los Andes, el agua helada parece clavarse[3] como agujas en la piel. «No me gustan las lavadoras, no lavan bien. Con la mano se friega[4] mejor». [...] En Quito aún funcionan cinco lavanderías públicas y gratuitas, que fueron construidas en la primera mitad del siglo XX.

1. sacar la mugre ajena: *nettoyer la saleté des autres* 2. *rugeuses* 3. *pénétrer* 4. fregar: *frotter*

Afiladores[1] de cuchillos

Los afiladores son hombres que recorren las calles, regularmente en bicicleta, tocando de puerta en puerta o instalándose en mercados y lugares públicos, y cuyo trabajo[2] consiste en afilar los cuchillos, machetes, navajas[3] y otros instrumentos punzocortantes[4] a cambio de unas monedas. [...] La desaparición de este tipo de oficios coincide y puede explicarse con la evolución de la economía y del modelo de producción enfocado al consumo, en el que es más habitual utilizar un artículo, desecharlo[5] cuando ya no sirve y adquirir[6] otro, que realizar reparaciones a éste.

1. *les rémouleurs* 2. *dont le travail* 3. =cuchillos 4. *objets pointus dotés d'une lame* 5. *le jeter* 6. *acquérir*

Escribientes en Bogotá

Candelaria coloca una hoja en blanco en su Remington Sperry[1]. En cuatro décadas mecanografió miles de documentos. Es una de las últimas escribientes de Bogotá. De 63 años, Candelaria Pinilla de Gómez [...] es la única mujer en ejercer este oficio a las afueras[2] de un moderno centro de trámites de Bogotá. Lo aprendió de su marido [...]. «Él tenía finca[3] pero la guerrilla lo sacó. En Bogotá me dijo: a aprender mecanografía [...] y ortografía. Me enseñó y se murió». De traje sin corbata, los escribientes trabajan al aire libre, bajo un parasol, sentados en una silla de plástico y con una máquina de rodillo al frente.

1. *marque d'une machine à écrire* 2. *en dehors* 3. *une ferme*

a

b

c

1 Lee los textos y di a qué imagen corresponde cada uno.

2 Explica qué oficio:
- **a.** Aporta un servicio más útil.
- **b.** Es más difícil de realizar.
- **c.** Es más sorprendente.

Justifica tus repuestas.

3 Investiga si en Europa hay oficios en vía de extinción y explica cómo o a causa de qué pueden desaparecer.

EN TU MÓVIL **Más oficios aquí**

Proyecto

Me informo sobre mi futuro profesional

Etapa 1

EN TU MÓVIL Guía de orientación

- En grupo, busca información sobre dos carreras universitarias. Redacta una ficha.
  - Infórmate sobre: la duración, las aptitudes necesarias, las principales asignaturas impartidas.

Se requiere… • Es indispensable… • Hay que ser bueno/a en…

Etapa 2

- En el aula se exponen varios ejemplares de las fichas realizadas. Lee las propuestas y escoge la que más corresponde a tu personalidad e intereses.

Etapa 3

- Frente a la clase, justifica tu elección.
  - Los/las alumnos/as presentan temáticamente de manera que la clase pueda votar por la mejor presentación.

De pequeño/a quería ser… porque me gustaba… • Siempre me ha encantado… • Tengo facilidad para… • Mi mayor interés siempre ha sido… • Soy estudioso/a…

MÉTHODE

Réaliser un dépliant

Un dépliant contient des informations concises dont le but est purement informatif.

La présentation

1. **Détermine le but**
   Quel sentiment veux-tu susciter ? Veux-tu déclencher une vocation, provoquer l'émerveillement, susciter la curiosité, déclencher un questionnement ?
2. **Choisis** la couleur et la taille de la police pour qu'elle soit attrayante et agréable à lire. Pour une présentation dynamique, choisis des couleurs vives, mais évite les couleurs « flashy » qui gênent la lecture.
3. **Trouve des images** en lien avec le texte.

Le format

1. **Choisis le format** le plus adapté pour attirer l'attention.
   - Le format A4, plié en deux, facilitera la lecture.
   - Le format A5 sera conservé plus facilement à l'intérieur d'un livre, affiché dans une chambre, dans une salle de cours…
2. Tu peux également réaliser ton dépliant en ligne ou à l'aide d'un logiciel. Avant de te lancer, rédige un brouillon.

05 **Actividades de mediación**

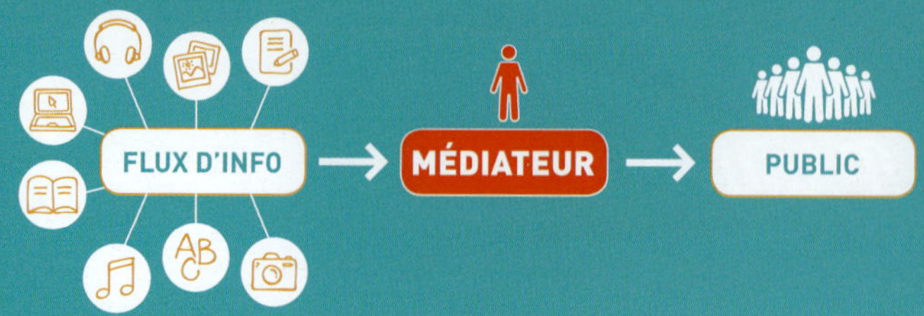

Mi primera experiencia de trabajo

Tienes la oportunidad de entrevistar a dos personas que te han contado su primera experiencia de trabajo y también descubrir dos testimonios. Quieres compartir estas historias con tus compañeros/as, porque un primer trabajo deja huellas.

Diario Libre

GLENYS GONZÁLEZ • VIERNES 29 DE ABRIL 2016 • diariolibre.com

KIRSIS DÍAZ PERIODISTA

Desde los 14 años Kirsis quería trabajar, aunque no era una necesidad, pero a esa edad no es posible emplearse en una empresa. Una amiga le comentó sobre una compañía de animación de cumpleaños temáticos.[…] El trabajo era sencillo: consistía en disfrazarse de personajes infantiles y una vez en la fiesta debía crear juegos, bailes y concursos para los niños. […] «Lo tomaba como un entretenimiento luego de mis clases en el bachillerato», dice. En este trabajo duró una corta temporada, porque luego encontró oportunidad para ingresar a un programa de televisión dirigido a niños. «Esa primera experiencia la recuerdo con mucho cariño», expresa. ●

ÁNGEL MARTÍNEZ DISEÑADOR GRÁFICO

«Fui ayudante de construcción de mi papá que era maestro constructor. Tenía 17 años y fue durante unas vacaciones. En aquella construcción me tocaba trabajar en un túnel que conectaría dos edificios y los trabajadores hacían comentarios sobre leyendas urbanas que a veces me hacían sentir miedo; con 17 años se piensan mucha cosas», cuenta Ángel, que cuando terminaba su jornada laboral, que era de medio tiempo, tenía que bañarse y lavarse las manos muy bien con limón para quitarse el cemento de la piel y luego salir a sus clases de dibujo en Bellas Artes. ●

Presenta una experiencia de trabajo

- Lee estos testimonios y cuenta a tus compañero/as los puntos en común y las diferencias.

Je peux transmettre les points principaux d'un court témoignage écrit.	A2	☐
Je peux interpréter et résumer à l'oral un court témoignage écrit.	A2+/B1	☐

Realiza una entrevista

- Pide a familiares y/o amigos/as que te cuenten una anécdota sobre su primer día de trabajo.
- Sintetiza la información.

Je peux transmettre en espagnol (langue B) les principaux points d'une conversation en langue A.	A2	☐
Je peux résumer en espagnol (langue B) l'essentiel de ce qui a été dit dans une conversation en langue A.	A2+/B1	☐

Date la buena vida

Si te digo que hagas lo que quieras, lo primero que parece oportuno hacer es que pienses con detenimiento y a fondo qué es lo que quieres. Sin duda te apetecen[1] muchas cosas, a menudo contradictorias, como le pasa a todo el mundo: quieres tener una moto pero no quieres romperte la crisma[2] por la carretera, quieres tener amigos pero sin perder tu independencia, quieres tener dinero pero no quieres avasallar[3] al prójimo para conseguirlo, quieres saber cosas y por ello comprendes que hay que estudiar pero también quieres divertirte, quieres que yo no te dé la lata[4] y te deje vivir a tu aire pero también que esté ahí para ayudarte cuando lo necesites, etc.

En una palabra, si tuvieras que resumir todo esto y poner en palabras sinceramente tu deseo global de fondo, me dirías: «Mira, papi, lo que quiero es darme la buena vida[5]» ¡Bravo! ¡Premio para el caballero! Eso mismito es lo que yo quería aconsejarte: cuando te dije «haz lo que quieras» lo que en el fondo pretendía recomendarte es que te atrevieras[6] a darte la buena vida. [...]

Quieres darte la buena vida: estupendo. [...] Y estoy seguro de que a ello no renunciarías[7] por nada del mundo. Ser humano, ya lo hemos indicado antes, consiste principalmente en tener relaciones con los otros seres humanos. Si pudieras tener muchísimo dinero, una casa más suntuosa que un palacio de las mil y una noches, las mejores ropas, los más exquisitos alimentos, [...] los más sofisticados aparatos, etc., pero todo ello a costa de no volver a ver ni a ser visto por ningún ser humano jamás, ¿estarías contento? ¿Cuánto tiempo podrías vivir así sin volverte loco? ¿No es la mayor de las locuras querer las cosas a costa de[8] la relación con las personas? ¡Pero si precisamente la gracia de todas esas cosas estriba en[9] que te permiten –o parecen permitirte– relacionarte más favorablemente con los demás! [...] Muy pocas cosas conservan su gracia en la soledad; y si la soledad es completa y definitiva, todas las cosas se amargan irremediablemente. La buena vida humana es buena vida entre seres humanos o de lo contrario puede que sea vida, pero no será ni buena ni humana.

Fernando Savater (escritor y filósofo español), *Ética para Amador*, 1991.

1. apetecer: *faire envie*
2. romperse la crisma: *se casser la figure, avoir un accident*
3. *soumettre, asservir*
4. dar la lata: *(fam.) casser les pieds*
5. darse la buena vida: *mener la belle vie*
6. atreverse a: *oser*
7. renunciar: *renoncer*
8. *aux dépens de*
9. estribar en: *reposer sur*

Entra en acción

1. Lee el texto y di cuál es el consejo que va más contigo. Justifica tu elección.
2. Con tu compañero/a, escribe un consejo a la manera de Fernando Savater.

Séquence 06

Oficios del mañana

→ ¿PODEMOS INVENTAR NUEVAS PROFESIONES?

Proyecto

Inventar y presentar una profesión del futuro

Descubro

- Les professions et métiers du futur
- Comment devenir *influencer*
- La solidarité créative de l'argentin Gino Tubaro
- Le bénévolat, une autre façon de travailler

Comunico

- Écrire un texte sur ses compétences souples
- S'exprimer à la manière d'un(e) *influencer*

MÉDIATION

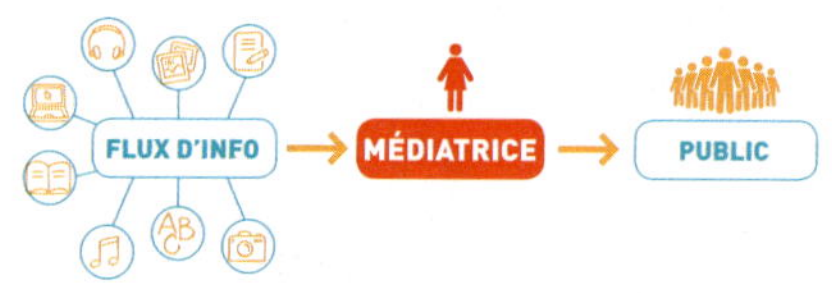

Évaluer l'importance de la maîtrise des langues dans le monde professionnel

Utilizo

Vocabulario

- Les métiers de demain

Gramática

- L'expression de la manière
- L'apocope

Pronunciación

- Les sigles

Ortografía

- Les doubles consonnes

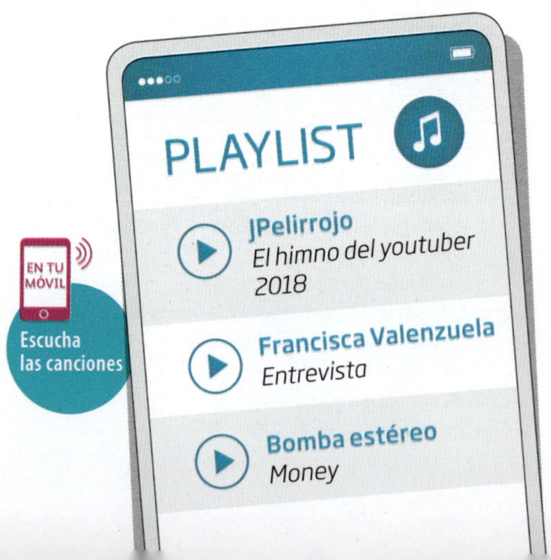

Axe 2

Les univers professionnels, le monde du travail

¿Crees que en el futuro seremos reemplazables?

¿Qué habilidades desarrollar?

Trabajo del presente y del futuro

Infografía de Infobae, 2018.

Escoge tu camino

POR ETAPAS

1. Observa la infografía y di si alguna de las nuevas profesiones de hoy te sorprende.
   Nunca me hubiera imaginado que...
   Quién iba a pensar que...
   Parece increíble que...
2. Dentro de las profesiones que vendrán, el mundo virtual gana terreno indiscutiblemente. Apunta las profesiones que así lo demuestran.
3. Para 2030, ¿cuál será el área que experimentará el mayor desarrollo?
4. ¿Podemos decir que los trabajos manuales son imprescindibles? Justifica.

EN DIRECTO

¿Te parece que los conocimientos digitales son una herramienta indispensable? Justifica.

PON EN PRÁCTICA

Imagina que eres un *futurólogo* que presenta ante las cámaras la tendencia actual del trabajo y lo que vendrá. Explica en qué consisten dos de las nuevas profesiones y da tus proyecciones.

ENTRE IDIOMAS

Aunque existen equivalencias en español, hoy en día es más frecuente utilizar **las palabras inglesas** en algunos ámbitos laborales:
- ***costumer access:*** servicio al cliente
- ***open space:*** oficina abierta
- ***coworking:*** espacio de trabajo compartido
- ***community manager:*** responsable de redes sociales...

Tus habilidades blandas

Metodologías para desarrollar tus habilidades blandas
12 © Alcadía de Envigado (Colombia), 2017.

EN TU MÓVIL

Entra en acción

1. Fíjate en el título y haz una hipótesis sobre lo que significa «habilidades blandas».
2. Escucha la grabación y explica cómo un error puede estimular nuestra creatividad. Indica tres elementos que lo demuestran.
3. ¿Qué es lo que valorizan las empresas hoy en día?

competencias/habilidades blandas: compétences souples
mediante = por medio de: par le biais de
una meta = un objetivo
dar relevancia = dar importancia

¿Qué solicita el mercado laboral hoy?

universia Argentina — Accede a Universia | Crear cuenta

Buenos Aires | 14 de noviembre de 2018

Las 10 habilidades blandas más solicitadas en el mercado laboral

A continuación, te invitamos a conocer cuáles son las 10 habilidades blandas más demandadas por los empleadores, de acuerdo a los perfiles sociales de los candidatos que cambiaron de trabajo y que así lo indicaron en sus perfiles en LinkedIn:

- Buena comunicación
- Ser creativo
- Habilidades interpersonales de comunicación
- Buena organización
- Pensamiento crítico
- Personalidad amigable
- Trabajo en equipo
- Puntualidad
- Facilidad de adaptación
- Sociable

Entra en acción

1. Lee el texto y clasifica estas habilidades blandas en dos columnas: colectivas e individuales.
2. Elige dos habilidades y explica por qué son importantes. Ilustra con un ejemplo concreto.
3. Di cuáles son las dos habilidades blandas que tiene tu compañero/a. Justifica. Y tú, ¿cuáles tienes que desarrollar?
4. Cita las dos competencias blandas que te parecen más importantes. Justifica.

Lo esencial

Para expresarte

EN TU MÓVIL

Vocabulario

- experimentar un crecimiento
- es conveniente desarrollar
- ser introvertido/a ≠ extravertido/a
- tener la capacidad de
- ser capaz de adaptarse
- tolerar una crítica
- saber relacionarse

Gramática

Le futur simple
«Siempre **será** importante la relación con los otros».

Les pronoms possessifs
«Hará entender el punto de vista del que difiere **del nuestro**».

Précis p. 242

L'expression de la manière
«Se puede plantear una opinión distinta **respetando** siempre y siendo lo más claro posible».

Para escribirlo

Les doubles consonnes
Les seules consonnes qui se doublent en espagnol sont celles du prénom **CaRoLiNa** :
construcción, desarrollador, millones, innovación.

Tarea

Escribe tres párrafos para contar cuáles son tus habilidades: las que dominas, las que tienes que desarrollar y las que no dominas.

Primero, me parece que mis habilidades naturales son...
Tengo que desarrollar...
así que debo aprender a...
Me parece importante desarrollar mi capacidad de... mediante...

¿Nuevo y para mejor?

¿Cómo convertirse en un(a) *influencer*?

Entrevista con la *influencer* María Luz Moraleda © DW Español, 2017.

13

romper: briser
un esquema: un schéma
recomendar: conseiller
si yo fuera: si j'étais

Escoge tu camino

POR ETAPAS

1. Escucha la grabación e indica dos requisitos para ser un(a) buen *influencer*.
2. Se recomienda tener una estrategia precisa. Apunta dos preguntas que debe hacerse un(a) *influencer* según la categoría:

Público	Especialidad del *influencer*
...	...

3. Explica las tres razones por las cuales para una marca trabajar con un(a) *influencer* es una ventaja.

EN DIRECTO

Que es más importante, ¿el/la *influencer* o la marca con la que trabaja?

PON EN PRÁCTICA

Sigue las recomendaciones del audio y piensa en que te convertirás en un/a *influencer* de éxito por unos minutos : en un área como mangas, cine, música o deportes.

La clase podrá votar por los/las *influencers* más convincentes

Nuevas profesiones del siglo XXI

ABCdesevilla SEVILLA Buscar

Ángeles B. Cancelo Sevilla | 1 de septiembre de 2018

Los oficios de la era digital

El mundo evoluciona y, con él, las nuevas profesiones que han nacido en la era digital. Blogueros, videoblogueros, *influencers*... son algunas de las nuevas profesiones que Internet ha propiciado[1] y que, cada vez más, requieren[2] las empresas para darse a conocer. [...] José Pablo García es periodista y bloguero especializado en viajes. [...] «Hace aproximadamente 10 años abrí mi primer blog de viaje *Gente viajera*. Empecé a contar historias en este nuevo contexto que estaba surgiendo. Y, de forma más profesional, hace cinco años, [...] creamos *Atomarpormundo.com*. Tras ver la acogida que tuvo, abrimos las redes sociales y le dedicamos profesionalmente más tiempo, más ganas[3] [...]», cuenta José Pablo, que también es el creador y director académico del primer Máster para *Influencer*, *Bloguer* y *Videobloguer* profesional de España y el primero en español, quien considera «vital la formación».

Entra en acción

1. Lee el texto y di cuáles son las nuevas profesiones que han surgido y a qué se deben.
2. Explica por qué podemos decir que José Pablo se convirtió en bloguero por casualidad.
3. Di por qué José Pablo decidió utilizar la redes sociales de manera profesional.
4. ¿Te gustaría matricularte en este máster? ¿Por qué?

1. propiciar = favorecer, ayudar a que algo se realice
2. requerir = necesitar
3. *envie*

Solidaridad creativa

MENÚ **LA NACION** SUSCRIBITE INGRESAR

Buenos Aires | 20 de enero de 2019

La magia de las prótesis 3D de Gino Tubaro

Prefiere hacer más que contar, destaca en su página (ginotubaro.com) cuando se presenta como inventor y creador de Atomic Lab (atomiclab.org), una ONG para crear soluciones que cambien la vida de personas mediante las últimas tecnologías. Con unos jóvenes [de] 23 años, este estudiante de ingeniería electrónica de la Universidad Tecnológica Nacional se especializó en la creación de extremidades protésicas plásticas en impresoras 3D. Si bien su idea inicial fue hacer impresoras para vender, encontrarse con la necesidad de Felipe Miranda y comprobar que podía resolverla proveyéndole[1] la prótesis de mano que necesitaba lo dispuso a ponerle el hombro[2] a mucha gente que no recibe ayuda estatal ni privada, sin buscar ningún crédito[3]. Creó una plataforma, una página web, desde la cual quien lo necesite puede pedir una prótesis con solo registrarse. Un equipo de 20 voluntarios lo hacen operativamente posible y deben para ello promover donaciones en dinero. La cadena de solidaridad incorpora también la figura de «embajadores», con presencia en 40 países [el embajador] es un poseedor de impresora 3D dispuesto a capacitarse para sumarse a este equipo que cambia vidas y que recurre también al envío de prótesis por correo.

Gino Tubaro con una prótesis hecha con la impresora 3D.

1. proveer = dar 2. ayudar 3. sin buscar fama

Lo esencial

Para expresarte

EN TU MÓVIL

Vocabulario

- ser capaz de adaptarse
- ser solidario/a
- apoyar a quien lo necesita
- servir de apoyo a alguien
- estar necesitado/a
- (no) contar con el respaldo de

Gramática

L'apocope

«Director académico del **primer** Máster para *Influencer*, *Bloguer* y *Videobloguer* profesional de España y el **primero** en español».

Précis p. 240

Les subordonnées temporelles (2)

«**Tras ver** la acogida que tuvo, abrimos las redes».

Para pronunciarlo

EN TU MÓVIL

Les sigles

On lit un sigle comme on lit un mot. Si le manque de voyelle ne permet pas la lecture, on épellera.

14 Écoute les sigles que tu entends et écris-les.

Entra en acción

1. Antes de leer el texto di en qué piensas cuando escuchas las palabras Atomic Lab.
2. Lee el texto y explica qué es Atomic Lab.
3. Cuenta la experiencia que hizo que Gino Tubaro cambiara su proyecto inicial.
   Su idea al principio era...
   Sin embargo / no obstante / ahora bien...
4. Solicitar una prótesis parece fácil, explica y justifica con el texto.
5. ¿Cómo funciona la cadena de solidaridad?

¿SABÍAS QUE...?

En 2018, **Gino Tubaro** y su equipo recorrieron 30.000 kilómetros en 4x4, llevando una impresora 3D solar que entregó 102 prótesis de manos y brazos. La iniciativa se llama **Argentinatón** y Gino T. es conocido con el apodo de «Capitán Atómico».

Tarea

Si fueras *influencer*: ¿sobre qué temas te gustaría comunicar para interesar a tus seguidores? Cuéntalo en un minuto con un tono de *influencer*.

EN TU MÓVIL Exercices interactifs

L'expression de la manière

Observe

1. Lis la phrase et dis quelle est la forme du mot en gras.
2. Choisis l'interrogatif qui convient pour établir le rapport entre le mot en gras et le verbe souligné : *¿quién?* • *¿cómo?* • *¿cuándo?*
3. Propose une traduction pour cette phrase.

Qu'en déduis-tu ?

- En espagnol, le ... sert à exprimer la ... .
- Le complément circonstanciel de ... répond à la question ¿...?
- En français, on utilise le ... .

Entraîne-toi

4. Traduis les phrases suivantes en espagnol.
   a. Il développe ses compétences souples en travaillant en équipe.
   b. En suivant ses conseils, nous pourrons développer les stratégies de communication.
   c. Nous serons plus performants en mettant en commun nos idées.

L'apocope

Observe

1. Lis la pancarte et la phrase de la réplique, puis compare les formes en gras. Que remarques-tu ?
2. Dans la réplique, à quel mot se réfère *primero* ?
3. Quel est le genre, le nombre et la nature de ce mot ?

Qu'en déduis-tu ?

Placé devant un ... ... au ..., le mot *primero* devient ... . Ce phénomène s'appelle l'apocope.

Entraîne-toi

4. Complète les phrases avec *primero/a(s)* ou *primer*.
   a. Julio fue el ... de la familia en trabajar como sherpa digital. Tal vez su hermana sea la ... en convertirse en *eco-influencer*.
   b. Gino Tubaro es uno de los ... inventores argentinos y ganó el ... premio del concurso *Una idea para cambiar la historia*.
   c. Las ... profesiones que están desapareciendo son las relacionadas con los servicios.

Précis p. 240

Profesiones del mañana

1 A2 Relaciona las siguientes profesiones del futuro con su definición.

- Sherpa de tienda virtual •
- Experto/a en criptomoneda •
- Analista de Big Data •
- Gerente en sustentabilidad •

- • Especialista en moneda y pagos digitales.
- • Se encarga de disminuir el impacto ambiental de una empresa y de fomentar las iniciativas sustentables. Fomenta proyectos sociales.
- • Maneja y analiza grandes cantidades de datos de un sistema que circula por Internet y que puede influir en un negocio/empresa.
- • Un guía que orienta y aconseja al cliente para elegir en la gran oferta de tiendas en línea.

2 A2 /B1 Observa la imagen y di si esta es la mejor manera de trabajar. Justifica.

3 A2 /B1 Prepara un diálogo. Tu mejor amigo/a te pide que colabores con él/ella abriendo un canal youtube. No estás muy convencido/a y le pides precisiones sobre el proyecto.

a. Objetivo y público.
b. Ventajas y desventajas.

NUEVOS EMPLEOS DE HOY

HABILIDADES O COMPETENCIAS BLANDAS

EL TRABAJO EN EQUIPO

- compartir conocimientos y habilidades
- entrenar y potenciar la creatividad
- mayor flexibilidad
- respetar las ideas de los demás
- capacidad de escucha/de empatia
- compromiso
- inspirar y tener confianza
- tolerar y aceptar la crítica

LA ORGANIZACIÓN

- anticipar situaciones
- establecer un plan de acción
- minimizar los riesgos

LA ADAPTACIÓN

- aceptar los imprevistos
- considerar el error como una posibilidad de aprender
- ser apasionado/a

PROFESIONES EN LAS REDES

VENTAJAS

- compartir valores
- diferenciarse de los demás
- influir en la gente
- triunfar, tener éxito
- viajar por el mundo
- vivir de una pasión de un hobby

DESVENTAJAS

- convertirse en un producto de marketing
- exigir dedicación exclusiva
- perder la privacidad
- riesgo de perder seguidores
- ser un fenómeno efímero

Voluntariado, otra manera de trabajar

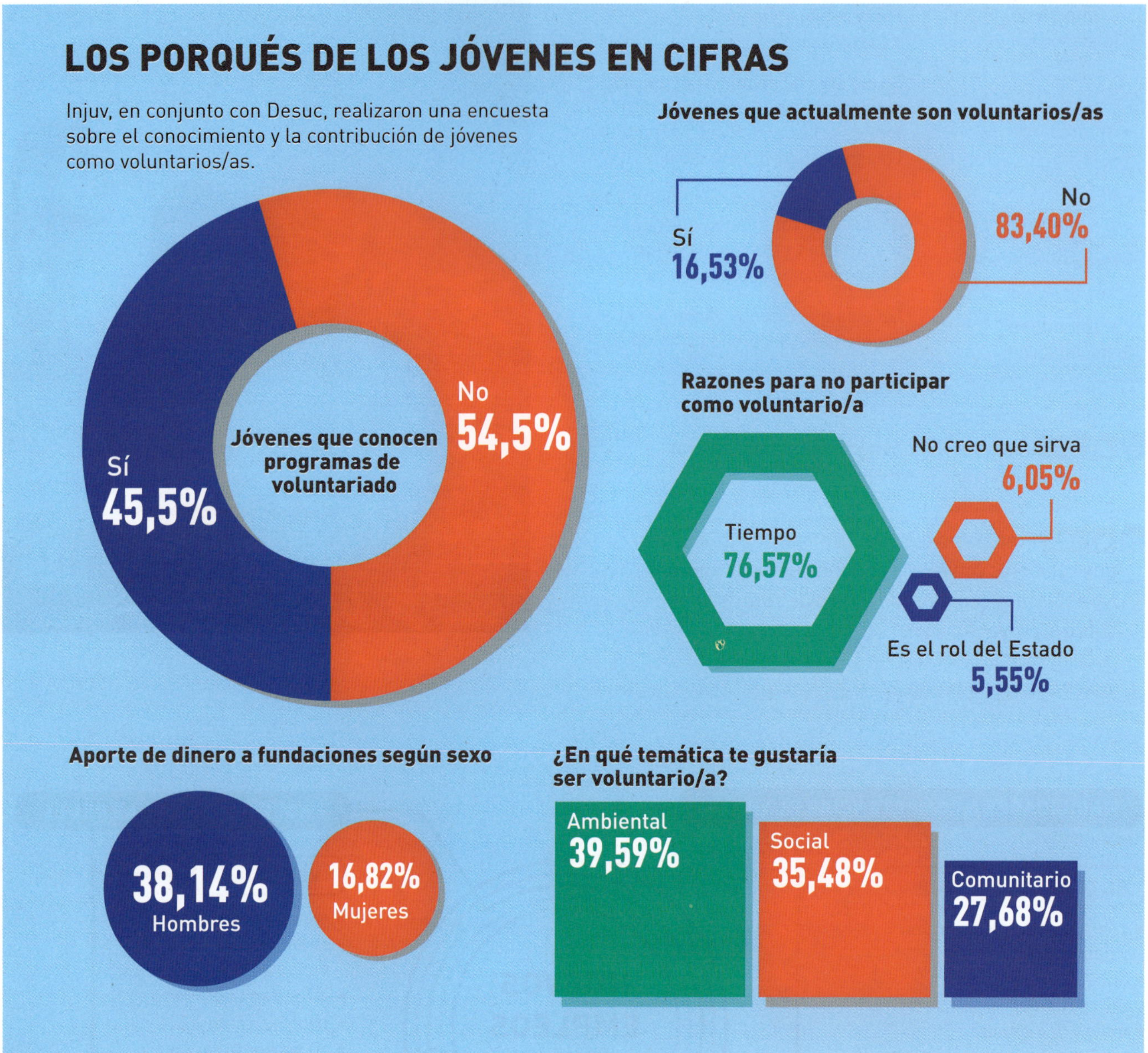

Los porqués de los jovenes de Injuv, 2018.

"Era algo que me llamaba la atención desde pequeña [...] quiero tratar de ayudar de alguna forma [...] Falta crear conciencia, porque la gente cree que es algo que uno tiene que hacer solo en el tiempo libre."

Francisca Alfieri,
voluntaria en el programa Ocio y tiempo libre.

1. ¿Qué es ser voluntario/a? Busca información y explícalo.
2. Interpreta los datos del cuadro y empléalos para comentar o completar cada una de estas afirmaciones:
   a. La participación de los/las jóvenes en programas de voluntariado debería incrementarse.
   b. La preservación del medio ambiente es lo que más preocupa a los/las jóvenes.
3. Qué le contestarías a Francisca Alfieri cuando dice: «la gente cree que es algo que uno tiene que hacer solo en el tiempo libre».
4. Infórmate sobre voluntariado que se puede realizar cerca de tu casa o en tu ciudad y coméntalo con tus compañeros/as.

Proyecto

Inventa y presenta una profesión del futuro

Etapa 1

- En grupo imagina la evolución de una profesión o inventa una profesión del futuro y crea un reportaje grabado o filmado.
  - → Determina el ámbito en el que se desarrollará esta actividad profesional: medio ambiente, ciencia y tecnología, cultura...
  - → Determina el público al que se dirige: niños, jóvenes, adultos, ancianos, intergeneracional.

Etapa 2

- Tras haber decidido el ámbito y el objetivo, cada miembro del grupo pone en marcha su creatividad:
  - → Imagina y sugiere las modalidades de trabajo: en línea, presencial, sedentario...
  - → Organiza la rutina laboral: horarios y ritmos de trabajo, vacaciones, tiempos de descanso...
  - → Determina el lugar de trabajo y el reglamento.

Etapa 3

- Pon en común las ideas y completa la ficha de esta profesión con las competencias blandas indispensables.
  - → Ilustra la ficha de tu profesión con ejemplos concretos: espíritu de liderazgo, capacidad de síntesis...

Etapa 4

- Dale un nombre a esta profesión del futuro.
  - → Compila las ideas de un nombre para esta profesión, expón tu idea y elige la que más te guste.
  - → Ilustra esta profesión del futuro con imágenes, fotografías, fotomontajes o dibujos.
  - → Para la grabación o filmación escoge una banda sonora que se adapte al universo que quieres destacar.
  - → Presenta tu profesion al resto de la clase. Utiliza un mapa mental, un póster o un diaporama. Al final, la clase votará por la profesión más insólita, original y/o divertida.

MÉTHODE

Créer une carte mentale

La carte mentale aide à cerner et à organiser de manière shématique et synthetique ses idées sur un sujet précis.

Le matériel

1. Prends une feuille A4 si ta carte mentale est individuelle. Si au contraire, elle est à faire en groupe, privilegie une feuille A3 et des post-it.
2. Tu peux également utiliser des sites Internet tels que mindmeister.com.

La réalisation

1. Écris l'idée principale au centre.
2. Autour de cette idée, inscris des sous-thèmes sous forme de branches.
   - Établis des relations entre les mots. Associe-les ou bien oppose-les.
   - N'écris pas de phrases longues, mais des mots-clés qui t'aideront à mieux mémoriser ta présentation et à gagner en clarté.
3. Utilise differentes couleurs, une par item par exempe, cela rendra la lecture claire et agréable.

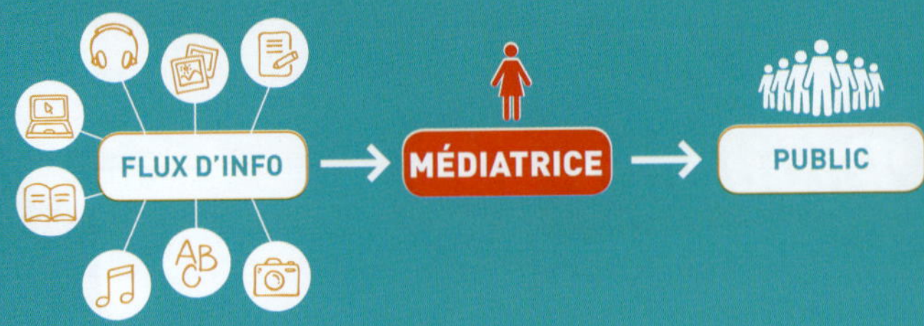

Los idiomas. Pasaporte profesional

Has visto cómo numerosas innovaciones están transformando el mundo profesional. Ahora vas a interpretar dos documentos sobre la importancia de los idiomas en el trabajo.

Interpreta una infografía

- Lee la infografía y explica en español a tus compañeros/as que otras lenguas aparte del inglés, alemán y español tienen más demanda en el ámbito laboral.
- Ten en cuenta las ofertas de empleo para cada idioma y profesión.

Je peux interpréter et décrire en espagnol une infographie en français sur le marché du travail. A2+/B1 ☐

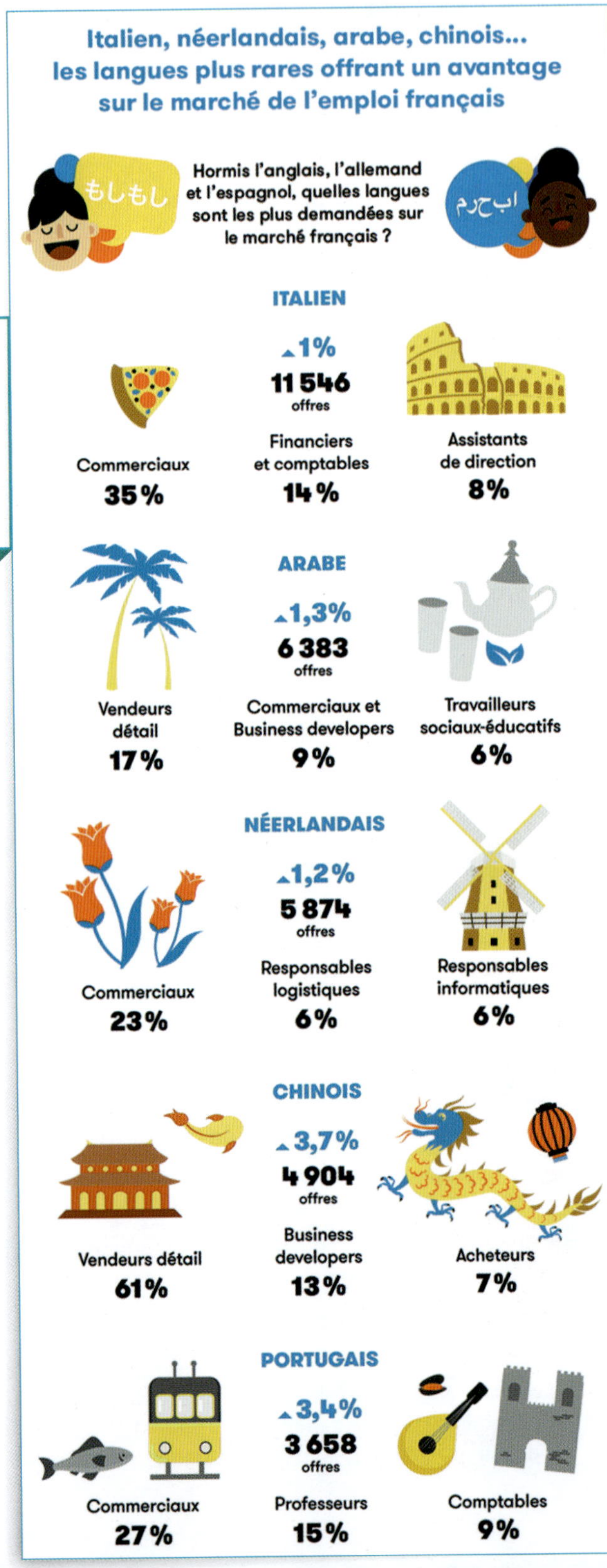

Infografía de Joblift, 2018.

VÍDEO

El talento quiere volver a casa © El País, 2017.

Una experiencia en el extranjero

- Ve el vídeo y resúmeselo a un/a compañero/a destacando lo esencial.

EN TU MÓVIL

Je peux transmettre les points principaux d'un témoignage oral court et simple. A2 ☐

Je peux résumer les événements importants racontés dans un témoignage oral. A2+/B1 ☐

Experiencias laborales

Acababa de cumplir veintidós años, hacía dos que me había licenciado en Lenguas Germánicas en la Facultad de Filosofía y Letras de Barcelona y tres meses que había vuelto de Londres, donde había vivido algo más de un año gracias a una mísera bolsa de estudios[1], conseguida a base de contactos familiares, y de trabajos modestos, como lavar platos y servir mesas en restaurantes de ínfima categoría. Durante aquel periodo pasé hambre y frío y vagué solitario y marginado entre un lujo y una excentricidad que me estaban vedados[2] por forastero y por pobre. A pesar de lo cual, regresé con un conocimiento fiable del inglés y una anglofilia tan infundada[3] como irreversible.

De regreso en Barcelona, y a falta de algo mejor, había entrado de meritorio en un diario vespertino. Hoy en día sería inimaginable que en estas condiciones me enviaran a cubrir un acontecimiento como el que he descrito, pero en aquella época la prensa del corazón tenía tan poca importancia como el público al que iba destinada, es decir, las mujeres. [...]

Yo había entrado a trabajar en el periódico gracias a la recomendación de un pariente, pese a[4] no tener ni siquiera el título de periodista, lo que no era insólito en aquellos tiempos. Mis padres habían costeado[5] mis estudios con grandes esfuerzos y estaban haciendo lo mismo con mis hermanos, por lo que tan pronto obtuve el título universitario y regresé de mi estancia[6] en Londres, aunque acariciaba otros sueños, no tuve más opción que ponerme a trabajar para aportar algo a la economía doméstica. Mi función en el periódico consistía básicamente en hacer de chico de los recados[7], redactar ocasionalmente alguna gacetilla[8] y ser amable con todo el mundo. Como no daba muestras de aspirar a nada ni de querer arrebatarle el puesto a nadie, pronto me fue perdonado el doble pecado original: haber entrado por enchufe[9] y estar mejor preparado que el resto del personal.

Eduardo Mendoza (escritor español), *El rey recibe*, 2018.

1. *bourse d'études* 2. estar vedado = estar prohibido 3. sin razón, sin fundamento 4. pese a = a pesar de 5. costear = pagar 6. Permanencia en un lugar por un cierto tiempo. 7. *homme à tout faire* 8. una noticia corta 9. *par piston*

Entra en acción

Ponte en el lugar del narrador e imagina que te vas a vivir al extranjero: ¿qué beneficios crees que te aportará esta experiencia?

Séquence 07

Un pueblo soñado

→ ¿PODEMOS INVENTARNOS UN LUGAR PARA VIVIR?

Proyecto

Realizar colectivamente un libro de lugares imaginarios

Descubro

- Comala, Jauja et Macondo : les villages mythiques de Lope de Rueda, Juan Rulfo et Gabriel García Márquez
- La Mancha filmée par Pedro Almodovar
- L'interprétation picturale de Mont-roig par Joan Miró
- Des expressions idiomatiques de la langue espagnole

Comunico

- Rédiger la présentation d'un lieu auquel on est attaché
- Faire la visite guidée d'un village

MÉDIATION

Interpréter et commenter une illustration sur un lieu mythique

Utilizo

Vocabulario
- Le paysage et les rêves

Gramática
- Le passé simple
- Les équivalents de « on »

Pronunciación
- La phrase interrogative

Ortografía
- L'accentuation au passé simple

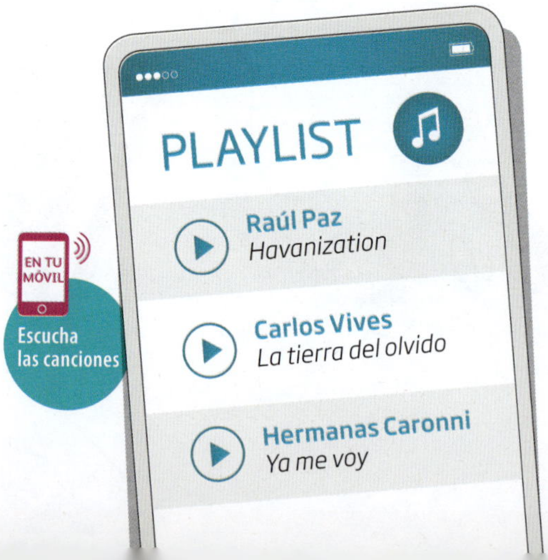

Axe 3

Le village, le quartier, la ville

Pedro Ruiz (artista colombiano), *Colombiana ligera*, 2011.

Este es su pueblo soñado. Y el tuyo, ¿cómo sería?

¿Por qué es tu lugar?

Comala

—¿Cómo dice usted que se llama el pueblo que se ve allá abajo?

—Comala, señor.

—¿Está seguro de que ya es Comala?

—Seguro, señor.

—¿Y por qué se ve esto tan triste?

—Son los tiempos, señor.

Yo imaginaba ver aquello a través de los recuerdos de mi madre; de su nostalgia, entre retazos de suspiros[1]. Siempre vivió ella suspirando por Comala, por el retorno; pero jamás volvió. Ahora yo vengo en su lugar. Traigo los ojos con que ella miró estas cosas, porque me dio sus ojos para ver: «*Hay allí, pasando el puerto de Los Colimotes, la vista muy hermosa de una llanura*[2] *verde, algo amarilla por el maíz maduro. Desde ese lugar se ve Comala, blanqueando*[3] *la tierra, iluminándola*[4] *durante la noche*». Y su voz era secreta, casi apagada[5],como si hablara consigo misma... Mi madre.

—¿Y a qué va usted a Comala[6] si se puede saber? —oí que me preguntaban.

—Voy a ver a mi padre— contesté.

—¡Ah!— dijo él. [...]

—Bonita fiesta le va a armar— volví a oír la voz del que iba allí a mi lado. —Se pondrá contento de ver a alguien después de tantos años que nadie viene por aquí.—

Luego añadió:

—Sea usted quien sea, se alegrará de verlo.

En la reverberación del sol, la llanura parecía una laguna transparente, deshecha en vapores por donde se traslucía[7] un horizonte gris. Y más allá, una línea de montañas. Y todavía más allá, la más remota lejanía.

—¿Y qué trazas tiene su padre[8], si se puede saber?

—No lo conozco— le dije. Sólo sé que se llama Pedro Páramo.

Juan Rulfo (escritor mexicano), *Pedro Páramo*, 1955.

1. *des bribes de soupirs* **2.** *une plaine* **3.** blanquear: *blanchir* **4.** iluminar: *éclairer* **5.** apagar: *éteindre* **6.** = ¿Y qué va a hacer usted en Comala? **7.** traslucir: *laisser entrevoir* **8.** *Et il ressemble à quoi votre père ?*

Patricia Gutiérrez (dibujante española), *Pedro Páramo*, 2014.

Entra en acción

1. Lee el texto y escoge las palabras que definen mejor la reacción del narrador al ver Comala.
   asombro • decepción • incredulidad
2. Apunta elementos que muestran que la madre del narrador sentía nostalgia por Comala.
3. Observa la ilustración. Identifica al personaje y explica cómo se siente.
   la luz • el paisaje • la tranquilidad
4. Para ti ¿qué atmósfera predomina en esta novela?
   mágica • misteriosa • de suspense • de miedo

¿SABÍAS QUE...?

Como Juan Rulfo, otros escritores latinoamericanos **crearon** en sus novelas **lugares míticos** inspirándose en **lugares reales**. Juan Carlos Onetti (uruguayo) creó **Santa María** inspirándose en Buenos Aires y Gabriel García Márquez (colombiano) creó **Macondo** inspirándose en la ciudad de su infancia Aracataca.

Rumbo al pueblo

VÍDEO

La flor de mi secreto de Pedro Almodóvar, España, 1995.

Mi aldea[1]

La luz del sol centellea.
Las flores dan sus perfumes,
sus rumores la arboleda.
De rama en rama[2], cantando
sin cesar revolotean,
los alegres pajarillos
cuyos trinos me embelesan[3].
Se escucha el tierno balido
de los rebaños de ovejas[4],
que como copos de nieve,
se destacan en la hierba.

Aquí se eleva una choza[5],
que es de pastores[6] vivienda.
Allá, una casita blanca,
más blanca que la azucena[7]
Más adelante, un cortijo[8].
Junto al cortijo, una huerta[9].
Junto a la huerta, una casa;
y junto a la casa, la iglesia.
Lleno de encinas[10] está el monte;
rica de fruta, la vega[11].
El río, con muchos árboles.
¿No lo sabéis? Es mi aldea.

Poema popular, anónimo.

1. pueblo 2. *branche*
3. *dont les gazouillis me charment*
4. *les troupeaux de moutons*
5. cabaña 6. *bergers* 7. *le lys*
8. *Exploitation agricole typique de l'Andalousie et de l'Estrémadure.*
9. *un potager* 10. *chênes verts*
11. *la plaine*

Escoge tu camino

POR ETAPAS

1. Ve el vídeo. Identifica a los personajes y trata de adivinar a dónde van y por qué.
2. Apunta las palabras que demuestran que el poema declamado describe el paisaje.
3. Explica qué provoca el recitado del poema en Leo. ¿En tu opinión, por qué?
   la emoción • la tristeza • los recuerdos
4. Lee el poema y di cuáles son los adjetivos más apropiados para calificar la aldea evocada. Justifica citando el texto.
   apacible • rural • auténtico/a • armonioso/a • natural

EN DIRECTO

Precisa las emociones de Leo y cómo son representadas en esta escena.
cámara subjetiva • música • un plano detalle

PON EN PRÁCTICA

Inspirándote en la segunda estrofa del texto, redacta un poema corto para describir tu aldea y/o tu ciudad. Utiliza adverbios de lugar al inicio de los versos.

Lo esencial

Para expresarte

EN TU MÓVIL

Vocabulario

- una vista muy hermosa
- recordar el pueblo de la infancia
- añorar el pasado
- sentirse nostálgico/a
- anhelar un lugar
- un lugar de ensueño

Gramática

Le passé simple
«Siempre **vivió** ella suspirando por Comala, pero jamás **volvió**».

Le vouvoiement
«¿Y a qué va **usted** a Comala, si se puede saber?».

Précis p. 246

Les comparatifs
«¿Y por qué se ve esto **tan** triste?».

Précis p. 240

Le pronom relatif *cuyo*
«Los alegres pajarillos **cuyos** trinos me embelesan».

Précis p. 243

Para escribirlo

L'accentuation au passé simple

Au passé simple, à la 1re et à la 3e pers. du sing. les terminaisons des verbes réguliers portent un accent graphique : contesté, añadió, miró, volvió.

Ce n'est pas le cas pour les verbes irréguliers : dijo, estuve.

Tarea

Redacta la presentación de una ciudad o de un pueblo que te haya marcado.

- Hazlo a partir de imágenes, asociaciones y/o metáforas.
- Tus compañeros/as tratan de adivinar de qué lugar hablas.

07 Descubre

¿La memoria es selectiva?

¡Oh, qué buena tierra!

HONZIGERA: [...]. Di, ¿tienes hambre?

PANARIZO: ¿Que si tengo hambre? Un pollo me comería con plumas y todo. [...]

HONZIGERA: ¿Sabes por qué te he traído aquí? [...] A estas horas suele pasar por aquí un labrador[1], un tal Mendrugo, con una cazuela[2] de comida para su mujer, que está en la cárcel[3]. Este Mendrugo es bastante simple, y no nos será difícil, sin que él se dé cuenta, comernos lo que lleva en la cazuela. [...] Le contaremos aquel cuento de Jauja[4], ya sabes. [...]

MENDRUGO: [...] Llevo unas albóndigas[5] para la Tomasa, que se pirra[6] por ellas. Las he hecho yo mismo, con carne de la mejor, huevos y especias [...].

HONZIGERA: ¿Y le llevas todos los días la comida a la cárcel? ¡Pensar que te ahorrarías[7] todos esos trabajos si vivieras en la tierra de Jauja!

MENDRUGO: Y eso, ¿con qué se come[8]?

HONZIGERA: ¡Cómo! ¿No sabes lo que es la tierra de Jauja? Ven, siéntate un momento con nosotros y te describiremos todas sus maravillas con pelos y señales[9]. Verás... Es un lugar en donde pagan a los hombres por dormir.

PANARIZO: Una tierra en donde azotan[10] a los hombres que se empeñan en trabajar.

MENDRUGO: ¡Qué me dice!

PANARIZO: Como lo oyes.

MENDRUGO: ¡Oh, qué buena tierra! Cuénteme las maravillas de ese lugar por su vida.

HONZIGERA: En la tierra de Jauja hay un río de miel y otro de leche, y entre río y río hay una fuente de requesones[11], y caen en el río la miel, que no parece sino que están diciendo «cómeme, cómeme».

MENDRUGO: ¡Pardiez![12] No hacía falta que me lo dijeran a mí dos veces.

Lope de Rueda (dramaturgo español), *La tierra de Jauja*, 1547.

1. *un cultivateur* **2.** *une casserole* **3.** *la prison* **4.** lugar imaginario donde todos los sueños se realizan. **5.** *des boulettes de viande* **6.** pirrar(se) por algo: *(fam.) raffoler de quelque chose* **7.** ahorrarse: *s'économiser* **8.** =¿cómo es posible? **9.** *avec des détails* **10.** azotar: *fouetter* **11.** *caillés (laitage proche du fromage blanc)* **12.** *pardieu, parbleu*

Escoge tu camino

POR ETAPAS

1. Lee el texto y apunta las expresiones que dan informaciones sobre:
   a. La vida de los hombres en Jauja.
   b. El paisaje de Jauja.
2. Jauja es una ciudad peruana fundada en 1534. ¿La descripción hecha por los personajes corresponde a la de una ciudad real? Justifica.
   maravilloso/a • ideal • atractivo/a
3. Esta escena de teatro es cómica. Explica por qué.
   burlarse de • la credulidad • robar la comida

EN DIRECTO

Apunta los elementos que demuestran qué tipo de ciudad es Jauja y precisa lo cómico de la escena.

PON EN PRÁCTICA

Completa siguiendo esta estructura refiriéndote a tu lugar soñado y no a Jauja.
En la tierra de ... hay ... y ..., y ..., y ..., que no parece sino que están diciendo «..., ...».

Joan Miró pinta su entorno

EN TU MÓVIL Mira más fotos

Joan Miró (artista español), *Mont-roig, la iglesia y el pueblo*, 1919.

Foto de Mont-roig (España) hoy en día.

Entra en acción

1. Di qué te llama la atención en el cuadro de Miró.
   el colorido • la perspectiva • la fantasía
2. Mira la foto y di si el lugar se reconoce fácilmente en el cuadro de Miró.
3. Miró pintó su cuadro en 1919 y la foto es actual. Explica el paso del tiempo.
4. Para ti, ¿qué diferencias se deben al paso del tiempo y cuáles a la interpretación del artista?
   la sequía • la erosión • los huertos

Lo esencial

Para expresarte

EN TU MÓVIL

Vocabulario

- transformar la realidad
- hacer soñar
- dar ganas de ir
- un lugar extraordinario, mágico
- un paisaje colorido ≠ apagado
- el paso del tiempo
- idealizar un lugar
- un sitio legendario

Gramática

Les équivalents de « on » (2)
«Es un lugar en donde **pagan** a los hombres por dormir».

Précis p. 247

L'expression de l'habitude
«A estas horas **suele pasar** por aquí un labrador».

Para pronunciarlo

EN TU MÓVIL

La phrase interrogative

- On monte la voix à la fin d'une phrase sans mot interrogatif pour préciser qu'il s'agit d'une question : «¿No conoces **Jauja**↑?»
- On monte la voix au début de la phrase lorsqu'elle est introduite par un mot interrogatif : «¿Con **qué**↑ se come?»

15 Écoute les phrases et écris le mot où la voix monte.

Tarea

Presenta a tus compañeros/as una visita guiada de Mont-roig o de Jauja.

- Tu explicación debe transmitir la intención u objetivo de los artistas.
- Puedes teatralizar algunos fragmentos de tu presentación.

EN TU MÓVIL Exercices interactifs

Le passé simple

Observe

1. Quelles indications temporelles donnent les mots soulignés dans les deux répliques ?
2. À quels temps sont conjugués les verbes en gras ?
3. Coche la bonne réponse : dans sa phrase, la fille de droite fait comprendre que son apparence aujourd'hui …
   - a. ☐ n'a rien à voir avec celle qu'elle avait il y a deux jours.
   - b. ☐ est la même que celle qu'elle avait il y a deux jours.

Qu'en déduis-tu ?

Le temps du ... en espagnol sert à parler d'événements qui appartiennent au passé et qui n'ont plus de conséquences sur le ... .

Entraîne-toi

4. Reconstruis les phrases en reliant les éléments de chaque colonne entre eux.

Hace dos días yo •	• sale mucho de viaje.
Hoy en día la gente •	• hice turismo rural.
Hace unos años •	• viajó a La Habana.
Actualmente los pueblos •	• atraen a más gente.
Cuando mi madre era pequeña •	• salí de fiesta.

Conjuguaisons p. 250

Les équivalents de « on » (2)

Observe

1. Indique à quelle personne est conjugué le verbe souligné.
2. Quel est le sujet de cette phrase ? Est-il dans la phrase ?
3. Si tu devais traduire cette phrase en français, quel pronom personnel sujet emploierais-tu ?

Qu'en déduis-tu ?

En espagnol, quand le sujet n'est pas explicite, la ... personne du pluriel correspond à « ... » en français.

Entraîne-toi

4. Traduis les phrases en français :
   - a. Dicen que la pintura de Miró es abstracta. ¡No siempre ! En su cuadro de Mont-roig, reconozco el pueblo.
   - b. Cuentan que Pedro Páramo vive solo en Comala.
   - c. Antes, para llegar a esta aldea, tenían que viajar a pie o a caballo.
   - d. En Jauja, no conocen ni el hambre ni la tristeza.
   - e. Llaman a la puerta. ¡Qué raro! Después de tantos años que nadie viene por aquí.

Précis p. 247

El paisaje y los sueños

La ciudad de Benidorm (España) en 1950.

La ciudad de Benidorm (España) hoy.

1 A2 Relaciona las ideas contrarias:

conservar, proteger el litoral ○	○ muy poblado/a
turismo sostenible ○	○ contaminación
aislado/a ○	○ lugar bullicioso
(no) contar con medios de transporte ○	○ muy frecuentado/a
vacío/a ○	○ rutas – autovías
calles de tierra ○	○ estar bien comunicado/a
casitas bajas ○	○ construir
respirar aire puro ○	○ turismo de masas
lugar apacible ○	○ rascacielos

2 A2/B1 Observa las fotos y explica la transformación de Benidorm.

3 A2/B1 Pregúntale a tu compañero/a en qué lugar preferiría pasar sus próximas vacaciones y por qué.

4 A2/B1 Escoge algunos elementos del mapa mental para evocar tu lugar especial. Luego preséntalo a tus compañeros/as:

a. Prepara un esquema para hacer una breve presentación oral.
b. Piensa en el paisaje del lugar, en su geografía…
c. Escribe uno o varios recuerdos que te dejaron sus habitantes.
d. ¿Qué sentimientos experimentas al evocar este lugar?

LA GEOGRAFÍA

- los acantilados
- las calas
- la isla solitaria/tropical
- los jardines tropicales
- un mar de aguas cristalinas
- las montañas nevadas/imponentes/altísimas
- las playas salvajes
- los ríos caudalosos/peligrosos/extensos

EL LUGAR Y EL PAISAJE

- bucólico/a
- ensoñador(a)
- espectacular
- exuberante
- hermoso/a
- que invita a la contemplación
- mágico/a
- magnético/a
- maravilloso/a
- relajado/a = tranquilo/a
- único/a
- las vistas/los paisajes que dejan sin aliento

LOS SENTIMIENTOS

- estar enamorado/a de = enamorarse de (un lugar)
- extrañar = echar de menos
- estar nostálgico/a
- sentir nostalgia = sentir morriña
- sentir pasión por

LOS HABITANTES

- acogedores/as
- amistosos/as
- entrañables
- inolvidables

OLVIDAR Y RECORDAR

- acordarse de
- añorar
- caer en el olvido
- evocar/revivir un recuerdo
- rememorar
- soñar con
- volver al pasado
- volver a sus raíces

Lugares míticos del mundo hispano

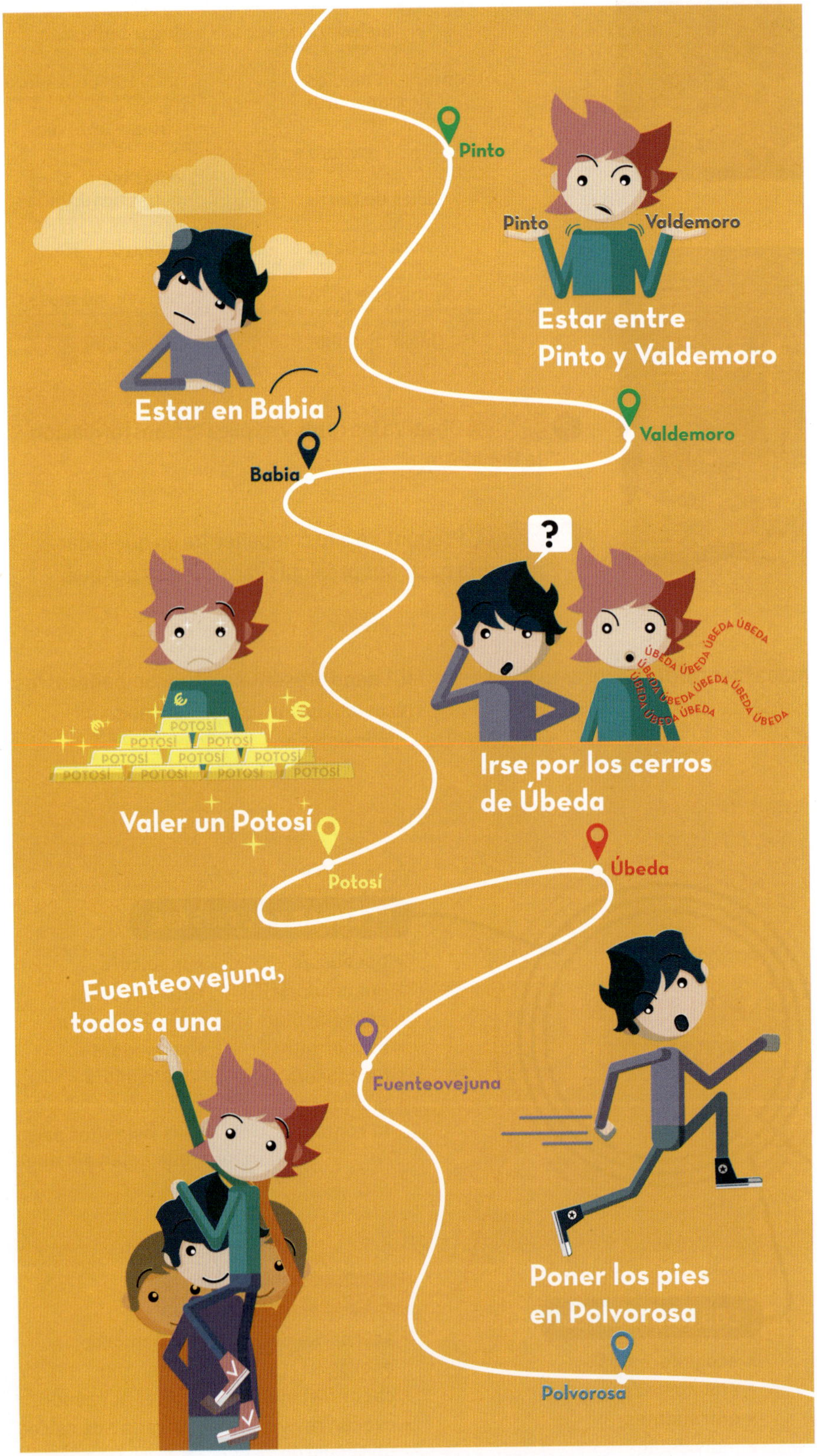

Estar en Babia

Cuando los reyes de León, hombres de acción y de pelea más que sabios y prudentes gobernantes, comenzaban a estar cansados [...] de las luchas e intrigas palaciegas, llamaban a sus hombres de confianza, enfundaban sus armas, montaban en sus caballos y se iban a Babia a descansar y a practicar en sus bosques el deporte de la caza, su actividad preferida. [...] «¿Dónde está el rey?», se preguntaban los cortesanos cuando, al cabo de algunos días, comenzaban a echarlo en falta. «Está en Babia», era la contestación.

Julio Llamazares

1 Lee el texto y observa la infografía:

a. Explica el significado de la expresión «Estar en Babia».

b. A partir de las ilustraciones deduce lo que significan las expresiones

c. Busca más expresiones que utilicen un pueblo y/o un lugar.

2 Sitúa cada pueblo o lugar presente en la infografía en un mapa de España o de América Latina.

EN TU MÓVIL Ve los mapas aquí

Proyecto

Realiza un libro de lugares imaginarios

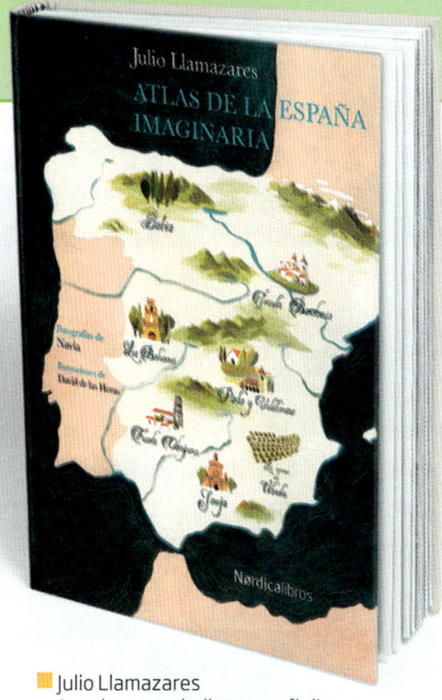

Julio Llamazares (escritor y periodista español), *Atlas de la España imaginaria*, 2015.

Etapa 1

- Inventa el nombre del lugar y el de sus habitantes (los gentilicios).
  - Los sufijos más frecuentes para formar gentilicios son:
    - -eño/ -eña: madrileño/a
    - -és/ -esa: cordobés/a
    - -ano/ -ana: peruano/a
  - El origen del nombre puede corresponder a:
    - Una característica geográfica: La Manga del Mar Menor, Las Islas Galápagos...
    - Sus recursos naturales: la mina de plata de Potosí (Bolivia)...
    - Su fundador/a: San Cristóbal de las Casas...
    - Su fauna

Etapa 2

- Imagina la arquitectura del lugar.
  - Piensa en las características esenciales de las viviendas y su entorno: casas, edificios, fachadas, comercios, plazas, parques...
  - Ilustra tus ideas con una o varias imágenes: dibuja un mapa, haz un fotomontaje y/o una creación 3D...

Etapa 3

- Inventa un monumento o personaje emblemático.
  - Inspírate en monumentos que conoces: una torre, un castillo, un puente...
  - Personajes: el/la fundador(a), el/la presidente/a...
  - Explica en algunas líneas a qué acontecimiento famoso remite: *este personaje/monumento significa... es emblemático por...*

Etapa 4

- En clase, realizad la portada del libro y determinad la clasificación de sus contenidos.
  - El título debe llamar la atención y ser corto. Para encontrarlo realiza una lluvia de ideas.
  - Para encontrar la imagen de la portada, pide ayuda a los profesores documentalistas para que te aconsejen libros de viajes.
  - Dentro del libro puedes clasificar los lugares según:
    - Las atmósferas: lugares extraños, agradables...
    - El tamaño: islas, pueblos, ciudades...

MÉTHODE

Décrire un lieu

Pour décrire un lieu (rural et/ou urbain), il faut aller du plus général au plus détaillé, afin de donner une idée précise qui éveillera la curiosité et l'envie de découverte.

Situer un lieu

Identifie précisément l'emplacement géographique : pars du continent, du pays, pour arriver au lieu précis.

Parler des alentours

Regarde attentivement les choses qui entourent le lieu et situe-les par rapport à un point central. Ce point peut être un parc, une place, un commerce, un arrêt de bus, un monument...
a la izquierda (de) • *a la derecha (de)* • *delante (de)* • *detrás (de)*

Décrire les habitations

Observe les formes des bâtiments, des façades...
redondo/a • *cuadrado/a* • *sinuoso/a* • *rectilíneo/a* • *sobrio/a* • *colorido/a*

Décrire l'atmosphère

Détaille l'ambiance à l'aide des éléments suivants :

- La lumière qui s'en dégage : *una luz agradable* • *deslumbrante* • *el sol* • *brillar...*
- Les couleurs : *colorido/a* • *vivo/a* • *oscuro/a* • *apagado/a...*
- Les odeurs : *se puede oler* • *el perfume* • *la fragancia* • *las flores...*
- Les sons ambiants : *se puede oír el ruido de... el canto* • *el ritmo* • *suave* • *delicado/a* • *el bullicio...*

07 Actividades de mediación

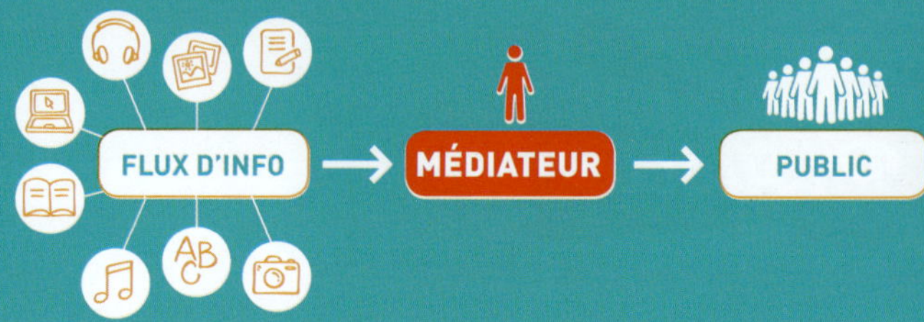

Un lugar imaginado

A través de diferentes obras artísticas has visto cómo los lugares están estrechamente vinculados a los sentimientos y a las emociones. Asimismo, has comprobado cómo los artistas logran darles una dimensión legendaria. Ahora expresa tus sentimientos acerca de un lugar mítico.

Luisa Rivera (artista chilena), *El tren amarillo de Macondo*, 2017.

Interpreta una ilustración

➜ Observa esta ilustración, y di a tus compañeros/as el sentimiento que suscita en ti.

Los elementos reales e irreales, la actitud de los personajes y los colores.

Je peux interpréter un document iconographique et rendre compte des émotions qu'il suscite en moi.	A2	☐
Je peux interpréter les éléments implicites d'un document iconographique et rendre compte des émotions qu'il suscite en moi.	A2+/B1	☐

Gabriel García Márquez (escritor colombiano).

16 *«Cien años de soledad» cumple 50 años*
© El Tiempo TV, 2017.

Resume un comentario literario

➜ Escucha este audio y resume las palabras del crítico literario a tus compañeros/as.

Je peux lister des informations à propos d'une œuvre littéraire et les présenter à mes camarades de classe.	A2	☐
Je peux résumer des informations à propos d'une œuvre littéraire et les présenter à mes camarades de classe.	A2+/B1	☐

La Habana es una maravilla

Queridísimos padres:

Como veréis por mis cables[1], ya me encuentro en La Habana dispuesto para actuar de conferenciante. Últimamente he trabajado mucho y me he descuidado unos días en escribiros. Pero ahora ya gracias a Dios lo hago con la gana[2] y la alegría de siempre.

La llegada a La Habana ha sido un acontecimiento[3], ya que esta gente es exagerada como pocas. Pero La Habana es una maravilla, tanto la vieja como la moderna. Es una mezcla de Málaga y Cádiz, pero mucho más animada y relajada por el trópico.

El ritmo de la ciudad es acariciador[4], suave, sensualísimo, y lleno de un encanto que es absolutamente español, mejor dicho, andaluz. Habana es fundamentalmente española, pero de lo más característico y más profundo de nuestra civilización.

Yo naturalmente me encuentro como en mi casa. Ya vosotros sabéis lo que a mí me gusta Málaga, y esto es mucho más rico y variado. Por ahora no sé deciros más. A cada momento tengo la impresión de encontrarme a los amigos detrás de la esquina y a cada momento tengo que pensar que estoy en el mar Caribe, en las hermosísimas Antillas, para no hacerme[5] en Vélez o en Motril. El mar es prodigioso de colores y luz. Se parece al Mediterráneo aunque es más violento de matices[6]. [...]

¡Son tantas las cosas que tengo que contaros! Mañana es mi primera conferencia, en el teatro de la Comedia. Será el público más numeroso de mi vida seguramente hasta ahora, pero estoy seguro de mi actuación. Mañana escribiré anunciando cómo ha ido y mandando periódicos. Estoy muy bien de salud. Yo espero que vosotros también.

Recibid besos y abrazos de vuestro hijo .

Federico García Lorca (poeta y dramaturgo español), *Epistolario completo*, 1997.

1. *(ici) mes télégrammes*
2. *l'envie*
3. *un événement*
4. acariciar: *caresser*
5. *(ici)* no creerme
6. *nuances*

Entra en acción

1. ¿Qué emociones sentirían los padres de Federico García Lorca al recibir esta carta?
2. ¿Qué contestarías tú al poeta? Escribe una carta imaginaria para responderle.

Séquence

08 Mi barrio querido

→ ENTRE VECINOS, ¿PODEMOS CAMBIAR NUESTRO BARRIO?

Proyecto

Presentar un proyecto de creación de una aplicación

Descubro

- Le sentiment d'appartenance à un quartier écrit par Rosa Montero et Almudena Grandes
- Une réalisation artistique novatrice d'Okuda San Miguel
- *Hackity App*, une application pour améliorer son quartier
- Un lieu pour vivre en harmonie avec la nature, l'*ecoaldea de Matavenero*

Comunico

- Rédiger la description du lieu de rencontre idéal
- Poster un message sur une application citoyenne

MÉDIATION

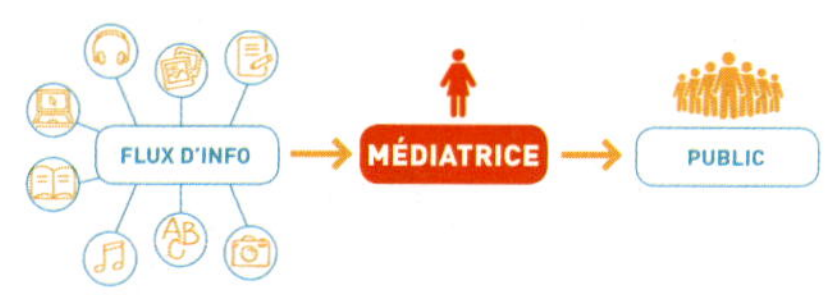

Rendre compte des informations sur la vie d'un quartier

Utilizo

Vocabulario

- Le quartier

Gramática

- L'expression de l'opposition
- La comparaison d'égalité

Pronunciación

- La lettre *c*
- La lettre *r*

EN TU MÓVIL

Escucha las canciones

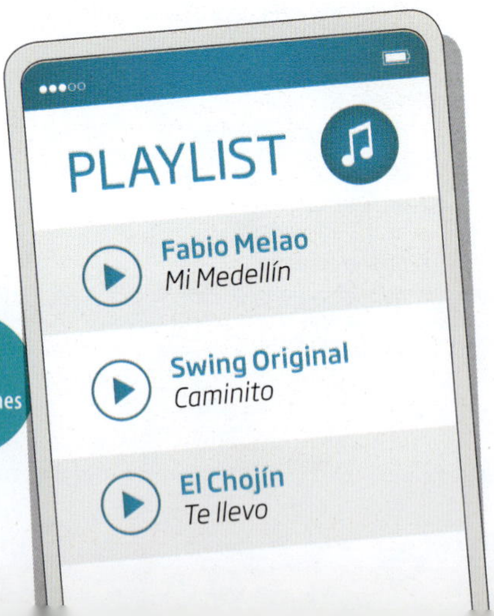

Axe 3

Le village, le quartier, la ville

Calle de La Habana, Cuba, 2018.

¿Te gustaría vivir en este barrio?

¿Reunirse es una necesidad?

El bar de la esquina

EL PAIS SEMANAL

Rosa Montero **Madrid** | 17 junio de 2018

Como quien vuelve a casa

La otra noche estuve un rato en el bar de la esquina[1]. Es decir, en uno de los cientos de miles de bares de la esquina que hay en España, esos locales que, en nuestra sociedad, hacen las veces de [...] centros comunitarios, piedras fundamentales de la vida del barrio. Este establecimiento en concreto, además, está de verdad en un esquinazo[2] y por añadidura se encuentra a un tiro de piedra[3] de mi casa [...]. En España hay 260.000 bares, uno por cada 175 habitantes, la cifra más alta de la Tierra (datos de 2016 de la consultora Nielsen). Repito: somos la primera potencia mundial del codo en barra[4]. Para hacernos una idea de la enormidad de nuestra afición, digamos, por ejemplo, que tenemos más bares que la suma de todos los que hay en Estados Unidos. [...]. Esto es interesante, porque resalta que en otros países tal vez le den mayor importancia a lo gastronómico, mientras que lo verdaderamente extraordinario en nuestra cultura es el antiguo y acendrado apego[5] al bareto[6]. ¿Y qué significaría esto? Pues que somos animales eminentemente sociales. Que necesitamos el roce[7], el aliento, la compañía, el calor de los nuestros. Que, para vivir, tenemos que sentir que formamos parte de un grupo. Quizá sea un rasgo primitivo. Un residuo de los usos de la horda.[...]. Ya he citado alguna vez aquel famoso estudio que Coca-Cola hizo en España hará unos cinco años sobre el tema, con datos tan despampanantes[8] como el hecho de que más de dos tercios de los españoles conocen el nombre del camarero de su bar favorito, o que casi el 30% le dejaría al camarero las llaves de su casa con total confianza. [...] Yo llevaba tiempo sin pisar un bar: me debo de estar desnaturalizando. Pero la otra noche entré en el garito[9] de la esquina y experimenté una inmediata sensación de reconocimiento. Como quien vuelve a casa.

1. *le bar du coin* 2. *le coin de la rue* 3. encontrarse a un tiro de piedra: *(fam.) se trouver à côté.* 4. *le pilier de bar* 5. antiguo y acendrado apego: *la loyauté sans faille* 6. *au troquet* 7. *le contact* 8. *(ici) étonnants* 9. *(fam.) le bar*

Una familia sentada en un bar de esquina en Sevilla.

Escoge tu camino

POR ETAPAS

1. Antes de leer, di cómo definirías un bar.
   Un lugar para...
   Un sitio de...
2. Lee el texto y di lo que significa un bar en España para la autora.
3. ¿Qué elementos del texto demuestran la confianza de los españoles con respeto al bar de barrio?

EN DIRECTO

En el texto hay elementos que describen el bar como un lugar especial. Di cuáles son. ¿Estás de acuerdo con la autora?

PON EN PRÁCTICA

¿Te acuerdas de un lugar de tu infancia en el que te sentías como en casa?
Me acuerdo de...
Recuerdo aquel lugar en donde...

La transformación de una iglesia

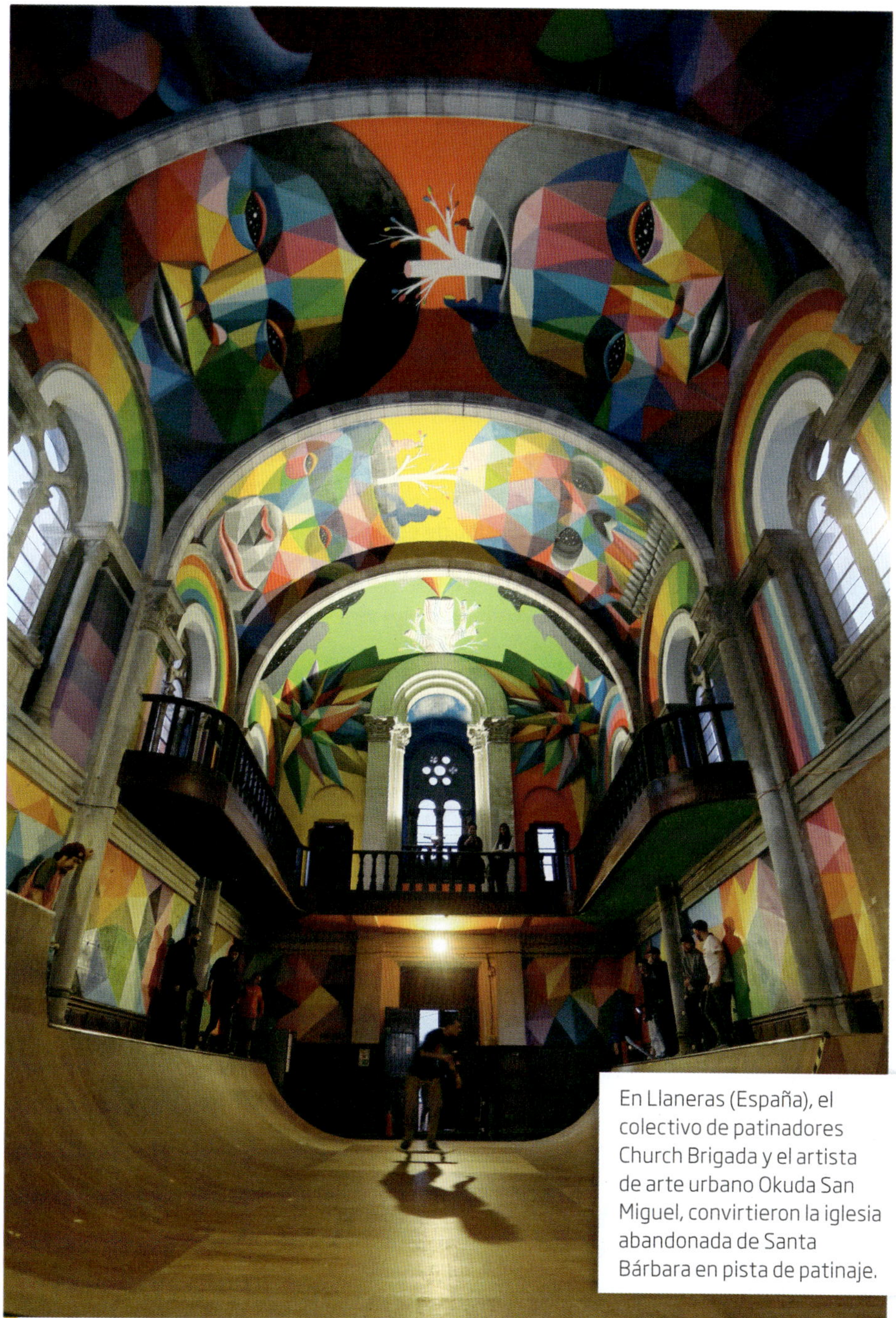

En Llaneras (España), el colectivo de patinadores Church Brigada y el artista de arte urbano Okuda San Miguel, convirtieron la iglesia abandonada de Santa Bárbara en pista de patinaje.

Foto de la *Iglesia Skate*, Llaneras (España), 2015.

patinar: faire du skate
las rampas: les rampes
los patinadores: les skateurs
un templo: un temple
rezar: prier

Entra en acción

1. Explica qué tipo de lugar es una iglesia para ti.
   sagrado/a • austero/a • oscuro/a
2. Observa la foto y di en qué clase de espacio se ha convertido esta iglesia.
   lúdico/a • divertido/a • original
3. ¿Te parece que esta iglesia puede ser un nuevo lugar de encuentro? Justifica.
   reunir(se) con • quedar con • pasarlo bien

08

Lo esencial

Para expresarte

EN TU MÓVIL

Vocabulario

- conocer a gente
- reunirse con los/las amigos/as
- tener buena onda
- sentir apego por
- sentir afecto por algo o alguien
- desacralizar un lugar
- el arte urbano ≠ el arte religioso

Gramática

L'expression de l'opposition
«Otros países tal vez le den mayor importancia a lo gastronómico, **mientras que** en nuestra cultura es el apego al bareto».

La comparaison d'égalité
«El estudio con datos **tan** despampanantes **como**».

Précis p. 240

Para pronunciarlo

EN TU MÓVIL

La lettre *c*
Elle se prononce de deux façons :
- [k] devant les voyelles *a*, *o* et *u*, comme dans les mots français « **c**alèche » ou « **c**orail » : **local**, **comunitario**, **cumpleaños**.
- [θ] devant les voyelles *e* et *i*, comme l'anglais « th » : **centros**, **decir**.

Dans le sud de l'Espagne et en Amérique latine, elle se prononce [s].

17 Écoute les mots et indique quels sons tu entends : [k] ou [θ].

Tarea

Describe y presenta a tu clase tu lugar de encuentro ideal.

- Haz una redacción de unas diez líneas.
- Di dónde se sitúa, si está en interior o en exterior.
- Da algunas informaciones sobre la decoración.
- Precisa por qué la gente se reúne allí.

¿Cómo crear lugares de encuentro?

Una app para mejorar el barrio

Hackity App, la app cívica para reimaginar la ciudad © Hackity App, 2016.

darse cuenta de (algo): réaliser, se rendre compte de quelque chose
una farola: un lampadaire
las baldosas: les pavés
las fuentes de agua: les fontaines
tropezarse con: trébucher sur
estar descuidado/a : être négligé(e)

EN TU MÓVIL

Escoge tu camino

POR ETAPAS

1. ¿Qué es para ti una comunidad virtual ? Cita algunos ejemplos y explica para qué sirven.
   compartir • intercambiar • los centros de interés
2. Ve el vídeo y di cuál es el objetivo de Hackity App.
3. Explica lo que le encantaría cambiar a Juan, un vecino de este barrio.

EN DIRECTO

Identifica y ordena las etapas necesarias para utilizar la aplicación.

PON EN PRÁCTICA

¿Qué ideas propondrías para cambiar tu barrio?

Cine en la huerta

Entra en acción

1. Observa el cartel y di dónde será la proyección. ¿Es un lugar habitual?
2. Precisa qué te evocan los colores del cartel.
   naturaleza • tranquilidad • aislamiento
3. Explica qué ambiente predomina en este lugar.
   relajado • amistoso • cálido
4. ¿Te apetecería asistir a la proyección? ¿A quién invitarías?

una huerta/ un huerto: un jardin potager
las verduras: les légumes
el espíritu veraniego = estival: l'esprit estival
compartir con los vecinos: partager avec les voisins

Cartel del evento *Cine de Verano.*

El ejemplo Arví

EL PAÍS PLANETA FUTURO

Lola Hierro | Medellín | Junio 2016

Un proyecto autosostenible

En las sencillas cumbres[1] de Medellín hay ejemplos de prosperidad bien llevada. Y del orgullo paisa[2] y su espíritu emprendedor, como el de los vecinos de Santa Elena. Antes pobres de solemnidad[3], hoy se han reconvertido en empresarios[4] que dan la bienvenida a quienes se acercan al famoso parque Arví, a media hora en transporte público desde el centro. Ocupa 40.000 hectáreas de bosque verde y abigarrado, de rutas senderistas[5] y de turismo ecológico. Ahí, a las puertas de la parada del Metrocable[6] abre a diario el Mercado Arví de artesanía y alimentación. Solo se puede vender lo que uno crea con sus propias manos. En él se gana el pan Elkin Ahmed Rincón, que decidió cambiar su empleo como jefe de producción de una compañía textil para tallar madera[7]. Cuenta que los 48 puestos[8] han tenido un impacto económico positivo: han abierto más hoteles y restaurantes. «Este mercado se pensó para que las personas sin recursos[9] tuvieran una oportunidad. Antes la gente robaba, ahora no lo necesitan. Unidos se pueden crear proyectos buenos para todos», argumenta. Y son autosostenibles[10]: «Arví es ejemplo nacional», añade.

1. les sommets des montagnes 2. Nom que l'on donne aux habitants de certains départements en Colombie. 3. extrêmement pauvres 4. entrepreneurs 5. chemins de randonnée 6. téléphérique (transport public de Medellín) 7. sculpter le bois 8. stands (au marché) 9. sans ressources 10. autosuffisants

¿SABÍAS QUE...?

La ciudad de **Medellín** pasó de ser considerada la ciudad más violenta del mundo a causa del narcotráfico en los años 90 a ganar el premio de mejor destino turístico de Sudamérica en 2018 (premio concedido por los usuarios de la plataforma TripAdvisor). Asimismo, **ganó el premio** de urbanismo Lee Kuan Yew World City Prize en 2016. Este premio equivale al Nobel para las ciudades.

Entra en acción

1. Lee el texto y destaca dos rasgos que caracterizan a los vecinos de Santa Elena.
2. Cita dos frases que muestran el cambio de vida de los vecinos. ¿A qué se debe este cambio?
3. Enumera los beneficios que el parque Arví ofrece.
4. ¿Qué opinas de la frase «Unidos se pueden crear proyectos buenos»? ¿Estás de acuerdo?
   estimular la creatividad • la unión hace la fuerza
5. Explica el éxito del mercado Arví.
   situación geográfica • armonía con la naturaleza

08

Lo esencial

Para expresarte

EN TU MÓVIL

Vocabulario

- el emprendimiento ciudadano
- el urbanismo sostenible
- respetar el entorno
- mejorar la convivencia
- no quedarse de brazos cruzados
- tomar la sartén por el mango
- ponerse manos a la obra
- actuar juntos/as

Gramática

Le conditionnel
«Algo que crees que **haría** más fácil tu vida».

Les équivalents de « on » (3)
«Te das cuenta de que hay algo que **se puede** mejorar».

Précis p. 247

Para pronunciarlo

EN TU MÓVIL

La lettre *r*

Elle se prononce de deux façons:
- à peine roulée, lorsqu'elle succède une voyelle et se trouve au milieu d'un mot, ou en fin de mot: flores, usuarios, encantaría, vender.
- très roulée en début du mot et lorsqu'elle est doublée: rutas, rápidamente, barrio.

18 Écoute les mots et indique lequel de ces deux sons tu entends: [r] ou [rr].

Tarea

Eres un/a usuario/a de la aplicación *Hackity App* y vas a realizar una publicación.

- Piensa en un ámbito que quieras mejorar en tu instituto o barrio.
  mobiliario urbano • zonas verdes...
- Toma una foto que ilustre el problema.
- Escribe el texto para proponer tu solución.
- Lee las diferentes ideas de la clase, vota por la más útil y justifica.

EN TU MÓVIL Exercices interactifs

L'expression de l'opposition

Observe

1. Lis les répliques. Quel type de relation le connecteur logique *mientras que* permet d'établir entre l'expression qui le précède et celle qui le suit ?
2. Comment traduis-tu cette locution en français ?
3. Connais-tu des synonymes en espagnol de cette structure ?

Qu'en déduis-tu ?

- Pour exprimer l' ... en espagnol, on utilise la locution ... .
- On peut également utiliser les locutions ... et ... .

Entraîne-toi

4. Relie les deux éléments afin d'exprimer une opposition.
   a. Antes Medellín era muy pobre. / Ahora Medellín es una ciudad próspera.
   b. Antes la gente robaba. / Ahora no lo necesitan.
   c. Hay personas que no se preocupan por su barrio. / Otras personas se preocupan por mejorarlo.
   d. El barrio de Tetuán no tenía proyectos de desarrollo sostenible. / Actualmente, hay muchas iniciativas ecorresponsables.

La comparaison d'égalité

Observe

1. Lis les structures de comparaison en gras. Quelles sont les particules de comparaison employées ?
2. Quelle est la nature du mot placé entre les particules de comparaison dans chaque phrase ?
3. Explique pourquoi dans la 1re réplique on écrit « tan » et dans la deuxième « tantas ».

Qu'en déduis-tu ?

- En espagnol, on exprime la comparaison d'égalité avec ... lorsque le mot comparé est un ... .
- Lorsque le mot placé entre les particules de comparaison est un ... , on doit faire ... en genre et en nombre.
- La deuxième particule de la comparaison d'égalité est toujours ... .

Entraîne-toi

4. Complète les phrases suivantes :
   a. A las 12 de la noche, hay ... gente en la plaza ... al mediodía.
   b. La vida en los bares españoles es ... animada ... en los parques.
   c. Medellín es una ciudad ... limpia y acogedora ... Bogotá.

Précis p. 240

El barrio

Edificio en el barrio de La Corrala (Madrid).

1 A2 Observa la imagen y da ideas para transformar este lugar en un sitio de encuentro.

2 B1 Utilizando las palabras del mapa mental, realiza una cuña radiofónica para promocionar una iniciativa ciudadana en tu instituto.

a. Escoge la actividad que suscitará la convivencia.
una proyección de cine con un debate • un baile caritativo • un taller de danza • un trueque (*troc*) solidario • una venta solidaria...

b. Explica su objetivo e interés.

c. Determina el horario y la fecha.

INICIATIVAS CÍVICAS

- actuar
- alzar la voz
- compartir ideas
- convocar asambleas barriales/comunitarias
- participar en la toma de decisiones
- proponer soluciones
- proponer una votación

UBICACIÓN GEOGRÁFICA

- las afueras
- el casco antiguo
- el centro urbano
- contar con transporte público
- estar aislado/a
- estar bien situado/a

INSTALACIONES / INFRAESTRUCTURAS

- la biblioteca municipal
- los cafés intergeneracionales
- las canchas de tenis
- el comedor escolar
- el estadio de fútbol
- los huertos urbanos
- las máquinas para hacer deporte
- el muro de escalada artificial
- los parques
- la piscina
- los restaurantes a precio módico
- la sala de fiestas

IMPACTO(S) ECONÓMICO(S)

- crear empleos
- dar oportunidades
- desarrollar la economía local
- promocionar la artesanía
- promover los alimentos regionales
- respetar el entorno
- el urbanismo sostenible

ARMONÍA CON LA NATURALEZA

- descansar
- evadirse
- practicar deporte(s)
- relajarse
- respirar aire puro

CONVIVENCIA

- compartir saberes
- la convivencia pacífica/intergeneracional/intercultural
- crear iniciativas ciudadanas
- estar unido/a
- una experiencia enriquecedora
- fomentar el espíritu cívico
- progresar
- reunirse
- ser solidario/a

La ecoaldea de Matavenero

"Las primeras semillas de un sueño de comunidad y convivencia fueron plantadas en 1989. Treinta años más tarde, el fruto de las semillas floreció, a mil metros de altitud, en el mágico valle del Bierzo. Se trata de la ecoaldea de Matavenero. Un lugar en donde mujeres y hombres tratan de vivir en armonía con la naturaleza."

Asociación Matavenero

"En la sala comedor nos juntamos para comer. Este lugar se utiliza también como sala para consejos y fiestas."

1. Después de leer estas informaciones, ¿te haces una idea de lo que es una ecoaldea?
2. Busca la definición de ecoaldea.
3. En tu opinión, ¿cuáles son los valores compartidos por los/las habitantes de un lugar así?
4. Busca en Internet otros ejemplos de ecoaldeas para presentarlas brevemente a la clase.

Presenta un proyecto de creación de una aplicación

Etapa 1

- En grupo, decide qué ideas vas a proponer para mejorar la vida en el instituto y cómo vas a crear la aplicación.
  - Escoge el ámbito que quieres mejorar: la limpieza, la decoración, las reglas de convivencia, los proyectos solidarios o medioambientales...
  - Piensa en el público a quien se dirige la aplicación: los estudiantes, las familias, los/las profesores/as, la dirección, el personal administrativo...
  - Reflexiona en la manera en que los/las usuarios/as van a comunicarse: a través del correo electrónico, mensajes de voz, mensajería instantánea, foros, videoconferencia...
  - Piensa en qué tipo de archivos se pueden subir: fotos, textos, grabaciones, vídeos...
  - Imagina el reglamento sobre el uso de las TIC (tecnologías de la información y de la comunicación): los deberes y derechos de los usuarios, la protección de datos personales.
  - Imagina el logotipo de la aplicación.

Etapa 2

- Presenta y defiende tu proyecto en clase.
  - Muestra el carácter primordial y la finalidad del proyecto.

Consideramos primordial...
Nos parece urgente enfocarnos en el área siguiente...
La aplicación servirá para...
Mejorará el ámbito de...

Etapa 3

- Vota y justifica tu elección.

Estoy totalmente a favor de la iniciativa...
A mi parecer, el proyecto es completo porque...
No me convence totalmente...

MÉTHODE

Créer un diaporama

Pour réussir ton diaporama, ne surcharge pas les diapositives, et ne les lis pas lors de ta présentation. C'est un document visuel, il doit être concis et illustré.

Les textes

1. Les textes doivent être brefs.
2. Inscris uniquement des mots ou des expressions-clés et évite les phrases.
3. Si tu dois appuyer et/ou détailler un point, utilise des listes à puces.
   - Limite-toi à trois puces et ne dépasse pas une ligne pour chacune.

Les images

1. Les images doivent être percutantes et véhiculer un message clair.
2. Sois moderne.
   - Pense aux couleurs vives.
   - Utilise différents types d'images comme des illustrations, des photos, des infographies...
3. Soigne particulièrement la première et la dernière diapositive : la première annonce le sujet, la dernière laisse la dernière impression.

FLUX D'INFO → MÉDIATRICE → PUBLIC

Vida de barrio

Has visto diferentes iniciativas del mundo hispano para mejorar la vida de barrio. Ahora, da a conocer el barrio donde vives tú y descubre otros.

Promueve un evento de tu barrio

- Busca informaciones escritas sobre actividades y eventos, como el de la imagen, que se realizan en tu barrio.
- Da a conocer y comparte con tus compañeros/as el que te gusta más.
- Convéncelos/las para que participen.

Je peux rapporter en phrases simples des éléments suite à une collecte d'informations.	A2	☐
Je peux résumer les points principaux résultants d'une collecte d'information.	A2+/B1	☐

La Tabacalera de Lavapiés

Nueva vida para la Fábrica de Tabacos de Madrid

La Fábrica de Tabacos de Madrid fue abandonada en el año 2000 y el edificio quedó vacío durante diez años provocando un deterioro progresivo del espacio. Hoy en día, varios artistas y vecinos le dan vida al centro social autogestionado La Tabacalera de Lavapiés con actividades culturales como exposiciones de fotografía, vídeo, pintura y escultura; representaciones de teatro y danza; recitales de poesía y música; charlas y debates; bailes vecinales, comidas o talleres. Cada uno puede solicitar en este lugar de 8.000 metros cuadrados el uso de un espacio para llevar a cabo un proyecto sin ánimo de lucro. Solo hay que implicarse ayudando en el mantenimiento del centro y trabajar con un espíritu solidario.

La Tabacalera

Resume un texto

- Lee el texto y resúmelo oralmente, en francés o en español.

Je peux lister en français des informations importantes issues d'un texte court écrit en espagnol portant sur des lieux culturels et de rencontre.	A2	☐
Je peux aussi faire un résumé en espagnol d'un texte court portant sur des lieux culturels et de rencontre.	A2+/B1	☐

El vocabulario de los balcones

Nunca llegué a cruzar una palabra con él, ni siquiera sabía cómo se llamaba [...], ni podría ahora reconstruir el momento exacto en el que mis hombros comenzaron a acusar el peso de sus ojos, esa mirada sólida, compacta como un espejo animado, turbio y caliente, frente al que me vi cumplir trece, y luego catorce, y luego quince, y dieciséis años. No era del barrio, eso sí lo sabía, y que vivía en Valdeacederas, una estación de metro que estaba muy lejos, por Tetuán más o menos, pero cuya reputación era entonces lo bastante conocida como para que mi madre se sintiera satisfecha de no haberse movido en toda su vida de la insignificante calle de San Dimas.

—Mira, mira— solía decir a las visitas en el balcón, obligándoles a torcer el cuello[1] hasta forzar un ángulo inverosímil mientras señalaba a lo lejos con el índice.— Eso que se ve allí es la cúpula de la Unión y el Fénix[2]. ¡Pero si vivimos casi en la Gran Vía! Lo que yo te diga... Ella podía hartarse[3] de decir lo que quisiera pero, por supuesto, no vivíamos en la Gran Vía, sino en un barrio antiguo y pequeño, muchos conventos y casas sin portero[4], sin ascensor, sin calefacción central y con más de un siglo a cuestas, una parcela del centro de Madrid —Noviciado para algunos, Malasaña para otros, San Bernardo, Conde Duque o hasta Argüelles para los taxistas— que ni siquiera hoy tiene nombre definido. Allí se había criado[5] mi padre y allí se había criado mi madre, allí se conocieron, y se miraron, se gustaron y se hicieron novios. Allí mismo, en la iglesia de las Comendadoras, se casaron, y alquilaron un piso grande y destartalado[6], los techos abombados por el peso del cañizo[7] viejo, reseco, y un suelo bailarín de baldosines pequeños, blancos y rojos, una casa que yo ya no conocí, porque mamá sucumbió a la fiebre de las reformas antes de que yo me rindiera al uso de razón. El pasillo, dividido en varios segmentos equitativamente absurdos, seguía siendo eterno y angosto, eso sí, y mi dormitorio, que conservaba el airoso nombre de gabinete, era en realidad un minúsculo cuarto ciego[8], pero eso no significaba que hubiera dejado de haber ricos y pobres. Pues no faltaría otro escándalo, hasta ahí podríamos llegar.

—¿Valdeacederas?— mi madre frunció aparatosamente el ceño.— ¡Uf! Eso es un barrio malísimo, medio de chabolas[9] o así. —¿Valde qué?— terció mi abuela, que no sabía estar callada.— Eso no es Madrid.— ¡No poco, abuela! Pero si hay hasta metro y todo. —¡Metro, metro! Claro que habrá metro, si ahora debe llegar hasta Toledo... ¡No te digo! Para la señora Camila, como la seguían llamando en el barrio, Madrid seguía estando restringido a los estrictos límites de la ciudad donde transcurrió su juventud, indultando a lo sumo Ventas, y por la plaza de toros [...]. Era mejor no llevarle la contraria, porque a la mínima oportunidad te volvía a contar cómo la eligieron Miss Chamberí por aclamación en el año 1932, [...] así que me callé y nunca volví a preguntar por ese desgarbado y sigiloso espectro que parecía vivir sólo para mirarme.

Almudena Grandes (escritora española), «El vocabulario de los balcones» en *Modelos de mujer*, 1996.

1. *se dévisser le cou*
2. Edificio emblemático de la famosa avenida Gran Via de Madrid.
3. *se lasser*
4. *gardien d'immeuble*
5. criar(se): *grandir*
6. *délabré*
7. *claie*
8. *aveugle, (ici) sans fenêtre*
9. *taudis*

Entra en acción

EN TU MÓVIL Visita virtual

1. ¿Cómo es el barrio de la narradora? ¿Te apetecería visitarlo?
2. Haz una visita virtual en el mapa de Madrid y señala los barrios mencionados en la lectura. Al terminar tu paseo, compara tu visión del barrio con la de la narradora y coméntalo con tus compañeros/as.

Séquence 09

Mil ciudades

→ ¿LAS CIUDADES DEL MUNDO HISPANO SON IGUALITARIAS?

Proyecto

Inventar una ciudad igualitaria

Descubro

- Ángeles Santos Torroella et son monde surréaliste
- Le contraste urbain de Buenos Aires à travers les romans de Mariana Enríquez et de Kike Ferrari
- Le chaos de la Ciudad de México dans les vers d'Octavio Paz et à travers l'objectif de Marco Antonio Cruz
- L'architecture colorée et géométrique de Freddy Mamani dans *El Alto* (*La Paz*)

Comunico

Écrire un article sur les rapports entre les habitants et leur quartier

Faire une déclaration d'amour à sa ville

MÉDIATION

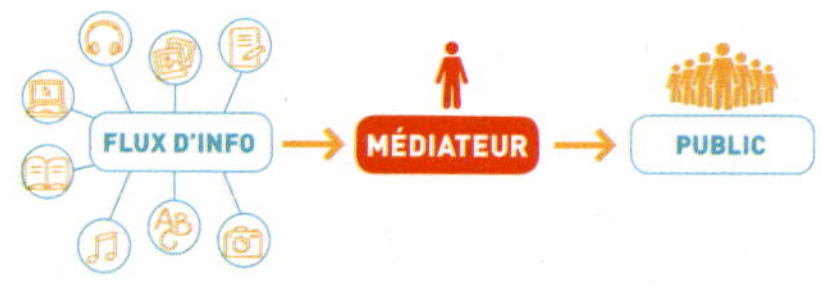

Diffuser des informations sur les initiatives citoyennes

Utilizo

Vocabulario

- La ville

Gramática

- L'emploi des démonstratifs
- Les prépositions ***por*** et ***para***

Pronunciación

- La conjonction ***y*** devant ***i***

Ortografía

- L'emploi des majuscules

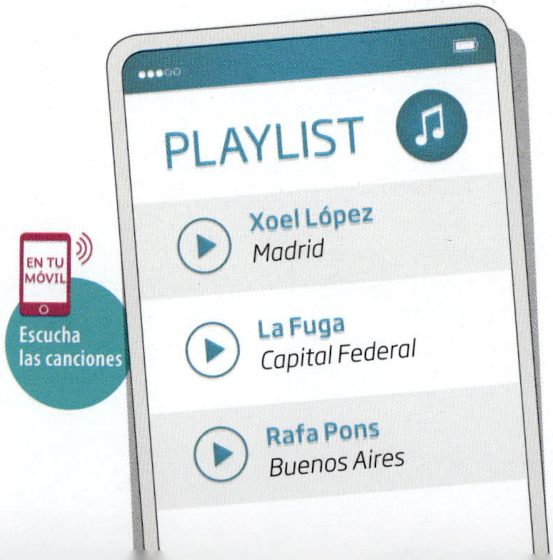

Axe 3

Le village, le quartier, la ville

Si vivieras en este mundo, ¿en qué lado te gustaría vivir?

Ángeles Santos Torroella (artista española), *Un mundo*, 1929.

¿Vivimos encerrados?

Me gusta el barrio

Constitución es el barrio de la estación de trenes que vienen del sur a la ciudad. Fue, en el siglo XIX, una zona donde vivía la aristocracia porteña[1], por eso existen estas casas, como la de mi familia [...]. En 1887 las familias aristocráticas huyeron[2] hacia el norte de la ciudad escapando de la fiebre amarilla. Pocas volvieron, casi ninguna. Con los años, familias de comerciantes ricos, como la de mi abuelo, pudieron comprar las casas de piedra con gárgolas y llamadores de bronce. Pero el barrio quedó marcado por la huida, el abandono, la condición de indeseado[3]. Y está cada vez peor. Pero si uno sabe moverse[4], si entiende las dinámicas, los horarios, no es peligroso[5]. O es menos peligroso. Yo sé que los viernes por la noche, si me acerco a la plaza Garay, puedo quedar atrapada en alguna pelea entre varios contrincantes[6] posibles [...]. Sé que, si vuelvo a mi casa caminando por la avenida, estoy más expuesta a un robo[7] que si regreso por la calle Solís [...]: hay que conocer el barrio para aprender estas estrategias [...]. Hay algunas claves para poder moverse con tranquilidad en este barrio y yo las manejo perfectamente [...].

Es cuestión de no tener miedo, de hacerse con algunos amigos imprescindibles, de saludar a los vecinos aunque sean delincuentes –especialmente si son delincuentes–, de caminar con la cabeza alta, prestando atención.

Me gusta el barrio. Nadie entiende por qué. Yo sí: me hace sentir precisa y audaz, despierta. No quedan muchos lugares como Constitución en la ciudad.

Mariana Enríquez (escritora argentina), «El chico sucio» en *Las cosas que perdimos en el fuego*, 2016.

1. porteño/a: habitante de la ciudad de Buenos Aires 2. huir: *fuir* 3. *indésirable* 4. *se déplacer* 5. *dangereux* 6. *une bagarre entre plusieurs adversaires* 7. *un vol*

Entra en acción

1. Desde principios del siglo XX, el barrio de Constitución «quedó marcado». Busca elementos en el texto que ilustran esta afirmación.
2. A pesar de los problemas del barrio, la narradora no se siente en peligro. Escoge dos adjetivos y justifica: orgullosa /segura /valiente / fuerte.
3. Di qué estrategias te parecen indispensables para moverse por el barrio Constitucion.
   ser organizado/a • estar atento/a • conocer el barrio al dedillo • caminar con la cabeza alta
4. Imagina por qué otros motivos se siente tan a gusto la narradora en su barrio.
   amigos de toda la vida • vida asociativa

EN TU MÓVIL

¡Voces jóvenes de Villaverde!

19

Voces jóvenes de Villaverde
2018.

cuarto de la ESO: la classe de 2de
darse de leches = darse golpes: (fam.) se battre
un tiroteo: une fusillade

Escoge tu camino

POR ETAPAS

1. Escucha los testimonios y di qué tienen en común.
2. Este barrio está estigmatizado. Apunta lo que la gente de otros barrios dice de Villaverde.
3. Califica la actitud de estos jóvenes con respecto a su barrio.
   estar comprometido/a • ser voluntario/a • emprendedores/as

EN DIRECTO

Precisa lo que representa el barrio para estos jóvenes.

PON EN PRÁCTICA

Y a ti, ¿qué te gustaría que la gente conociera y/o pensara del lugar en el que vives? Explícalo en voz alta a tus compañeros/as.

El country

La entrada del country[1] en el que vive la familia Machi parece un enorme parque de golf con algunas cuantas mansiones salpicadas[2] por acá y por allá. El perímetro, delimitado por un alta ligustrina[3] verde prolijamente recortada cada tres días por un ejército de jardineros, cuenta, cada una docena de metros, de una garita de seguridad[4]. Gastan mucho, muchísimo dinero, los habitantes de El Barrio –les gusta llamarlo así, El Barrio, les da una sensación de sencillez, de sinceridad, un aire comarcal como de paraíso recuperado– en vigiladores, cámaras, alarmas; en la ficción de la seguridad. *En Buenos Aires no se puede vivir más*, es común que los vecinos de El Barrio les digan a sus amigos que todavía viven en presuntuosos palacios urbanos en Las Cañitas o Barrio Parque[5], *en cualquier momento un hijo de... te pega un tiro en la cabeza*[6] *en un semáforo*[7]. Además, suelen agregar las mujeres, acá[8] los chicos tienen sus amiguitos, crecen en contacto con la naturaleza, y señalan a los niños que corren.

Un country en las afueras de Buenos Aires.

Corren los hijos de esos padres que no podían vivir más en Buenos Aires por el miedo a que algún hijo de... [...] les volara la cabeza en un semáforo. Corren sobre el césped[9] prolijamente recortado cada tres días por un ejército de jardineros. Corren junto a otros nenes[10] idénticos a ellos, los amiguitos que sus padres les eligieron. Corren observados por cámaras estratégicamente ubicadas.

Cámaras de seguridad, garitas, hombres armados, piletas de natación, y cientos de jardineros que emprolijan el pasto: el regreso a la naturaleza en El Barrio.

Kike Ferrari (escritor argentino),
Que de lejos parecen moscas, 2018.

1. barrio privado lejos del centro con seguridad privada 2. *dispersées*
3. *une haie* 4. *un poste de surveillance* 5. *quartiers résidentiels*
6. pegar un tiro en la cabeza: *tirer une balle en pleine tête* 7. *un feu rouge*
8. acá = aquí 9. *le gazon* 10. niños

Lo esencial

Para expresarte

EN TU MÓVIL

Vocabulario

- la solidaridad de barrio
- vivir en una fortaleza infranqueable
- temer por su seguridad
- sufrir (el) estigma
- manejar los códigos
- estar hombro con hombro
- cambiar las cosas

Gramática

La préposition *por*
«Pero el barrio quedó marcado **por** la huida».
Précis p. 244

La préposition *para*
«Hay que conocer el barrio **para** conocer estas estrategias».
Précis p. 244

L'emploi des démonstratifs
«**Eso** no es lo que realmente signica el barrio para mí».
Précis p. 241

Para escribirlo

L'emploi des majuscules
En espagnol, les majuscules s'emploient comme en français sauf pour les substantifs qui désignent la nationalité : **los argentinos**.
On les trouve dans :
- Les noms propres : **Las Cañitas**.
- les villes : **Buenos Aires**.
- les noms d'organismes : **la Real Academia Española.**
- L'accent graphique est toujours maintenu : **Ávila.**

Entra en acción

1. Observa la imagen y di lo que te llama la atención.
2. Precisa cómo encuentras el lugar.
impersonal • paradisiaco • aislado • aburrido
3. Di qué animará a las personas a vivir ahí.
4. El country que se describe en el texto aparece como un sitio:
perfecto /protegido /agobiante /peligroso.
5. Explica cómo es la vida que llevan los niños del country.
llevan una vida relajada • gozan de mayor libertad • son privilegiados • viven en una burbuja
6. Precisa si la imagen refleja la realidad descrita en el texto.

Tarea

Escoge uno de los tres barrios de esta página: Constitución, Villaverde o el Country y escribe un artículo sobre la forma de vida allí y sobre sus habitantes.

¿La ciudad nos refleja?

Lo visible y lo invisible

Marco Antonio Cruz (fotógrafo mexicano), *Ciego frente a la tienda de ropa High Life* (México), 2001.

el escaparate: la vitrine
un mendigo ciego: un mendiant aveugle
pedir limosna: faire la manche
tocar música
ir de tiendas

Entra en acción

1. Fíjate bien en la mirada que aparece en el cartel publicitario del escaparate. ¿Cuál es su objetivo?
   dar ganas • atraer
2. Precisa qué efecto produce la presencia del mendigo ciego al lado de este escaparate.
   lo superfluo ≠ lo esencial • un contraste
3. Y a ti ¿hay cosas que te cuesta ver?
   No suelo prestar atención...
   A veces prefiero no mirar...
   Me duele ver...

Medianeras

VÍDEO

Medianeras de Gustavo Taretto, Argentina, 2011.

Entra en acción

1. Ve el vídeo. Fíjate bien en la música, los ruidos y los colores. ¿Qué impresiones te dan?
   volar por encima • estar lejos de la agitación de los hombres
2. La voz en *off* insiste en los contrastes arquitectónicos de la ciudad de Buenos Aires. Apunta las expresiones que lo muestran.
3. Apunta cómo explica el narrador la falta de coherencia de la ciudad.
4. Con esta secuencia empieza la película. Di si te da ganas de verla y explica por qué.

se yerguen: se dressent
el/la inquilino/a: le locataire

Hablo de la ciudad

novedad[1] de hoy y ruina de pasado mañana, enterrada y resucitada cada día, convivida en calles, plazas, autobuses, taxis, cines, teatros, bares, hoteles, palomares, catacumbas,
la ciudad enorme que cabe[2] en un cuarto de tres metros cuadrados inacabable como una galaxia,
la ciudad que nos sueña a todos y que todos hacemos y deshacemos y rehacemos mientras soñamos,
la ciudad que todos soñamos y que cambia sin cesar mientras la soñamos,
la ciudad que despierta cada cien años y se mira en el espejo de una palabra y no se reconoce y otra vez se echa a dormir [...]
la ciudad con la que hablo cuando no hablo con nadie y que ahora me dicta estas palabras insomnes,
hablo de las torres, los puentes, los subterráneos, los hangares, maravillas y desastres,
el Estado abstracto y sus policías concretos, sus pedagogos, sus carceleros, sus predicadores,
las tiendas en donde hay de todo y gastamos[3] todo y todo se vuelve humo[4] [...]
los mercados y sus pirámides de frutos, rotación de las cuatro estaciones [...]
todos los sabores y los colores, todos los olores y todas las materias, la marea de las voces –agua, metal, madera, barro–, el trajín, el regateo y el trapicheo[5] desde el comienzo de los días, [...]
del ir y venir de los autos, espejo de nuestros afanes[6], quehaceres[7] y pasiones (¿por qué, para qué, hacia dónde?) [...]
hablo de nuestra historia pública y de nuestra historia secreta, la tuya y la mía [...]
hablo de la ciudad, pastora de siglos, madre que nos engendra y nos devora, nos inventa y nos olvida.

Octavio Paz (poeta y ensayista mexicano), «Hablo de la ciudad» en *Árbol adentro*, 1987.

1. *En minuscule dans le texte d'origine.* 2. caber: *(ici) rentrer, tenir dans un espace* 3. gastar: *dépenser* 4. volverse humo: *partir en fumée* 5. *le remue-ménage, le marchandage, le trafic* 6. *la hâte* 7. *les corvées*

Escoge tu camino

POR ETAPAS

1. Lee el poema y di si la ciudad aparece como un lugar paradójico. ¿Qué expresiones lo demuestran?
2. Apunta las palabras de los campos semánticos del ruido y del movimiento. ¿Qué características de la ciudad destacan?
   bullicioso/a • dinámico/a • agitado/a
3. ¿La ciudad aparece como un ser vivo?
   hacer una personificación • dar vida

EN DIRECTO

Precisa qué aspecto de la ciudad quiere mostrar el poeta y de qué recursos se vale para hacerlo.

PON EN PRÁCTICA

Elige los cuatro versos que más te gustan. Memorízalos y entrénate para luego decirlos en voz alta.

Lo esencial

Para expresarte

EN TU MÓVIL

Vocabulario

- dar ganas de comprar
- atraer a los clientes
- el caos arquitectónico
- la falta de planificación
- hacerse el/la ciego/a
- hacer la vista gorda
- cerrar los ojos ante = no querer ver algo
- estar sin recursos
- cambiar sin cesar

Gramática

Le superlatif absolu avec *muy*
«Al lado de uno **muy** alto, hay uno **muy** bajo».

Précis p. 241

L'expression de la probabilité
«Probablemente estas irregularidades nos **reflejen** perfectamente».

Précis p. 248

Para pronunciarlo

EN TU MÓVIL

La conjonction *y* devant *i*
Lorsque la lettre ***y*** précède un mot commençant par le son ***i*** elle devient **e**. Cette transformation permet d'éviter la répétition du même son :
«Buenos Aires crece descontrolada **e** imperfecta».

20 Écoute les phrases et écris celles où le *y* est devenu *e*.

Tarea

Hazle una declaración de amor a la ciudad de tu corazón empezando por:
Porque no hay otra como tú...

EN TU MÓVIL Exercices interactifs

L'emploi des démonstratifs

Observe

1 Lis la première phrase et repère les formes en gras. Que remarques-tu ? Quels mots désignent-elles ?

2 Repère la terminaison du mot en gras dans la deuxième phrase. Désigne-t-il un mot présent dans cette phrase ?

Qu'en déduis-tu ?

- Lorsqu'un mot démonstratif désigne un nom sa fonction est celle d'un ... qui s'accorde avec le mot qui le suit.
- Lorsque le mot démonstratif remplace un nom il a la valeur d'un ... .

Entraîne-toi

3 Complète les phrases avec le démonstratif manquant.

a. Es el barrio más antiguo de Madrid, fíjate en ... edificios de allí.

b. ... es mi biblioteca preferida.

c. ¿De quién son ... libros sobre la ciudad de Buenos Aires? ¿Cuáles? ...

d. ... es el restaurante comunitario del que te hablé.

Précis p. 241

Les prépositions *por* et *para*

Observe

1 Lis les phrases et repère les éléments qui suivent chaque préposition en gras.

2 Pour chacun de ces éléments dis s'ils expriment la cause, le but ou s'ils introduisent le destinataire.

Qu'en déduis-tu ?

- La préposition *por* en espagnol permet d'exprimer ... .
- La préposition *para* en espagnol permet d'exprimer le ... et d'introduire le ... .

Entraîne-toi

3 Complète les phrases en utilisant *por* ou *para*.

a. Podemos cambiar muchas cosas ... mejorar la vida en la ciudad.

b. ... hacer oír su voz, los jóvenes de la ciudad crearon una webradio.

c. Han abandonado este proyecto urbanístico ... motivos económicos.

d. Existen prejuicios sobre el barrio ... diferentes razones.

e. Ideamos proyectos culturales ... todos los vecinos.

Précis p. 244

La ciudad

1 A2 Sitúa cada expresión en la columna que corresponde:

Cerrar los ojos | Arrimar el hombro | Abrir los ojos | Cerrarse en banda | Echar una mano | Dar la espalda a

Convivencia	Aislamiento
...	...

2 A2/B1 En tu opinión, ¿esta fotografía refleja los contrastes sociales en una ciudad? Justifica.

Jorge Macchi (artista argentino), *Marienbad*, Lyon (Francia).

3 A2 Busca en el mapa mental a qué palabras corresponden estas definiciones:

a. De *individual*. m. Tendencia a pensar y obrar con independencia de los demás, o sin sujetarse a normas generales.

b. Del lat. *Ignorantia*. f. Cualidad de ignorante.

c. Del lat. *Apertu–ra*. f. Acción de abrir.

4 A2 Siguiendo el modelo de las definiciones anteriores escribe las de:

anonimato | segregación | solidaridad

¿CIUDADES IGUALITARIAS?

¿QUÉ SE PUEDE HACER?

- la adaptación de espacios
- la apertura
- la ayuda mutua
- la decoración urbana
- los espacios compartidos
- las iniciativas ciudadanas
- el sentimiento de pertenencia
- la solidaridad

¿QUÉ LO IMPIDE?

- el aislamiento
- el anonimato
- el desconocimiento
- el desprecio
- las diferencias sociales
- la ignorancia
- el individualismo
- el miedo al otro
- los prejuicios
- la segregación

ACTITUDES

- colaborar
- implicarse
- incentivar
- motivar(se)
- preocupar(se) ≠ despreocupar(se)
- reivindicar
- sentir indiferencia
- tomar conciencia
- unir(se) a otros/as

ÁMBITOS DE ACCIÓN

- accesos para los minusválidos
- aceptación/integración de los inmigrantes
- libre expresión del pluralismo político
- mejora de la calidad de vida
- mejora de los transportes, zonas verdes
- presencia de las mujeres en la vida política
- tolerancia hacia el colectivo/las personas LGBT

Nuevo urbanismo andino

"Una explosión de color y audaces geometrías están cambiando la fisonomía del barrio de El Alto (La Paz, Bolivia) –y cada vez de más ciudades–. Los edificios de Freddy Mamani salpican las calles de sorpresa"

elledecor.com

Fachadas e interiores hechos por Freddy Mamani, La Paz (Bolivia).

"Freddy Mamani, arquitecto aimara boliviano [...] ya ha levantado más de 60 obras en El Alto —su lugar de residencia—, [ellas están] marcadas por la presencia de colores llamativos y elementos geométricos tomados de la cultura Tiahuanaco, antecedente del Imperio Inca."

plataformaarquitectura.cl

1 Después de leer las citas y de observar las imágenes, di qué caracteriza la arquitectura de Freddy Mamani:

a. Las fachadas.

b. Los interiores.

2 Busca en Internet imágenes de El Alto y observa el contraste de colores entre las fachadas de Freddy Mamani y el resto de los edificios. Explica cuáles son, en tu opinión, los beneficios que la nueva arquitectura aporta a el Alto.

Proyecto

Inventa una ciudad igualitaria

Cartel del encuentro internacional por ciudades igualitarias en Buenos Aires.

Etapa 1

- En grupo, decide el nombre de tu ciudad y su situación geográfica.
  - Para elegir el nombre puedes inspirarte en:
    - El lugar donde se encuentra. Puedes añadir «del campo» o «del río» a un nombre que te guste.
    - Un personaje famoso (real o mítico) que simbolice los valores de tu ciudad.
    - Un lugar emblemático de la ciudad.
  - Para elegir su ubicación ten en cuenta:
    - El clima y la geografía de la zona.
    - Las riquezas naturales.

Etapa 2

- En grupo, decide la organización urbanística: barrios, sistemas de transporte, escuelas, tiendas, servicios...
  - Para que tu ciudad sea realmente igualitaria debes hacerte las siguientes preguntas: *¿Qué necesita cada barrio para poder tener una vida agradable? ¿Qué tipo de viviendas y servicios vas a proponer? ¿Qué tipo de transportes vas a favorecer? ¿Qué tipo de energía o energías va(n) a alimentar esta ciudad?...*

Etapa 3

- Dibuja el plano de tu ciudad con los barrios, edificios emblemáticos, redes de transporte...
  - Comprueba que todos los barrios están comunicados y tienen acceso a servicios básicos y lugares de ocio.

Etapa 4

- Escanea el dibujo, preséntalo a la clase y comenta el proyecto con tus compañeros/as.
  - Elige el proyecto más igualitario. También puedes crear un mural con los proyectos o imaginar un país en el que existan todas las ciudades.

MÉTHODE

Dessiner un plan d'urbanisme

Avant la phase de création

Décide du type de lieu que tu vas créer.

- Un quartier résidentiel, populaire, le centre d'une ville, d'un village...
- En fonction de ton choix, imagine les immeubles qui seront sur le plan : les maisons ou appartements, les commerces, les lieux de loisirs, les écoles, les parcs...
- N'oublie pas les moyens de transport : les stations de taxis, le métro, les bus, le tramway...
- Pense également aux routes et aux rues qui vont délimiter ton plan.

La création du plan

1. **Imagine la forme de ton plan :** il peut être carré, rectangulaire, en forme de triangle ou de cercle...
2. **Délimite ton plan.**
   - Trace les lignes pour délimiter les quartiers, puis les éléments qui les constitueront.
   - Utilise différentes couleurs pour bien reconnaître chaque élément. Ceci te permettra d'avoir une vue d'ensemble.
3. **Place des pastilles de couleur pour chaque service.** Les épiceries, les restaurants, les bibliothèques... Ce procédé te permettra de voir s'il y a un équilibre entre les différents besoins.
4. **Dessine les routes**
   Trace les itinéraires des transports publics avec leurs arrêts, ainsi que les voies cyclables et les rues piétonnes. Vérifie que toute les zones sont bien desservies, y compris pour les personnes à mobilité réduite.

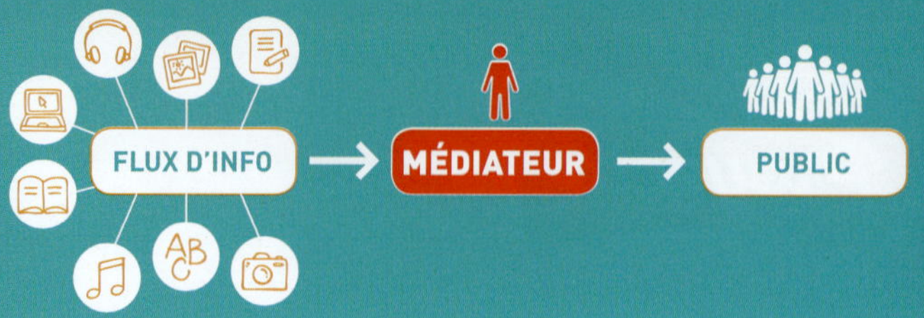

Embellecer la ciudad

Seguro que en tu ciudad o instituto se podrían hacer mejoras arquitectónicas o de organización del espacio con el fin de facilitar la convivencia o hacerla más agradable. Para idear y presentar tales proyectos, realiza una o varias de las actividades de mediación siguientes.

verne

Emilio Sánchez Hidaldo | Vigo | 28 de julio de 2018

Vigo Ciudad de Color es una iniciativa que llena el municipio de obras de arte desde 2015

«Quería hacer algo relacionado con Galicia y las rías[1] que inspiraron a Julio Verne», dice [...] el autor, Delio Rodríguez. Es un artista vigués, como otros de los que han participado en *Vigo Ciudad de Color*. Este festival de arte público es un intento de poner el arte en las calles de la ciudad. [...] Cada verano desde 2015, el Ayuntamiento de Vigo organiza este festival, en el que artistas urbanos pintan paredes y muros de la ciudad, casi siempre en gran formato. [...] «Da gusto pasear por la ciudad y ver tanto arte », añade el autor [...] «Como artista, me parece maravilloso que se hagan iniciativas como esta».

1. *estuaires*

Medianera hecha por Deliorc, Vigo (España).

Presenta un proyecto urbano

- Lee el artículo de prensa y escribe una breve síntesis para dar a conocer este proyecto.
- Explica que aspecto te parece más interesante, innovador y/o popular.

Je peux transmettre par écrit des informations précises présentes dans de courts textes en langue courante sur des projets d'amélioration urbaine.	A2	☐
Je peux aussi m'appuyer sur ces informations pour en donner une interprétation personnelle.	A2+/B1	☐

Propón un proyecto en tu instituto

- Inspirándote en la experiencia narrada en el audio propón un proyecto de creación similar en tu instituto.

Je peux énumérer les points principaux d'un message clair et simple sur un projet de jardin potager scolaire.	A2	☐
Je peux aussi utiliser des informations précises contenues dans un message enregistré simple pour construire une argumentation.	A2+/B1	☐

Una excursión fantástica

Conocer Manhattan se había convertido para Sara en una obsesión [...]. Sara encendía la luz, sacaba del cajón de la mesilla[1] el plano de Nueva York que le regaló años atrás el señor Aurelio, y se ponía a mirarlo.

Entonces empezaba a soñar con los ojos abiertos y la discusión de sus padres se convertía en una música de fondo sobre la que se iban desarrollando las imágenes de su excursión fantástica por las calles, plazas y parques que no conocía. Unas veces volaba por encima de los rascacielos, otras iba a nado[2] por el río Hudson, otras en patines o en helicóptero. Y al final de aquel recorrido[3] sonámbulo, cuando ya empezaban a pesarle los párpados[4], Sara se veía a sí misma acurrucada[5] en una especie de nido que alguien había fabricado para ella en lo más alto de la estatua de la Libertad, disimulado entre los pinchos[6] de su corona verde. Se posaba allí como un pájaro cansado de volar. Y, mientras la iba invadiendo el sueño, le rezaba[7] a la estatua, porque, al fin y al cabo, era una diosa. Inventaba oraciones de su cosecha[8] y las escribía en un teclado[9] raro. Eran como telegramas mandados a la representante de la Libertad para pedirle que la librara del cautiverio[10] de no ser libre [...]. Al sur, en el lugar del plano donde confluían los dos ríos y estaba la islita con la estatua, la niña había pegado[11] una estrella dorada, y otra plateada[12] al norte, junto al parque de Morningside, por donde caía más o menos la casa de su abuela Rebeca [...]. La estrellita plateada y la dorada se mandaban guiños de norte a sur en el enorme plano de Nueva York que Sara Allen extendía por las noches encima de su cama y que tenía gastadísimo[13] de tanto desdoblarlo y volverlo a doblar para aprenderse bien los nombres de las calles de Manhattan y las líneas de metro y de autobús que las recorrían y comunicaban entre sí. Había llegado a conocerlas como las rayas marcadas en la palma de su mano y estaba segura de poder orientarse de maravilla por la isla de sus sueños [...] a pesar de que nunca había tenido ocasión de comprobarlo[14], porque solamente cruzaba el puente de Brooklyn una vez a la semana, y para eso, siempre con su madre, cumpliendo puntualmente a las mismas horas el mismo recorrido. Un recorrido que terminaba en el lugar que Sara tenía marcado en el plano con la estrella de plata: la casa donde vivía su abuela.

Carmen Martín Gaite (escritora española), *Caperucita en Manhattan*, 1990.

Entra en acción

Fijándote en el mapa de la ciudad de tu elección, imagina una excursión fantástica por sus calles, plazas, río...

1. *le tiroir de la table de nuit*
2. *à la nage*
3. *trajet*
4. *avoir les paupières qui s'alourdissent*
5. *blottie*
6. *les pointes*
7. rezar: *prier*
8. *des prières de son cru*
9. *un clavier*
10. *la captivité*
11. pegar: *coller*
12. *argentée*
13. *très abîmé*
14. comprobar: *vérifier*

Séquence 10

Desafío climático

→ ¿AÚN ESTAMOS A TIEMPO?

Proyecto

Imaginar un proyecto para transformar residuos en objetos útiles o de decoración

Descubro

- *Las hermanas Caronni* se battent contre la pollution dans leur chanson *Santa Plástica*
- Un peuple marche contre la destruction de son territoire TIPNIS
- L'hommage rendu à la nature dans la poésie de Pablo Neruda et celle de Gioconda Belli
- Une initiative de Greenpeace pour la sauvegarde de l'Amazonie

Comunico

- Écrire un texte pour dénoncer un comportement aux lourdes conséquences sur l'environnement
- Proclamer un message pour alerter sur la nécessité de protéger l'environnement.

MÉDIATION

S'informer sur un collectif écologiste et le présenter

Utilizo

Vocabulario

- L'environnement et l'engagement

Gramática

- Le futur
- L'expression du souhait et de la volonté

Ortografía

- L'accent graphique sur les mots proparoxytons

Pronunciación

- Déclamer un poème

EN TU MÓVIL
Escucha las canciones

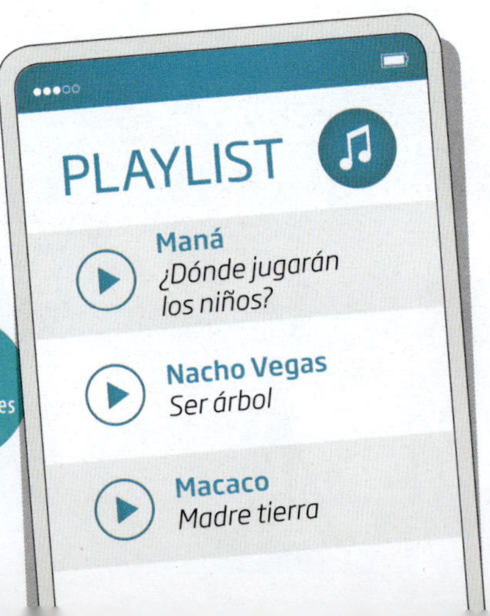

Axe 7

Sauver la planète, penser les futurs possibles

Alejandro Durán (artista mexicano), *Mar (sea)*, 2013.

¿Qué quiere denunciar este artista?

¿El planeta puede esperar?

Menos plástico, más Mediterráneo

Activistas de Greenpeace en aguas baleares, 2017.

un tapón: un bouchon
contaminar
la contaminación

Entra en acción

1. Observa la foto y di qué pretende Greenpeace con esta acción.
   alertar • sensibilizar • hacer un llamamiento • concienciar
2. Explica el efecto y la reacción producidos por la imagen.
   enfrentarse a lo que no queremos ver • implicar • sentirse responsable(s)

¿SABÍAS QUE...?

Según un **estudio** de *Greenpeace*, en el mar Mediterráneo, frente a las costas de Ibiza y Mallorca, hay zonas con una concentración de más de **un millón** de **fragmentos** de **plástico** por kilómetro cuadrado.

Santa Plástica

EN TU MÓVIL

22 *Santa Plástica*
© Las hermanas Caronni, 2019.

Antes de escuchar

1. Fíjate en la carátula del álbum *Santa Plástica* y di cómo se sienten las cantantes en el plástico.
   preocupadas • agobiadas • encarceladas
2. Explica la asociación de las palabras «plástica» y «santa»
   hacer daño • contaminar • ser irónico/a

Entra en acción

3. Escucha la canción e identifica qué verso se ajusta perfectamente a la carátula.
4. Apunta en dónde es patrona Santa Plástica.
5. Santa Plástica invade el mar porque se ve ... y ... .
6. Di cuál es el objetivo de las cantantes.
   mostrar el peligro • denunciar nuestra dependancia

Langostas

EL PAÍS

Manuel Vicent
Madrid | 7 de octubre de 2018

Un día no muy lejano toda la belleza de este planeta será completamente devorada por una plaga[1] mortífera. Ahora son 1.000 millones. Pronto serán 2.000, luego 3.000 millones y muchos más los insectos ortópteros, conocidos como langostas[2], que hoy bajo la forma de turistas con gorra, mochila, camiseta, bermudas y chanclas[3] [...] migran de un sitio a otro con un designio[4] devastador. En la Biblia[5] se puede leer: «Envió el Señor un viento abrasador que trajo las langostas [...] y cubrieron la faz de la tierra devorando toda la hierba de la tierra y los frutos de los árboles». La plaga de la langosta solo se detiene cuando después de acabar con toda la vegetación muere por falta de alimento. Tampoco el turismo cesará hasta que no haya destruido por invasión y aplastamiento las ciudades más hermosas del mundo [...] y también playas, islas, valles y cimas incontaminadas [...]. En este momento sobrevuela el planeta un millón de aviones con la tripa llena de insectos ortópteros listos para aterrizar; millones de trenes y caravanas de coches cruzan todos los países; miles de cruceros[6] desembarcan en los puertos de mar un número inimaginable de langostas con un mismo fin predeterminado: aglomerarse y crear una insoportable claustrofobia en torno a la belleza de este mundo hasta destruirla por completo.

1. *(ici)* una invasión 2. *(ici) sauterelles* 3. *les tongs* 4. *une mission* 5. *Ici l'auteur fait référence à l'épisode de la Bible « Les Dix plaies d'Égypte ».* 6. *bateaux de croisière*

Lo esencial

Para expresarte

EN TU MÓVIL

Vocabulario

- denunciar la contaminación
- el uso descontrolado del plástico
- alertar sobre las consecuencias del turismo masivo
- asustar a los turistas
- un futuro catastrófico, grave, terrible, terrorífico
- el uso descontrolado de los medios de transporte

Gramática

Le futur
«Toda la belleza de este planeta **será** completamente devorada».

Les adverbes de temps
«**Ahora** son 1.000 millones. **Pronto** serán 2.000, **luego** 3.000 millones».

Précis p. 246

La traduction de « tant que »
«Tampoco el turismo cesará **hasta que** no haya destruido las ciudades más hermosas del mundo».

Para escribirlo

L'accent graphique sur les mots proparoxytons
Tous les mots accentués sur l'antépénultième syllabe *(palabras esdrújulas)* portent un accent graphique : **mortífera**, **ortópteros**, **árboles**, **número**.

Escoge tu camino

POR ETAPAS

1. En este texto, el autor compara a los ... con langostas.
2. Esta comparación permite denunciar...
   la invasión • la destrucción
3. Precisa cual es la visión del futuro que augura este texto.
   catastrófico/a • inquietante • el fin del mundo

EN DIRECTO

Apunta lo que quiere denunciar el autor y con qué intención.
dar miedo • provocar angustia • burlarse de los turistas • convencer a los lectores

PON EN PRÁCTICA

En pareja, prepara dos argumentos para luego debatir.

a. Un(a) alumno/a defiende el impacto negativo del turismo sobre el medio ambiente.
b. El/la otro/a explica que hay maneras de hacer turismo respetando el medio ambiente.

Tarea

Redacta un texto breve para denunciar un comportamiento que tiene consecuencias graves sobre el medio ambiente.

Para dar impacto a tu texto, inspírate en los recursos estilísticos que Manuel Vicent utiliza en su artículo:

- la comparación
- el tono alarmante
- las predicciones inquietantes

¿La tierra nos pertenece?

El TIPNIS no se vende, se defiende

VÍDEO

Latamé (La Selva) ©EQU FILMS.

EN TU MÓVIL

partir = dividir
el desarrollo: le développement
la pelea: (ici) le combat
acá = aquí
ya no se puede: on ne peut plus
la intangibilidad: l'inaliénabilité

Foto de un pueblo del TIPNIS.

Escoge tu camino

POR ETAPAS

1. Ve el vídeo y di qué exigen los indígenas.
   preservar • respetar sus derechos • dividir el territorio
2. Explica por qué el TIPNIS es tan importante para estos pueblos.
   simbolizar • ser un modo de vida
3. Precisa si se puede afirmar que la acción de los indígenas del TIPNIS es útil.
   la lucha • la determinación • la convicción • la visibilidad

EN DIRECTO

Explica qué reivindican los pueblos del TIPNIS y cuáles son sus argumentos.

PON EN PRÁCTICA

Prepara una cuña radiofónica para explicar en un minuto la movilización de los indígenas del TIPNIS.

¿SABÍAS QUE...?

El **TIPNIS** (Territorio Indígena y Parque Nacional Isiboro Sécure) es un **área protegida** donde viven 64 tribus indígenas. El gobierno de Bolivia ha decidido construir una carretera en este territorio.

Amazonas, el padre patriarca

Amazonas,
capital de las sílabas del agua,
padre patriarca, eres
la eternidad secreta
de las fecundaciones,
te caen ríos como aves, te cubren
los pistilos[1] color de incendio,
los grandes troncos muertos te pueblan de perfume,
la luna no te puede vigilar ni medirte.
Eres cargado con esperma verde
como un árbol nupcial, eres plateado[2]
por la primavera salvaje,
eres enrojecido de maderas,
azul entre la luna de las piedras,
vestido de vapor ferruginoso[3],
lento como un camino de planeta.

Pablo Neruda (poeta chileno), *Canto general*, 1950.

1. *les pistils*
2. *argenté*
3. que contiene hierro (el hierro: *le fer*)

El río Amazonas con su flora y fauna.

¿SABÍAS QUE...?

El Amazonas es el principal río de Sudamérica y el **más caudaloso*** del mundo. Fluye desde los Andes en Perú, hasta Brasil. Junto con el Nilo, es uno de los **más largos** del mundo, mide 6 400 kilómetros.

**celui qui a le plus grand débit*

Entra en acción

1 Lee el poema y completa el cuadro con las palabras correspondientes a cada campo semántico.

La flora y la fauna	Los minerales	Los astros	Los colores	La vitalidad
...	...	...	...	...

2 Di qué imagen del Amazonas se desprende de este léxico.
indomable • poderoso/a • sagrado/a • mítico/a

3 Apunta los verbos y los pronombres del poema, e identifica a quién se dirige la voz poética. Analiza el efecto producido.
la proximidad con el lector • dialogar con

4 Explica si este poema ayuda a entender la necesidad de proteger la naturaleza.

10

Lo esencial

Para expresarte

EN TU MÓVIL

Vocabulario

- una rebelión pacífica
- no darse por vencido/a(s)
- voces de alarma
- un himno a la Madre Tierra
- la vida eterna
- el renacimiento de la naturaleza

Gramática

L'expression du souhait et de la volonté
«**Exigimos que** no se **haga** la carretera por el TIPNIS».

Précis p. 248

L'action en cours
«**Estamos marchando** por la defensa de nuestros derechos».

Précis p. 249

Para pronunciarlo

EN TU MÓVIL

Déclamer un poème

Pour déclamer un poème, projette ta voix et varie la hauteur de celle-ci quand tu le juges nécessaire. Articule, fais attention aux signes de ponctuation en variant le débit et le rythme de ta récitation.

23 Écoute le poème et entraîne-toi.

Tarea

Inventa una proclama para alertar a los jóvenes de tu generación sobre la necesidad de actuar por el medio ambiante.

- Invítalos a participar en una acción que simbolice tu compromiso.

EN TU MÓVIL Exercices interactifs

Le futur

Observe

1. Observe les verbes en gras dans les répliques, à quel temps sont-ils conjugués ? Quelle expression du dialogue te permet de l'affirmer ?
2. Pour chaque verbe en gras, enlève la terminaison et observe le morphème restant. Que remarques-tu de particulier ?

Qu'en déduis-tu ?

Le futur se forme à partir du verbe à l' **...** auquel on rajoute les terminaisons *-é, -ás, -á, -emos, -éis, án*.

Entraîne-toi

3. Construis des phrases au futur avec les éléments proposés.
   a. En los próximos años / cambiar / los medios de transporte.
   b. Un día no muy lejano / circular / en bicicleta.
   c. En 2050 / el plástico / no existir.
   d. Dentro de algunos años / ser imposible / apropiarse de las tierras indígenas.
   e. En el futuro / proteger / la biodiversidad.

Conjugaisons p. 250

L'expression du souhait et de la volonté

Observe

1. Repère dans la banderole le premier verbe en gras. Qu'exprime-t-il ?
2. À quel mode est conjugué le second verbe en gras ?

Qu'en déduis-tu ?

En espagnol, comme en français, lorsqu'un verbe exprimant un **...** est suivi de que, on emploie le **...** dans la proposition introduite par ce que.

Entraîne-toi

3. Traduis les phrases en espagnol.
   a. Je veux que tu défendes l'environnement.
   b. Nous souhaitons que la route ne détruise pas le TIPNIS.
   c. Les indigènes veulent que le gouvernement respecte leurs droits.
   d. Manuel Vicent souhaite que les touristes ne détruisent pas la planète.
   e. Greenpeace souhaite que nous prenions conscience de la pollution de la mer par le plastique.

Précis p. 248

Medio ambiente y compromiso

Sin saberlo, usamos en español (y en francés) palabras de origen indígena de América Latina para nombrar animales. Estas palabras entraron en la lengua española para poder llamar a los animales que eran desconocidos en Europa.

1 A2 ¿Reconoces estos animales? Busca sus nombres en el cuadro siguiente:

Palabras de origen tupí	Palabra de origen náhuatl	Palabra de origen arahuaco antillano
la piraña el jaguar el tapir	el coyote	la iguana

2 A2 Busca en Internet a qué zonas de América Latina corresponden estas tres lenguas para saber de dónde vienen todos estos animales.

3 B1 Busca en Internet una campaña de defensa del medio ambiente (vídeo, foto, dibujo...) y, a partir de las palabras del mapa mental, explica por qué en tu opinión es eficaz. EN TU MÓVIL

MEDIO AMBIENTE

OBJETIVOS
- cambiar las mentalidades
- concienciar/tomar conciencia
- la biodiversidad
- cuidar
- la fauna
- la flora
- preservar
- reciclar/el reciclaje
- la riqueza
- sensibilizar

RAZONES
- el agotamiento de los recursos naturales
- el consumo excesivo
- la contaminación
- la deforestación
- la explotación descabellada
- los gases de efecto invernadero
- la obsolescencia programada
- el turismo masivo

ACCIONES
- una campaña
- un concierto
- un documental
- un foro
- una marcha
- una mesa redonda
- una rueda de prensa

COMPORTAMIENTOS
- un consumo responsable
- el decrecimiento
- el desarrollo sostenible
- replantear el consumo

Salvemos el Amazonas

Campaña Salvemos el corazón del Amazonas, Greenpeace, 2016.

"Asegurar el futuro de la Amazonía es vital para nuestro propio futuro y el de las próximas generaciones. Es el pulmón del planeta, pero en las últimas cuatro décadas solo en Brasil se ha perdido una quinta parte de su superficie, un área más grande que toda Francia. Si la tasa de deforestación sigue a este ritmo, la Amazonía desaparecerá dentro de 50 años ¡Ayúdanos a solucionarlo!"

Greenpeace

1. Visita la página institucional de Greenpeace dedicada al río Amazonas. EN TU MÓVIL
2. Busca las causas de la destrucción de la Amazonía.
3. Indica las soluciones que propone Greenpeace para proteger esta región.
4. En tu opinión, ¿la defensa de la Amazonía es compatible con el progreso económico?

Proyecto

Imagina un proyecto para transformar residuos en objetos útiles o de decoración

Etapa 1

- En grupo, elige el/los lugar(es) de tu instituto donde se llevará a cabo la intervención al igual que los residuos que utilizarás.
  - Los lugares: el patio de recreo, los pasillos, la cafetería, la biblioteca...
  - Los residuos: botellas de plástico, cajas de cartón, paletas de madera...

Etapa 2

- Reflexiona sobre la forma que tomará la creación y su objetivo.
  - Será una creación con fines útiles: un banco para sentarse, cestas de basura para reciclar el papel en las aulas de clase...
  - Será un proyecto con fines útiles: un perchero...

EN TU MÓVIL Ve algunas ideas aquí

Etapa 3

- Realiza la ficha técnica del proyecto.
  - En esta ficha menciona los materiales y las herramientas que vas a utilizar: pintura, brochas, pinceles, una regla, unas tijeras, pegante, un martillo, una sierra, clavos...
  - Realiza un croquis del objeto en donde enumerarás y describirás las diferentes etapas del proceso creativo.

Etapa 4

- Presenta el proyecto a la clase para que elija el mejor.
  - Para presentar tu proyecto:
    Os presentamos nuestra obra. • *Tiene como objetivo utilizar...* • *Servirá para...*
  - Para hacer la descripción:
    Hemos utilizado... • *Encontramos el/los residuo(s) en...* • *Lo(s) hemos transformado en...*

MÉTHODE

Rédiger un discours convaincant

Savoir présenter ses idées et arguments avec efficacité en seulement quelques minutes est un exercice qui nécessite de la préparation.

Préparer son intervention

1. **Renseigne-toi sur tes interlocuteurs :** sont-ils experts dans le domaine que tu vas aborder, ou bien ignorent-ils tout de ton sujet ?
2. **Rédige ta présentation.** Elle doit contenir :
   - Une introduction synthétique et claire. Elle parle du projet et de son objectif.
   - Des arguments pour démontrer la pertinence et la faisabilité du projet. Glisse des mots-clés marquants dans tes phrases.
   - Une conclusion invitant à la réflexion et dans laquelle tu synthétises tes arguments.

Pendant l'intervention

1. **Accroche ton auditoire :** commence par te présenter, puis expose ton sujet. Établis un lien avec ton public.
2. **Explique :** entre dans le vif du sujet et explique le but de ton intervention.
3. **Argumente :** mets en avant les points forts du projet. Sois enthousiaste et plein(e) d'entrain !
   Gracias al proyecto, podréis... • *El proyecto permitirá/mejorará...*
4. **Insiste :** reformule ton message afin de t'assurer que toute l'assistance l'a bien intégré.
5. **Conclue :** clôture ton intervention sur un aspect essentiel qui doit sonner comme une évidence pour l'auditoire.

FLUX D'INFO → MÉDIATRICE → PUBLIC

La basura puede ser útil

El consumo excesivo tiene consecuencias nefastas en el medio ambiente como has podido constatar. Ahora vas a presentar a tu clase un colectivo artístico que transforma la basura en obras de arte y/o en objetos útiles al igual que una intervención colectiva de reciclaje.

basurama

Casi todos sus miembros son arquitectos de formación, pero sus inquietudes lo abarcan todo. Se suelen definir como artistas, entendiendo el arte como «vía al conocimiento» y como herramienta de transformación social. Así, lo que los define no es lo que hacen sino cómo lo hacen: hundiendo[1] el brazo en la basura hasta el codo. Su actividad investigadora, creadora y divulgadora se centra en los desechos[2] y en los procesos productivos que nuestra sociedad de consumo genera.
Son considerados expertos internacionales en este modo de reutilizar los residuos, dándoles un nuevo uso creativo que genera tejido social[3].

Colectivo Basurama presentado por la RTVE.

1. hundir: *enfoncer* 2. *les déchets* 3. *le tissu social*

Presenta el colectivo Basurama

→ Lee el texto y apunta las informaciones más relevantes con el fin de presentar el colectivo a tu clase.

Je peux lister des informations importantes de textes courts, clairement structurés et simples.	A2	☐
Je peux rassembler des éléments d'information et les résumer pour quelqu'un d'autre.	A2+/B1	☐

VÍDEO

¡Navidad a pedales! © CiclaLab, 2015.

Describe una *performance* artística

→ Ve el vídeo y apunta las etapas del proceso creativo. Luego preséntalo a la clase.

EN TU MÓVIL Más sobre los artistas aquí

Je peux énumérer les étapes d'un processus créatif et le présenter à mes camarades de classe.	A2	☐
Je peux rassembler toutes les informations sur un processus créatif, les résumer et les présenter à la classe.	A2+/B1	☐

Metamorfosis

La enredadera[1]
se me está saliendo
por las orejas.

Mis ojos se han convertido
en pistilos movibles
y mi boca está repleta
de flores moradas[2].

Mientras camino
sigo llenando de hojas
la casa.

Mis ramas estorban en el cuarto,
sigo enredándome[3] en todo;
ya mi nariz
también se ha puesto verde
y mis olores han cambiado,
tropiezo con[4] los muebles
y mis piernas están rompiendo
los ladrillos,
buscando la tierra,
enredándome.

Mi pelo ya no me deja moverme,
está abrazado a las paredes,
los brazos se han hundido
sólo me quedan los dedos
mientras mi cuerpo
se ha vuelto tronco.

Con mis dedos
me toco toda
re-conociéndome
entre las hojas
y las ramitas
y las flores que llenan mi boca
y han teñido[5] mis dientes.

Me repasan mis dedos
y su contacto es abono[6]
para mis ramas que crecen
y ya por fin,
después de mucho resistir,
se han rendido las manos
y están saliendo puyitas[7]
de las uñas[8].

Mi boca llena de flores moraditas
ha cuajado mi cuerpo
y estoy enredadera,
metamorfoseada,
espinosa,
sola,
hecha naturaleza.

Gioconda Belli (escritora y poeta nicaragüense), *El ojo de la mujer*, 1997.

Entra en acción

1. A la manera de un tebeo, dibuja las diferentes etapas de la transformación vivida por la mujer en el poema.
2. Memoriza dos o tres estrofas para declamarlas en clase dándoles el tono adecuado.

1. *le liseron (plante grimpante)*
2. *violet*
3. enredarse: *s'enrouler*
4. tropezar con: *tébucher sur*
5. teñir: *teindre*
6. *engrais*
7. *petites épines*
8. *les ongles*

Séquence 11

Un plan de acción

→ ¿SALVAR EL PLANETA ES UNA UTOPÍA?

Proyecto

Elaborar un plan de acción para hacer más verde el instituto

Descubro

- La relation de l'homme avec la nature représentée par Lula Goce dans sa fresque *Heart*
- Des initiatives institutionnelles et citoyennes pour protéger la planète
- L'hommage de la chanteuse Christina Rosenvinge à l'activiste environnementale Berta Cáceres
- Les dégâts causés sur la nature par la fabrication de jeans

Comunico

- Écrire une proposition pour présenter une innovation
- Faire une campagne radio en faveur de la consommation responsable
- Rédiger un poème pour rendre hommage à une figure emblématique

MÉDIATION

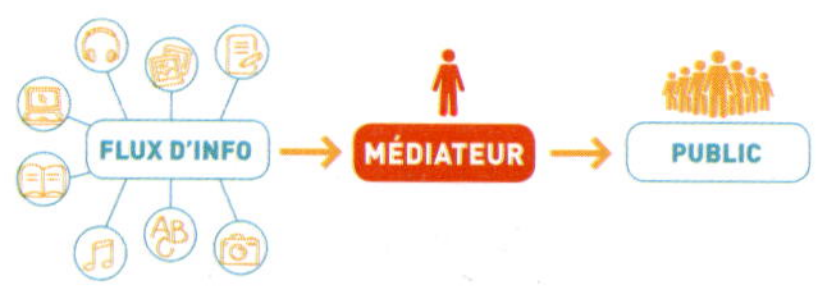

Faire connaître des héroïnes de l'environnement à partir d'une video

Utilizo

Vocabulario

- L'environnement

Gramática

- Les subordonnées du futur
- Les relatifs

Pronunciación

- Les groupes de lettres *ia* et *ía*

Ortografía

- La modification orthographique au subjonctif

EN TU MÓVIL
Escucha las canciones

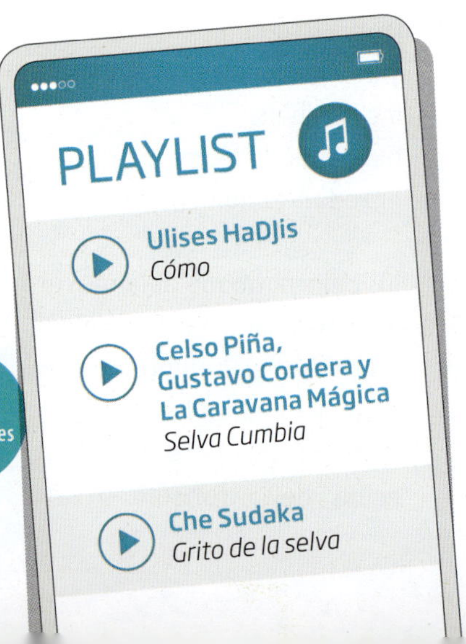

Axe 7

Sauver la planète, penser les futurs possibles

Lula Goce (artista española), *Heart*, Carballo (España), 2018.

¿Un compromiso político?

Optando por la movilidad sostenible

Cartel de la campaña Contaminacón por ozono, Valladolid, 2018.

Entra en acción

1. Identifica los elementos del cartel que permiten alertar sobre la contaminación del aire.
2. Explica cómo aparece la persona representada y comenta el efecto producido.
   esfumarse • desaparecer • borrarse
3. Indica lo que propone el programa de la jornada para el público. ¿Te parece eficaz?
4. Conoces otros medios para fomentar la movilidad sostenible?

¿SABÍAS QUE...?

Valladolid es una ciudad **comprometida** con el **medio ambiente** en general.
En 2013 se convirtió en la primera ciudad española en comprometerse con los principios de la iluminación sostenible, suscribiendo la Carta LUCI (*Lighting Urban Community International*) para una estrategia de alumbrado público responsable. En 2018, con su proyecto lumínico Ríos de Luz, realizado con iluminación LED, la ciudad obtuvo el premio de la LUCI a la ciudad mejor iluminada del mundo.

Autobuses eléctricos en Santiago

VÍDEO

Autobuses eléctricos ya circulan por Santiago © AFP, 18/01/2019.

Entra en acción

EN TU MÓVIL

1. Ve el vídeo y explica por qué los autobuses eléctricos son una ventaja ecológica.
   el humo • las partículas • los cargadores • los paneles solares
2. Cita dos frases que muestran que los habitantes han acogido favorablemente este proyecto.
3. Explica si este proyecto te parece ecociudadano.

Tomar el toro por las astas

Intervención del Presidente de la República de Chile, Sebastián Piñera Echenique, en el debate general anual de la 73ª Asamblea General de Naciones Unidas en Nueva York.

Tenemos un deber de responder ahora a los gritos desesperados que la naturaleza está dando, pidiendo que la protejamos [...]. Y en esto ya no hay tiempo que perder, ni vacilaciones que aceptar [...]. Chile es un país especialmente vulnerable [...]. La Convención Marco de las Naciones Unidas sobre Cambio Climático define 9 grandes factores de vulnerabilidad, de los cuales 7 existen en nuestro país. Lo cual nos obliga a buscar fórmulas urgentes y eficaces para adaptarnos y poder enfrentar la amenaza del calentamiento global [...]. Llegó el momento de tomar el toro por las astas y hacer todo lo que sea necesario para cambiar el curso de la historia. ¿Qué hemos hecho en Chile?

En primer lugar, nos hemos comprometido con la creación de Áreas Protegidas, como un elemento esencial de conservación de la biodiversidad.

También, la Ruta Energética que estamos siguiendo [...] nos ha permitido avanzar sustancialmente en el desarrollo de las energías limpias, renovables, especialmente las que tienen que ver con la energía de los volcanes, Chile tiene el 25 % de los volcanes activos del mundo, la energía del viento y la energía solar, teniendo el desierto con la mayor radiación del mundo.

Debemos [...] superar la concepción de que el crecimiento económico y la protección del medio ambiente son dos objetivos incompatibles. De hecho, el crecimiento es y debe ser sostenible [...]. Y debemos también abandonar esa cultura de lo desechable y volver a abrazar la cultura de lo reciclable.

Sabemos que la naturaleza no es una herencia que hemos recibido de nuestros padres y de la cual podemos disponer a nuestra voluntad. Sabemos que es un préstamo que hemos recibido de nuestros hijos, nuestros nietos y los que vendrán.

Nueva York, 27 de septiembre de 2018.

Lo esencial

Para expresarte

EN TU MÓVIL

Vocabulario

- abogar por la electromovilidad
- invertir en la seguridad ambiental
- una inversión para el bienestar
- los gases de efecto invernadero
- las enfermedades pulmonares

Gramática

Les complétives avec verbe de volonté
«**Pidiendo** que la **protejamos**».

Précis p. 248

Les complétives à l'infinitif
«Nos ha permitido **avanzar**».

Les relatifs
«Y de **la cual** podemos disponer a nuestra voluntad».

Précis p. 243

Para escribirlo

La modification orthographique au subjonctif
Pour conserver la prononciation du radical, certains verbes espagnols subissent une modification orthographique au subjonctif :
Recoger > para que ellos recojan
Llegar > cuando ellos lleguen

Escoge tu camino

POR ETAPAS

1. Lee el texto y apunta las expresiones que transmiten la idea de un compromiso para el medio ambiente. ¿Qué pide el presidente?
2. Clasifica los tiempos verbales y relaciónalos con:
   a. Lo hecho para la protección del medio ambiente en Chile.
   b. La situación actual del medio ambiente en Chile.

   Copia los elementos que ilustran cada tema.
3. Explica la expresión «tomar el toro por las astas» y di por qué el presidente se vale de ella en su discurso.
   actuar • comprometerse • reaccionar

EN DIRECTO

Resume el discurso del presidente de Chile y explica la frase que da el título al texto.

PON EN PRÁCTICA

Debate. ¿Te parece que «el crecimiento económico» y «la protección del medio ambiente» son objetivos incompatibles?

Tarea

Si fueras el alcalde o la alcaldesa de tu ciudad. ¿Qué medios de transporte ecológicos e innovadores propondrías? Escríbelo en una propuesta a los/las ciudadanos/as.

¿Cómo podemos actuar?

Otra alternativa: los grupos de consumo

VÍDEO

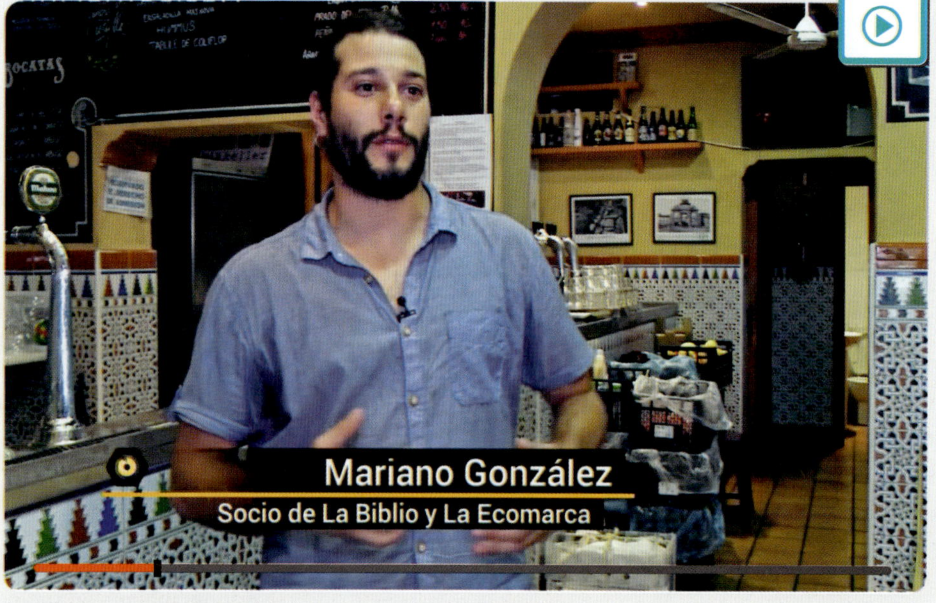

Consumo responsable, combate de futuro @ Sinfiltros.com, 2017.

EN TU MÓVIL

productos agroecológicos: des produits bios
la cesta de la compra: le panier de courses

¿SABÍAS QUE...?

Muchas iniciativas de **consumo responsable** y sostenible se han multiplicado en Madrid en los últimos años: los mercados agroecológicos (como el del barrio de Malasaña) o los colectivos de agricultores y consumidores (como Bah: Bajo el asfalto está la huerta).

Escoge tu camino

POR ETAPAS

1. Los grupos de consumo son una alternativa para consumir de manera... .
2. Ve el vídeo y di en qué consiste un «grupo de consumo».
   la compra • la venta en directo • agroecológico/a
3. Precisa dónde se hace la compra y quién atiende.
4. Presenta los productos que propone hoy el grupo de consumo.
5. Apunta las expresiones que oponen compra en supermercados y compra en grupos de consumo.
6. Explica cuál es la crítica más frecuente contra los grupos de consumo.

EN DIRECTO

Presenta los argumentos a favor de comprar en grupos de consumo.

PON EN PRÁCTICA

Quieres convencer a un(a) compañero/a de entrar en un grupo de consumo. Prepara tres argumentos para convencerle/la y exprésalos oralmente.

Tu consumo puede cambiar el mundo

En esta sociedad que el consumo califica, vertebra y que tuvo a bien llamarnos «consumidores», no podemos dejar de ejercer este acto que nos da nombre, pero sí ser más conscientes de él. Gran número de científicos coinciden en señalar que en las sociedades capitalistas desarrolladas, la incitación generalizada y constante al consumismo es uno de los ejes fundamentales del mantenimiento del sistema creando «falsas necesidades», sustituyendo el «ser» por el «tener». Pero la acumulación material no nos hará más felices [...]. Porque como cabalmente razonó el Nobel Arthur Lewis, la riqueza no aumenta la felicidad, solo amplía las posibilidades de elección [...].

El consumo consciente apela a ser buenos huéspedes[1] del globo, a huir de pulsiones erróneas [...] y a ser conscientes de ellas en cada elección evitando el consumismo [...]. El objetivo es consumir menos, con más sentido, y priorizar lo necesario [...]. No puede haber cambio ambiental real que reduzca emisiones sin adoptar un estilo de vida más frugal. Un nuevo cool donde «menos es más» [...]. Es una cuestión de hábitos sanos y de adoptar una actitud más relajada y slow: consumir menos y mejor, porque «si consumes electricidad convencional, vuelas cinco veces al año en Europa y recorres 25 000 kilómetros al año, tienes una huella de 7 toneladas[2] [...]. Pero si usas energía renovable, autobús y vuelas dos veces es de 3 toneladas, casi el 60 % menos». Nuestros actos importan.

Brenda Chávez (periodista española),
Tu consumo puede cambiar el mundo, 2017.

1. *invités* 2. *une empreinte carbone de 7 tonnes*

un carro de la compra: un chariot
hacer la compra: faire les courses
empujar: pousser
una rama: une branche

Lo esencial

Para expresarte

EN TU MÓVIL

Vocabulario

- entrar en un grupo de consumo
- ser un(a) consumidor/a consciente
- dar sentido al acto de comprar
- buscar alternativas
- luchar contra la acumulación material/las falsas necesidades
- viajar menos en avión/coche

Gramática

La subordonnée du futur
«Cuando ellos **lleguen**, lo **recogerán**».

Précis p. 248

Para pronunciarlo

EN TU MÓVIL

La diphtongue et le hiatus

- Lorsque le groupe vocalique ***-ia-*** se prononce en un seul son il forme une **diphtongue**.
- Lorsque ce même groupe se prononce séparément on l'appelle **hiatus**, dans ce cas, le ***í*** porte un accent.

24 Écoute les mots et dit lorsqu'il y a diphtongue ou hiatus.

Entra en acción

1. Antes de leer, observa la portada del libro *Tu consumo puede cambiar el mundo*. En tu opinión, ¿el dibujo ilustra bien el título del libro ?
   comprar • reflexionar • la naturaleza • el consumo responsable
2. Lee el texto e identifica tres características de la sociedad de consumo.
3. Apoyándote en el texto, redacta tu definición de la expresión «consumo consciente».
4. Explica por qué «consumo consciente» no significa «privación».
5. ¿Y tú? ¿Qué puedes hacer para realizar un consumo consciente?

Tarea

En grupo, prepara una campaña radiofónica corta (1 minuto) a favor del consumo responsable.

- Expón argumentos para convencer a los oyentes de cambiar sus modos de consumo.
- Da ejemplos concretos de lo que se puede hacer.

Prioridad medioambiental

¿Heroína o mártir del medio ambiente?

Berta Cáceres, Honduras, 2013

El pueblo lenca es una de las muchas comunidades indígenas que existen en Centroamérica. Para ellos los ríos no son solo vitales para su subsistencia, también tienen un significado sagrado: en sus aguas habitan espíritus femeninos que las mujeres han protegido durante miles de años. Cuando el gobierno de Honduras decidió construir una presa en el río Gualcarque, los lencas pidieron ayuda a Berta Cáceres, fundadora de un movimiento que lucha por el reconocimiento de los derechos indígenas y la protección del medio ambiente. Berta se encargó de organizar la resistencia pacífica a este proyecto, que pretendía privatizar el río en beneficio de unos pocos. A pesar de las amenazas y las agresiones, el pueblo lenca consiguió bloquear durante más de un año la carretera que conducía a la presa para que las máquinas y operarios no pudieran acceder al río. Gracias a ellos, el proyecto fue finalmente abandonado y hoy el río Gualcarque sigue perteneciendo a toda la comunidad.

Berta sabía que lo lograrían. El río se lo dijo.

Francisco Llorca (escritor español),
Pequeños grandes gestos por el planeta, 2016.

EN TU MÓVIL Escucha

¿A dónde irá tu alma de animal?
¿Volverá al agua en forma mineral?
¿O será un lobo blanco?
Que vuelve vencedor, al lugar donde cayó
Y desentierra intacto el corazón
Aunque nada recuerde, tampoco olvida
No aúlla[1] a la muerte
Aúlla a la...
Vida, vida, vida
Vida, vida, vida
¿A dónde irá tu alma vegetal?
¿Volverá a ser polvo interestelar?
¿O será la arboleda?
Que quiebra[2] el río en mí y en partículas de luz
Al sucumbir bajó el hacha, como tú
Aunque nada recuerde, tampoco olvida
No aúlla a la muerte
Aúlla a la...
Vida, vida, vida
Vida, vida, vida
Allá donde las cumbres[3]
Vigilan a los hombres
Para escribir tu nombre
Levantaré tu catedral
Berta, Berta, Berta
Berta, Berta, Berta
Berta, Berta, Berta

Christina Rosenvinge (cantante española),
Berta multiplicada, 2018.

1. aullar: *hurler* 2. quebrar: *casser, rompre* 3. *les sommets*

Entra en acción

1. Lee el texto de Francisco Llorca y di lo que representa para los indígenas lenca el río.
2. Presenta a Berta Cáceres y por qué fue importante para los lenca.
3. Ahora lee la letra de la canción de Christina Rosenvinge.
   a. Lista los elementos relacionados con el campo semántico del reino animal y vegetal.
   b. ¿Crees que esta canción rinde homenaje a Berta Cáceres?
   c. ¿Qué elementos permiten saberlo?
4. ¿Te parece que Berta Cáceres fue una heroína del medio ambiente? Justifica.

Y a ti, ¿qué te llena la cabeza?

una hucha: une tirelire
la comida basura

Entra en acción

1. Apunta las obsesiones de las personas de hoy que están representadas en la primera imagen.
   el consumismo • el dinero • la superabundancia • las apariencias
2. Explica qué mensaje transmite.
   consumir • (no) reflexionar • estar obsesionado/a por
3. Observa la segunda imagen y di cuál es la intención del artista.
   armonía • simbiosis • rendir homenaje
4. Di si la primera imagen se inspira en el cuadro del artista.
   la destrucción del medio ambiente • lo superfluo

2. Giuseppe Arcimboldo (pintor italiano), *La primavera*, 1563.

Lo esencial

Para expresarte

EN TU MÓVIL

Vocabulario

- desarrollar la conciencia medioambiental
- fomentar el compromiso
- cambiar las mentalidades
- una acción heroica
- los valores ancestrales
- una lucha incansable
- un espíritu creativo
- consumir de manera responsable

Gramática

La concordance des temps
«**Consiguió** bloquear la carretera para que no **pudieran** acceder al río».

Précis p. 249

Para escribirlo

Changement d'article
Devant un mot féminin singulier commençant par un ***a*** accentué, on utilise les articles masculins :
- las almas > el alma
- las aguas > el agua

Si le mot commence par un ***h*** la règle se maintient :
- las hachas > el hacha

Précis p. 239

Tarea

A la manera de Christina Rosenvinge, redacta un poema de unos diez versos para rendir homenaje a una figura emblemática protectora del medio ambiente.

Puedes descubrir a personas reconocidas por su compromiso con el medio ambiente buscando quién ganó el premio Goldman en estos últimos años.

EN TU MÓVIL Exercices interactifs

Les subordonnées du futur

Observe

1. Lis la pancarte. À quel mode et à quel temps sont conjugués les verbes en gras ?
2. Traduis la phrase. À quel temps et à quel mode sont conjugués les deux verbes en français ?

Qu'en déduis-tu ?

En espagnol, dans une phrase où la proposition principale est au futur, s'il y a une subordonnée de temps introduite par *cuando*, le verbe de cette subordonnée sera conjugué au ... du ....

Entraîne-toi

3. Complète les phrases en conjuguant les verbes au temps adéquat : présent du subjonctif ou futur de l'indicatif.

→ Cuando nosotros (reciclar) reciclemos todo el papel del instituto, (ser) será un avance concreto.

a. Cuando todos los gobiernos (tomar) ... conciencia de lo grave de la situación, la selva amazónica ya no (existir) ....

b. Cuando nosotros/as (ser) ... consumidores/as responsables, nuestra huella de carbono (reducirse) ....

c. Cuando (él - viajar) ... a la selva amazónica, (él - estar) ... participando en la pérdida de biodiversidad.

Précis p. 248

Les relatifs

Observe

1. Lis les deux phrases et traduis-les.
2. Donne la fonction et l'antécédent des éléments en gras.

Qu'en déduis-tu ?

- Lorsque le pronom relatif français « dont » est suivi d'un article défini + nom, il se traduit en espagnol par ..., qui s'accorde en genre et en nombre avec le nom qui le suit.
- Lorsque le pronom relatif français « dont » n'est pas complément du nom, il a la même valeur que les pronoms « duquel », « de laquelle », « desquels », « desquelles ». Les équivalents espagnols de ces pronoms sont : ..., ..., ..., ...

Entraîne-toi

3. Complète les phrases avec : *cuyo (a,os,as), del que, de la que, de los que, de las que.*

a. Esta asociación ... miembros son ecologistas tiene una gran influencia.

b. El proyecto ... hablo defiende el Amazonas.

c. El hiperconsumo ... somos víctimas es una amenaza para el planeta.

d. Es el chico ... madre ambientalista ha inventado una harina a base de grillos.

Précis p. 243

El medio ambiente

1 A2 Utilizando una palabra y/o una expresión de cada bolsa, inventa un eslogan para invitar a cambiar de manera de consumir.

→ *El consumo responsable no es comprar x comprar.*

Manifestación de los jóvenes por el clima, Madrid, 15/03/19.

2 A2 / B1 Siguiendo la iniciativa de la joven sueca Greta Thunberg, muchos jóvenes a través del mundo manifiestan contra el cambio climático. Utiliza palabras del mapa mental para redactar un texto que explique cuál es el mundo con el que sueñan.

RESPETAR EL MEDIO AMBIENTE

OBJETIVOS

- contaminar menos
- reducir nuestra huella de carbono/nuestras emisiones de CO2
- respetar el medio ambiente

ACTORES/ACTRICES

- los activistas
- comprometerse
- los gobiernos
- nosotros/as
- tomar conciencia

ÁMBITOS DE ACCIÓN

ENERGÍAS RENOVABLES

- los aerogeneradores
- los paneles solares
- el parque eólico

METAS

- acabar con los envases de plástico
- comer menos carne
- consumir productos locales
- los grupos de consumo
- la venta directa

TRANSPORTES

- el carril bici
- reducir la circulación de coches
- reducir los vuelos en avión
- los transportes públicos

ACCIONES

- acabar con el consumismo
- cambiar
- circular con
- denunciar
- luchar contra
- reciclar
- reutilizar
- tomar decisiones políticas
- aprobar medidas

11 *Investiga*

El vaquero, ¿prenda de moda a cualquier precio?

El impacto ambiental de unos vaqueros, Revista Cuerpo Mente, 2017.

" Al año se fabrican en el mundo más de 1.000 millones de unidades de vaqueros. Solo producir el tejido de un vaquero requiere 8.000 litros de agua, y para el efecto desgastado se emplea medio kilo de sustancias químicas, casi siempre cloro. La producción de denim es responsable del 10 % de los pesticidas y de cerca del 25 % de los insecticidas usados mundialmente cada año. "

ADEME
Agencia de medio ambiente y control de energía de Francia.

1 Fíjate bien en la infografía. ¿Qué te sugiere? ¿Qué te llama la atención?

2 Lee los documentos y explica en dos frases:
a. El problema evocado.
b. Las alternativas propuestas.

3 En su página Web, Brenda Chávez da 5 razones por las que comprar un vaquero ecológico. Visita su página y di cuál te parece más convincente.

EN TU MÓVIL **Ve la página aquí**

4 Busca en Internet otros productos elaborados según criterios ecológicos, elige uno y preséntalo a la clase en un minuto.

Proyecto

Elabora un plan de acción para hacer más verde tu instituto

Etapa 1

- En grupo, realiza una auditoría sobre el estado ecológico de tu instituto.
  - Para hacer la auditoria pregúntate:
    ¿Qué tipo de energía se usa?
    ¿Cuántos kilómetros recorren los alimentos que consumes en el comedor?
    ¿Qué tipo de reciclaje existe?
    ¿Cómo son las zonas verdes?
    ¿Son suficientes?
    ¿Contienen una gran biodiversidad?
  - Para cada tema, propón una solución:
    Para solucionar el problema de...
    podríamos/ sería posible...
    Tengo/ Tenemos una idea para reducir.../ reciclar.../ transformar.../ mejorar.../ aumentar...

Etapa 2

- Separa las soluciones que acabas de proponer en dos categorías y redacta tus ideas:
  - Aquellas que los/las alumnos/as pueden llevar a cabo.
  - Aquellas que necesitan la intervención de la administración del instituto.
    Entre todos los problemas que acabamos de mencionar, podemos hacer algo para...
    Nos toca a nosotros/as actuar...

Etapa 3

- Elige una acción concreta y explica cómo vas a llevarla a cabo.
  En concreto, nosotros/as queremos instalar/ plantar/ fabricar/ sensibilizar/ organizar...
  Para ello, primero/ segundo/ tercero vamos a...

MÉTHODE

Mener une étude environnementale

Ton lycée est-il éco-responsable ? Réalise un sondage pour le déterminer.

Réaliser l'étude

1. **Interroge les différents décisionnaires du lycée :** par exemple le/la gestionnaire concerné/e par le type d'énergie utilisé, le tri des déchets, la provenance des aliments...
2. **Enquête sur ton environnement.**
   - Observe la biodiversité présente au lycée : les insectes, les plantes, les animaux...
   - Étudie la qualité des espaces verts : la fréquence d'entretien, l'utilisation d'engrais et de pesticides...

Analyser les résultats

Rédige un rapport *(un informe)* en suivant la structure suivante :

- Titre et date.
- Resumé du constat :
  Nuestro instituto tiene una huella de carbono elevada/ baja. En efecto:
  - en materia de energía se usa/ no se usa...
  - en el ámbito de la alimentación, los productos recorren muchos/ pocos kilómetros, por ejemplo...
  - en cuanto al reciclaje, constatamos que...
  - con respeto a los espacios verdes y a la biodiversidad, la situación es la siguiente...
- Explication d'un ou deux objectifs concrets :
  Lo más urgente es...
  Los objetivos a corto/ largo plazo son...
- Noms et signatures des élèves responsables de l'audit.

Heroínas del medio ambiente en acción

Como has visto existen varias formas de comprometerse con la defensa del planeta. Vas a descubrir a algunas heroínas del medio ambiente, famosas por las acciones ecológicas que han emprendido. Para ello, realiza las actividades de mediación siguientes.

25 *Ruth Buendía ganó el premio ambiental Goldman*
© América Noticias.

Presenta a una líder ambientalista

→ Escucha la grabación y selecciona las informaciones necesarias para presentar a la líder ambientalista Ruth Buendía a tus compañeros/as.

Je peux transmettre les points principaux d'un enregistrement audio concernant une activité, à condition qu'il soit structuré et simple.	A2	☐
Je peux résumer et expliquer l'action exemplaire de Ruth Buendía.	A2+/B1	☐

Jóvenes plantando árboles para reforestar.

Resume un texto sobre una líder de la reforestación

→ Lee el texto indicado en el sitio Internet y compila las informaciones necesarias para presentar a Karla Samayoa a tus compañeros/as.

EN TU MÓVIL Ve el sitio web

Je peux utiliser un langage simple pour présenter un texte court sur une personnalité.	A2	☐
Je peux résumer les informations données dans un texte bien structuré et simple.	A2+/B1	☐

Disfruta de tu agua... mientras haya

En este texto, la acción transcurre en el futuro. Bruna Husky, la protagonista, es una «rep» (abreviación de «replicante»), es decir, una androide tecnohumana.

Eran más de las once de la mañana y ya había perdido demasiado tiempo. Se levantó con un gruñido y se dirigió directa a la ducha. No le quedaba vapor. Bufó, exasperada, y decidió usar agua, sólo medio minuto, aunque fuera una ruina. Pero tampoco quedaba agua. Incrédula, comprobó que tenía la tarjeta agotada[1]. Cuando algo salía mal, después todo solía estropearse en cascada. Tendría que bajar al supermercado si quería ducharse. Se echó por encima una túnica corta que sólo estaba medio sucia y salió a la calle. Camino del súper[2] se topó con una manifestación; había bastante gente y parecía furiosa. Bruna cruzó el río de personas sin prestar mucha atención: en Madrid siempre había alguien que se manifestaba por algo. Entró en la tienda maldiciendo el afán de control del consorcio acuífero, que impedía poder recargar desde la Red; metió la tarjeta en el expendedor de agua y marcó en su móvil «99 ges[3]», el coste del bono más pequeño[4]. La máquina rechazó la operación.

—El precio del bono A-1 es de ciento noventa y ocho gaias, ¡muchas gracias! —gorjeó el estúpido aparato con vocecita entusiasta.

—¿Cómo? ¿Ciento noventa y ocho? ¡Pero eso es el doble! —barbotó Bruna.

—Las tarifas del servicio de agua han subido un cien por cien a partir del 16 de febrero de 2110, ¡muchas gracias!

—Eso no puede ser, eso es ilegal...

—Decreto administrativo regional ES-2110/2713E, ¡muchas gracias! —contestó la máquina, impertérrita, con inagotable alegría.

Una furia negra empezó a inundar a la rep y el deseo de aporrear el expendedor le acalambró las manos con un hormigueo nervioso. Pateó el suelo unas cuantas veces y logró controlarse: ya había dañado una máquina pública con anterioridad y tuvo que acudir a media docena de sesiones con un psicoguía como castigo[5]. Reflexionó sombría durante unos segundos sobre la posibilidad de pasarse a las Frescas, unas repugnantes esponjas empapadas de una sustancia química con las que la gente se lavaba el cuerpo, en vez de usar vapor. Salían mucho más baratas[6], pero eran asquerosas. Y Husky se había jurado no volver a tocarlas tras los dos años que tuvo que utilizar unas esponjas semejantes (la marca blanca del ejército) durante su milicia en el árido planeta minero de Potosí. Derrotada, la rep suspiró, marcó «198 ges» en su móvil y cargó la tarjeta. —¡Disfruta de tu agua! ¡Muchas gracias! Cuando salió a la calle cayó en la cuenta de que la manifestación era justamente por eso, por la escandalosa subida del servicio.

Rosa Montero (escritora y periodista española), *Los tiempos del odio*, 2018.

1. tener la tarjeta agotada: *ne plus avoir de crédit sur sa carte*
2. *sur le chemin du supermarché* 3. ges: abreviación de gaia (nombre de la moneda). 4. *le montant de la plus petite recharge* 5. *punition*
6. salir mucho más baratas: *coûter beaucoup moins cher*

Entra en acción

En diez líneas, imagina una escena que transcurre en el futuro en la que los personajes se enfrentan a una consecuencia nefasta de la crisis medioambiental actual (la falta de aire puro, el exceso de residuos, la contaminación del mar...).

Séquence 12

Contigo o sin ti

→ ¿LAS EXPERIENCIAS DE LOS OTROS ME SIRVEN PARA ALGO?

Proyecto

Escribir la adaptación teatral de un documento

Descubro

- Le soin de l'autre à travers l'objectif de Graciela Iturbide
- Icíar Bollaín filme la transmission entre les générations dans *El Olivo*
- Les rapports intergénérationnels dans les romans de Susana Rizo et de Pablo Dávila Castañeda
- La philosophie aymara et quechua du Bien Vivre – Suma Qamaña

Comunico

- Débattre à propos de la façon dont les jeunes apportent du bien-être aux aînés/ées
- Préparer un questionnaire à soumettre à une personne âgée lors de sa visite au lycée

MÉDIATION

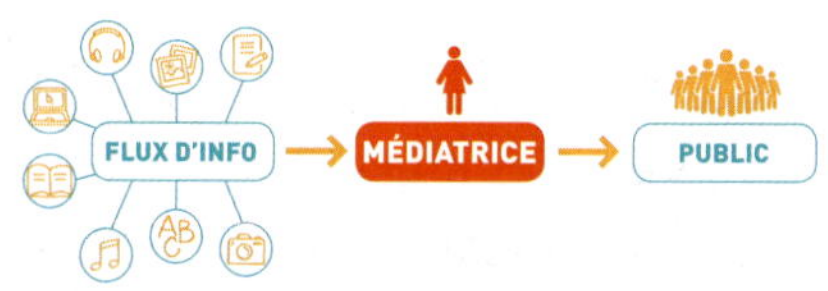

Promouvoir un film sur les relations intergénérationnelles à partir d'une bande-annonce

Utilizo

Vocabulario

- Le vivre-ensemble

Gramática

- Les adverbes de négation et leur place dans la phrase

Pronunciación

- *Hay* et *ahí*

Ortografía

- L'accent graphique au futur

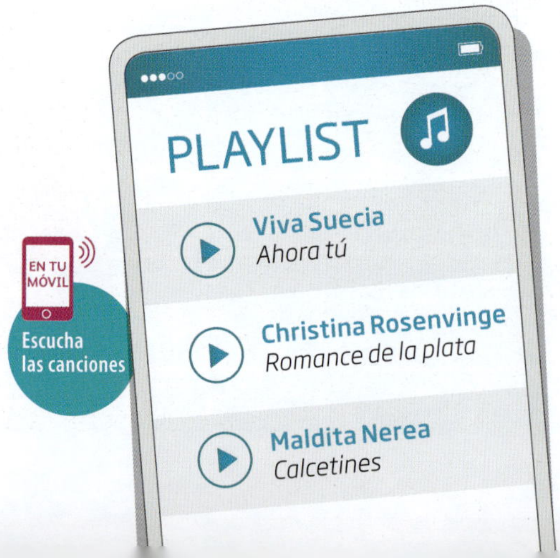

Axe 1
Vivre entre générations

Graciela Iturbide (fotógrafa mexicana), *Curación*, 1986.

¿Es posible compartir?

¿Quién te enseñó a ti?

VÍDEO

El olivo de Icíar Bollaín, España, 2016.

EN TU MÓVIL

ALMA (adolescente): ¿Lo oyes? Yayo[1], Yayo, mira, escucha.

ALMA (niña): Ese que canta ¿es un ruiseñor[2]?

ABUELO: No, no es un ruiseñor, es un verdún[3]. Esto a lo mejor[4] lo plantaron, dicen, los romanos. A lo mejor.

ALMA (niña): ¿Los romanos?

ABUELO: Yo no lo sé, porque este árbol tiene al menos 2000 años, ¿tú sabes lo que son 2000 años? Yo no pues, yo sé que son muchos años. Toda la vida aquí con él y siempre lo he visto igual. Eso es por donde tiene que brotar[5] el olivo. Yo te lo enseñaré, luego lo harás tú. (Alma ayuda a su abuelo). ¡Cuerda!

ALMA (niña): Y ¿quién te enseñó a ti a injertar[6]?

ABUELO: Aprieta[7], aprieta... Mi abuelo enseñó a mis padres, mis padres a mí, y yo a ti, y así es la vida. Unos a otros. Espera.

ALMA (niña): Un árbol nuevo.

ABUELO: Esperaremos a que llegue como este.

ALMA (niña): Hala Yayo...

ABUELO: Dime.

ALMA (niña): Un monstruo.

ABUELO: ¿Hay un monstruo? ¿Dónde?

ALMA (niña): Este es un ojo, este es el otro ojo, la nariz y esta la boca súper abierta. (gesticulando) Vaaaa.

ABUELO: Pero no tiene dientes.

ALMA (niña): ¿A ver?

ABUELO: Vendremos de vez en cuando a visitarlo, al monstruo, ¿no?

ALMA (niña): Y le traeremos cosicas[8] pa' que coma. (risas y bromas)

ALMA (adolescente): No está aquí, Yayo, no está aquí. Venga, vámonos. Vámonos.

1. yayo/a = abuelo/a 2. *un rossignol* 3. *un verdier (oiseau)* 4. quizás 5. *pousser* 6. *greffer* 7. apretar: *serrer* 8. Diminutivo de «cosas».

¿SABÍAS QUE...?

La mayor concentración de **olivos** milenarios del mundo se encuentra en Castellón, Teruel y Tarragona, en la comarca del Maestrazgo. El más antiguo fue probablemente plantado en el año 314, bajo el Imperio romano. Hay ONG que luchan contra el expolio de estos olivos como denuncia la película de Icíar Bollaín.

EN TU MÓVIL Ve el mapa

Escoge tu camino

POR ETAPAS

1. Ve el vídeo, identifica la relación de los dos personajes y di qué están haciendo.
2. Lee el guion y apunta el origen de este olivo.
3. Busca los elementos que precisan la transmisión del saber en la familia.

EN DIRECTO

Resume la escena y explica la relación entre los personajes.

PON EN PRÁCTICA

Explica a tus compañeros/as por qué es importante la transmisión del saber de generación en generación.

Antes que nada... *Por otra parte...*
Además... *Para concluir...*

Complicidad

En la residencia de ancianos El Hogar acaban de instalar una guardería, en la que pequeños y mayores comparten unas horas al día.

Cuando los niños aparecían, cada día podía ser diferente. Esas pequeñas mentes[1] crecían[2] raudas, mientras que las de los ancianos, tan llenas de todo, retrocedían en el tiempo para reencontrarse con ese mundo por estrenar[3] y lograr, en ocasiones, colmar los vacíos[4] que habían acumulado. Acababan el día percibiendo que el hoy sirvió de algo. Y el mañana ya no era un horizonte difuso, predecible o gris, sino algo tangible. Algo para seguir, paradójicamente, creciendo. Hacía tiempo que Ingrid no veía a muchos de sus compañeros poner tanta ansia[5] en arreglarse[6]. Participar en las nuevas actividades de El Hogar era, sin duda, un gran estímulo. Juegos inocentes, infantiles, como los que tenían planeados hoy, unos bolos[7] de plástico de tamaño enorme colocados en medio de la Sala de Nogal. [...]

Entre Max e Ingrid se iba sellando[8] una complicidad sincera, divertida, de conversaciones espontáneas. La anciana había descubierto la afición del niño por la lectura y no perdía ocasión de narrarle algunos cuentos. Ella se esforzaba en imitar, incluso sonidos de animales o gesticular grácilmente las lecturas. Esto era nuevo también para ella. A Ingrid le encantaba, además, inventarse historias, y a Max escucharlas. Él solía apoyarse atento en el reposabrazos[9] de la butaca[10] de Ingrid, y en otras ocasiones sobre las rodillas de ella, abrazado a su peluche Elvis.

Susana Rizo (escritora española), *Las vidas que te prometí*, 2018.

1. *esprits*
2. crecer: *pousser, grandir*
3. *(ici) à découvrir*
4. *remplir le vide*
5. *(ici) envie*
6. *se préparer*
7. *des quilles*
8. sellar: *(ici) forger*
9. *l'accoudoir*
10. *le fauteuil*

¿SABÍAS QUE...?

Desde 2005 se han ido implantando en **España** las **«actividades intergeneracionales»**: residencias de la tercera edad con guardería incluida, talleres o charlas organizados por personas mayores en institutos... Con estas experiencias los más jóvenes aprenden a percibir el envejecimiento de manera positiva y las personas mayores recuperan un papel adulto y activo en la sociedad.

Entra en acción

1. Lee el texto y di por qué los días eran diferentes en *El Hogar* con la presencia de los niños.
   sentir(se) útiles • estar animados/as • ser más positivos/as
2. Apunta alguna actividad realizada conjuntamente por niños y mayores.
3. Presenta brevemente a Ingrid y a Max y busca los adjetivos que se refieren a la relación que tienen.
4. Muestra cómo las actividades que hacen juntos benefician tanto a Ingrid como a Max.
   aprendizaje • atención • bienestar

Lo esencial

Para expresarte

EN TU MÓVIL

Vocabulario

- transmitir de generación en generación
- dejar un legado/una herencia
- el patrimonio familiar/natural
- una actividad intergeneracional
- servir como modelo a seguir
- mejorar la calidad de vida
- convivir/compartir para un beneficio mutuo
- combatir el aislamiento social

Gramática

Les pronoms démonstratifs
«**Este** es un ojo, **este** es el otro ojo y y **esta** la boca».

Précis p. 241

Les adverbes de negation (1)
«Y el mañana **ya no** era un horizonte difuso».

Précis p. 246

La progression de l'action
«Entre Max e Ingrid **se iba sellando** una complicidad sincera».

Para pronunciarlo

EN TU MÓVIL

Hay* et *ahí

- Hay : c'est la forme impersonnelle du verbe *haber*. Lorsque l'on prononce ce monosyllabe, l'accent doit se faire sur le **a**.
- Ahí : c'est la traduction en espagnol de l'adverbe de lieu « là ». C'est un mot bisyllabique et l'accent doit se faire sur le **-í**.

26 Écoute et apprends la phrase.

Tarea

¿Los jóvenes pueden aportar algo al bienestar de las personas mayores? ¿Cómo? Debate con tus compañeros/as.

¿Es fácil llevarse bien?

Armonía familiar

~~Querida~~ Lourdes, hija mía:

Es para mí un duro trance escribirte estas letras, pero la moral y las circunstancias me obligan a poner fin a este periodo de silencio, que dura ya demasiado tiempo. [...]

A pesar del profundo resquemor[1] que me produjo tu reacción en aquel malentendido con los niños, y lo difícil que me resulta comprender vuestro estilo de vida, levanto la bandera blanca. [...] Aun así[2], si es necesario para la restitución de la armonía familiar [...], no me duelen prendas[3] en dar el primer paso en aras de[4] la reconciliación. Considero preciso que sepas, no obstante[5], algunas cosas en las que creo que radican nuestras desavenencias [...].

Cuando tú eras niña éramos muy amigos, solía llevarte conmigo al bar, como ~~hago ahora~~ hacía con tus hijos. Tu hermana, que ya desde pequeña veía gigantes, no quería venir nunca, se quedaba en casa con tu madre. Sin embargo, tú nunca tenías miedo a nada, participabas en todo sin titubear[6] y eso era para mí un motivo de gran orgullo. Tú no recordarás, pero por aquel entonces las cosas no nos iban bien, la imprenta pasaba dificultades y tu madre estaba de capa caída[7] a causa de la reciente muerte de tu abuela materna [...]. Fueron tiempos duros y de serios cambios a los que nos adaptamos como pudimos. No obstante, en nuestra época las cosas eran, de alguna forma, mucho más simples que ahora, porque no contábamos con nadie para resolver nuestros problemas, afrontábamos lo que nos tocaba haciendo de tripas corazón[8].

Pablo Dávila Castañeda (escritor español),
Ellos encantados. ¿Qué sería de tus hijos sin tus padres?, 2018.

1. *ressentiment* 2. *tout de même* 3. no doler prendas: *ne pas déranger* 4. *au nom de* 5. no obstante = sin embargo: *cependant, néanmoins* 6. *hésiter* 7. estar de capa caída: *être abattu/e* 8. hacer de tripas corazón: *prendre son courage à deux mains*

Escoge tu camino

POR ETAPAS

1. Lee el texto. Explica de qué tipo de documento se trata, identifica a los dos personajes principales y apunta el motivo que origina el texto.
2. Busca las frases que muestran que el padre quiere arreglar la situación.
3. Muestra los recursos de los que se vale el autor para ilustrar las dudas y/o resquemores del padre.
   tipografía • expresiones
4. Define la relación del padre y Lourdes cuando ella era pequeña.
5. Apunta y comenta la distinción que hace el padre entre antes y ahora.
   Antes... En cambio ahora...

EN DIRECTO

Explica cómo es la relación entre Lourdes y su padre y di si siempre ha sido así.

PON EN PRÁCTICA

Imagina la carta de respuesta que Lourdes enviaría a su padre.

El traje que te hace viejo

EN TU MÓVIL

VÍDEO

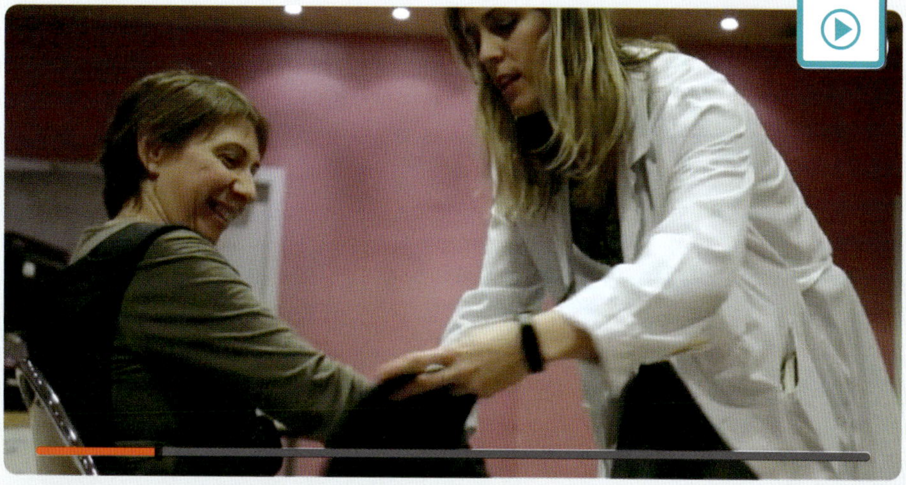

El traje que te hace viejo © El País, 2017.

un traje: un costume, une combinaison
las rodilleras: les genouillères
las coderas: les coudières
el agobio: le stress, l'oppression
marear(se): avoir mal au cœur
los hábitos saludables: les habitudes/les modes de vie sain(e)s

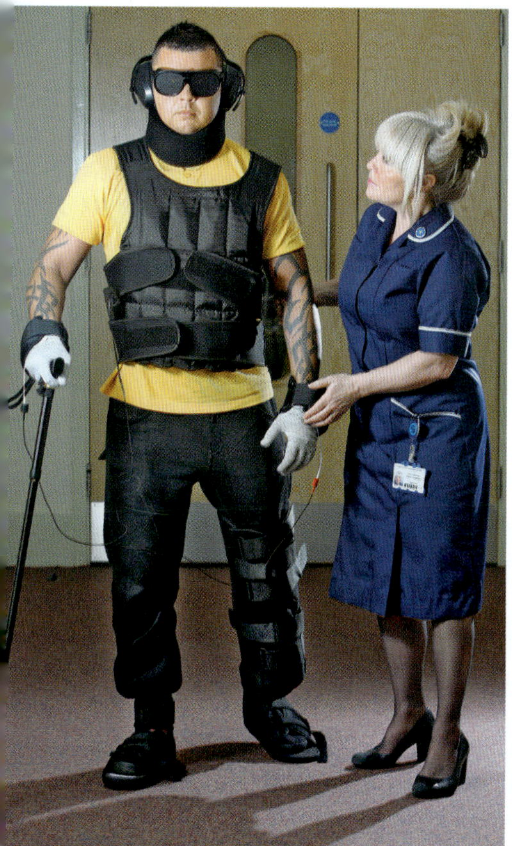

Joven probándose un simulador.

Entra en acción

1. Antes de ver el vídeo, fíjate en las fotos y di quiénes pueden ser estas personas y qué estarán haciendo.
2. Ve el vídeo y precisa para qué sirve este traje.
3. Di cómo cumple su finalidad.
   accesorios • limitaciones
4. Explica cómo se sintió Eva López con el traje y qué le aportó la experiencia.
5. Y a ti, ¿te gustaría probarte este traje? Responde en unas 6-8 líneas.

¿SABÍAS QUE...?

El Hospital Universitario de Getafe (Madrid) compró dos **trajes simuladores** para investigar el modo de ralentizar las consecuencias del **envejecimiento** en la gente y para que la sociedad sepa lo que sienten las personas mayores y tenga empatía hacia ellas.

Lo esencial

Para expresarte

EN TU MÓVIL

Vocabulario

- resolver los problemas conjuntamente
- ser flexible(s)
- dar el primer paso
- alcanzar acuerdos
- experimentar los efectos de envejecer/del envejecimiento
- tomar conciencia de
- poner(se) en el lugar del otro
- sentir en su propia piel
- vivir una misma experiencia
- mejorar la calidad de vida

Gramática

L'expression de l'habitude
«**Estoy acostumbrada a** andar deprisa».

La place des adverbes de négation
«Tú **nunca** tenías miedo a **nada**».

Précis p. 246

Para escribirlo

L'accent graphique au futur
Au futur, on retrouve l'accent graphique, la « *tilde* », aux terminaisons de toutes les personnes (à exception de la 1re du pluriel) : «Tú no recordar**á**s».

Tarea

¿Qué le preguntarías a una persona mayor que va a tu instituto para charlar contigo y tu clase?

Pregúntale sobre:
su vida cotidiana, su entorno familiar, las experiencias que lo/la marcaron...

EN TU MÓVIL Exercices interactifs

Les adverbes de négation et leur place dans la phrase

Observe

1. Observe les mots en gras dans la première réplique. Combien de termes forment la négation ? Où sont-ils placés ?
2. Observe le mot en gras dans la deuxième réplique. Quel terme de négation a disparu ? Où est placé le mot de la négation ?
3. Comment traduis-tu la négation en italique ?

Qu'en déduis-tu ?

On peut employer les adverbes de négation de deux manières différentes :
- En employant l'adverbe ... et en plaçant le deuxième adverbe de négation ... le verbe.
- En supprimant ... et en plaçant l' adverbe de négation ... le verbe.

L' adverbe de négation *nada* signifie en français ... .

Entraîne-toi

4. Écris la forme négative de ces phrases.
   a. Max se duerme siempre cuando está con Ingrid.
   b. El olivo brota siempre en la misma época del año.
   c. La guardería ha estado siempre en la residencia de ancianos.

Observe

1. Observe les mots en gras de la première réplique. Qu'est-ce qu'ils indiquent par rapport à l'action ?
2. Comment traduis-tu la négation en italique dans la deuxième réplique ?

Qu'en déduis-tu ?

- En espagnol, on utilise la formule ... pour indiquer qu'une action ... .
- L'adverbe de négation *nadie* signifie en français : ... .

Entraîne-toi

3. Modifie les phrases en marquant le changement de l'action.
   a. Antes Ingrid pasaba mucho tiempo sola. Ahora ... .
   b. Los padres tenían problemas económicos. Ahora ... .
   c. Cuando Lourdes era pequeña iba con su padre al bar. Ahora ... .
4. Réponds par des phrases négatives aux questions suivantes.
   a. ¿Quién te explicó los efectos del simulador?
   b. ¿Quién ha visto al abuelo?
   c. ¿Quién ayudó a los padres de Lourdes?

Précis p. 246

La convivencia

1 A2 Observa la foto y describe la escena.

2 B1 Comenta lo que la foto te transmite.

3 A2/B1 Escoge algunas palabras del mapa mental para explicar a tus compañeros/as por qué es necesario que las diferentes generaciones convivan y/o compartan actividades.

ENTRE GENERACIONES

¿QUIÉNES?

- los abuelos / las abuelas
- los ancianos / las ancianas
- la edad madura
- los hijos / las hijas
- los nietos / las nietas
- los niños / las niñas
- los padres / las madres
- las personas mayores
- la tercera edad / la edad avanzada
- los vecinos / las vecinas

¿PARA QUÉ?

- convivir/compartir para un beneficio mutuo
- crecer
- envejecer
- estimular físicamente/mentalmente
- evitar/combatir el aislamiento social
- hacer(se) compañía
- interactuar
- servir como modelo a seguir
- transmitir

¿DÓNDE?

- en la calle
- en los centros de día
- en el colegio
- en (la) familia
- en la guardería
- en el instituto
- en la residencia de la tercera edad
- en (la) sociedad
- en el transporte público

¿CÓMO?

- compartir los conocimientos de toda una vida
- continuar la tradición
- la convivencia
- dispositivos/actividades intergeneracionales
- interacción / interactuar
- poner(se) en el lugar del otro
- sentir en su propia piel
- tomar conciencia de
- transmitir de generación en generación
- voluntariado / ser voluntaria/o

Suma Qamaña, el buen vivir

Según *aler.org*

“El Estado asume y promueve como principios ético-morales de la sociedad plural: *ama qhilla, ama llulla, ama suwa* (no seas flojo, no seas mentiroso ni seas ladrón), *suma qamaña* (vivir bien), *ñandereko* (vida armoniosa), *teko kavi* (vida buena), *ivi maraei* (tierra sin mal) *y qhapaj ñan* (camino o vida noble).”

Constitución de Bolivia, cap. II, art. 8

1. Busca la definición de «buen vivir» y de las palabras indígenas que lo forman.
2. Observa los puntos principales del «buen vivir» y presenta a tus compañeros/as las nociones en las que se basan.
3. Explica cómo son las relaciones intergeneracionales en el «buen vivir».

Proyecto

Escribe la adaptación teatral de un documento

Etapa 1

- Elige uno de los textos de esta secuencia para teatralizarlo: *Complicidad, Armonía familiar o La tía Nana.*
  - Decide qué fragmento, situación o momento vas a poner en escena.

Etapa 2

- Prepara la adaptación teatral.
  - Debes tener en cuenta los elementos formales, como las acotaciones escénicas (*les didascalies*).
  - Decide si habrá un(a) narrador(a) o presentador(a) y si va a estar dentro o fuera de la escena.
  - Piensa en los personajes que formarán parte de tu adaptación: por ejemplo, si adaptas el texto de *La tía Nana* puedes hacer participar a la familia de la narradora.
  - Imagina el decorado y la época en la que va a desarrollarse la acción.
  - Prevé los accesorios, el vestuario y eventualmente la música. Estos elementos servirán para intensificar la escena.

Etapa 3

- Redacta tu adaptación.
  - Adopta la forma de escritura teatral: apunta el nombre del personaje del que hablas antes de cada entrada.
  - Escribe acotaciones escénicas con las indicaciones para dirigir a los actores y a las actrices.

MÉTHODE

Interpréter une scène

Les rôles

1. **Qui joue quoi ?** Décidez ensemble de la répartition des rôles, sans oublier les figurants et un(e) éventuel(le) narrateur/trice.
2. **Glisse-toi dans la peau de ton personnage,** approprie-toi son histoire et son caractère. Ainsi, tu pourras rendre ses intentions et ses émotions de manière juste.

Les répétitions

1. **Apprends ton texte par cœur.** Répète-le à voix haute et articule afin d'obtenir une énonciation claire et sonore.
2. **Répétez en groupe** pour travailler vos interactions : pensez à vos déplacements, votre jeu commun, créez une complicité.
3. **Faites une ou plusieurs répétitions en costume** et décor, pour vous mettre en situation.
4. **Prévoir un « souffleur ».** Tu peux demander à un/e camarade de faire le « souffleur » pour aider le/la comédien/enne en cas d'un trou de mémoire. Amuse-toi puisque, comme son nom l'indique, le jeu a pour but de se faire plaisir !

FLUX D'INFO → MÉDIATRICE → PUBLIC

Crítico/a de cine

VÍDEO

Las relaciones intergeneracionales están presentes en nuestras vidas, de esta manera nos vamos construyendo, apoyándonos y complementándonos los mayores y los jóvenes, aunque en algunas ocasiones esas relaciones sean fuente de desacuerdo y/o de conflicto. Ahora vas a ver algunos de esos aspectos en el tráiler de esta película.

EN TU MÓVIL

El abuelo de Gustavo Saavedra Calle, Perú, 2018.

Graba un *podcast*

- Observa el cartel y ve el tráiler de la película. Presenta los elementos esenciales insistiendo en las semejanzas y diferencias de los dos documentos.
- Graba tu comentario. Puedes compartir el fichero con tus compañeros/as (por mail o redes sociales).

Je peux lister par écrit des informations importantes de documents audiovisuels et écrits et les énumérer à quelqu'un d'autre.	A2	☐
Je peux rassembler des éléments d'information de sources diverses et les résumer pour quelqu'un d'autre.	A2+/B1	☐

Escribe una sinopsis

- Ve el tráiler de esta película y redacta el resumen.

Je peux lister par écrit les informations importantes sur un sujet familier à partir de la bande-annonce d'un film.	A2	☐
Je peux résumer les informations importantes sur un sujet familier à partir de la bande-annonce d'un film.	A2+/B1	☐

Escribe los subtítulos

- Ve el tráiler de esta película y redacta los subtítulos.

Je peux utiliser une langue simple pour faire une traduction approximative d'une bande annonce.	A2	☐
Je peux faire une traduction approximative d'une bande-annonce en suivant de près la structure du document original.	A2+/B1	☐

La tía Nana

Era tía de mi mamá y su nombre era Mónica, pero todos en la familia la llamaban tía Nana. A pesar de ser custodiados por unos enormes lentes, sus ojos son lo que mejor recuerdo. Negros, sin distinción entre la pupila y el iris, rodeados por unas pestañas escasas que hacían pensar en un ave desplumada. Ese era su aspecto en general, el de un animalito despojado e indefenso. [...]

Tenía sesenta y cinco años, aunque todo apuntaba a que fuera más vieja, ya que la habían inscrito en el registro civil con la edad suficiente como para recordarlo. Era la mayor de tres hermanas, medio hermanas a decir verdad [...], no se casó jamás. Ella fue la hija que se quedó en casa para cuidar a la madre. [...] Consiguió trabajo como nana y tras unos años, justo después de la muerte de su madre, comenzó a cuidar a los hijos de sus hermanas, y luego a los hijos de los hijos de sus hermanas. Fue entonces que el nombre de Mónica se escondió tras su principal quehacer, y pasó a ser para todos la Nana, la tía Nana. [...]

Ya nunca vuelvo a estar sola en casa. Crezco junto a ella y ella envejece[1] a mi lado. «Nos encontramos», me gusta pensar, como se encuentran libremente dos niños extraños y juegan toda la tarde; confiados, ajenos a las preocupaciones, a las sospechas[2] de los adultos. Vemos las teleseries, nos peinamos mutuamente. Hacemos la lista para la feria[3], en un principio yo dicto y ella escribe, y con el tiempo cambiamos los roles, porque a ella ya le cuesta[4] mucho escribir. No conversamos demasiado, Tía Nana sigue siendo una mujer callada[5]. De todas formas no es necesario, nos entendemos a la perfección, el silencio parece ser justamente el vínculo que nos une.

Donde más tiempo estamos es en la cocina, el hábitat de tía Nana. Es evidente su comodidad, el lugar en el que hace y deshace con mayor libertad, preparando las comidas para cada día y, una vez al mes, su especialidad: el kuchen de nuez[6]. Sabe que está tan segura allí como en un búnker, y yo también me siento protegida, y hay ocasiones en que me da la sensación de estar bajo una gran cama.

A eso de las siete de la tarde comienza mi momento favorito del día. Tía Nana extiende dos toallas[7] sobre la mesa, trae el cesto de la ropa y enciende la radio. Ella plancha[8]. Yo no hago nada, solo estoy ahí. Escuchamos siempre el mismo programa, una especie de radioteatro transmitido por Radio Nacional. Las historias son siempre de suspenso, despiertan mi curiosidad, y tanto me fascinan como me perturban; me atraen los asesinatos y las persecuciones, los pasillos largos y sombríos en donde dos desconocidos se observan, sumidos en las intrigas de los relatos. El aire es algo sofocante por el vapor de la plancha y la luz de la tarde se va extinguiendo casi al mismo ritmo con que avanza la voz del locutor. Todo nos va dejando en penumbras, hasta que debemos prender las luces y apagar la radio.

Paulina Flores (escritora chilena), *Qué vergüenza*, 2016.

Entra en acción

En unas diez líneas haz el retrato de una persona mayor que has conocido (pariente o no) y cuyo encuentro te ha marcado.

1. envejecer: *vieillir*
2. *les soupçons*
3. *le marché*
4. costar: *avoir du mal à*
5. callada = silenciosa
6. *gâteau aux noix*
7. *les serviettes de bain*
8. planchar: *repasser*

Séquence 13

Solo para mayores

→ ¿LA EDAD ES UNA BARRERA EN LA CULTURA HISPANA?

Proyecto

Organizar un debate sobre los consejos que los jóvenes esperan de los adultos

Descubro

- Les relations intergénérationnelles dans les romans d'Alejandro Palomas et d'Elvira Sastre
- La difficulté à quitter la maison familiale dans les films d'Hugo Lara et de Celia Rico
- Une initiative municipale madrilène qui donne la parole aux jeunes
- Un mouvement lycéen qui a marqué le Chili : *La Revolución pingüina*

Comunico

- Imaginer une histoire extraordinaire à partir d'un texte
- Faire un sondage sur l'engagement citoyen des jeunes vis-à-vis des personnes âgées

MÉDIATION

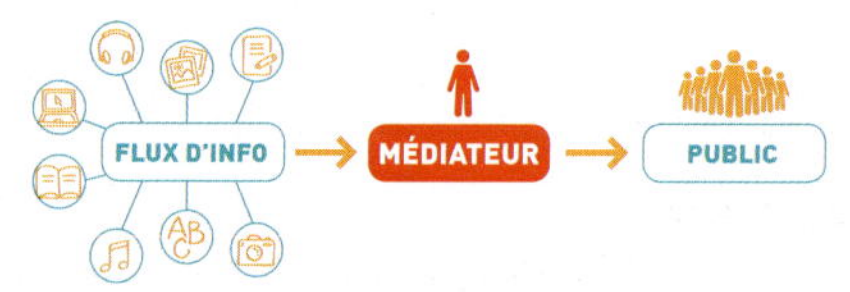

Commenter les relations intergénérationnelles à partir d'œuvres picturales

Utilizo

Vocabulario

- Les relations intergénérationnelles

Gramática

- La phrase conditionnelle
- L'infinitif

Pronunciación

- L'hésitation

Ortografía

- La modification orthographique au passé simple

EN TU MÓVIL
Escucha las canciones

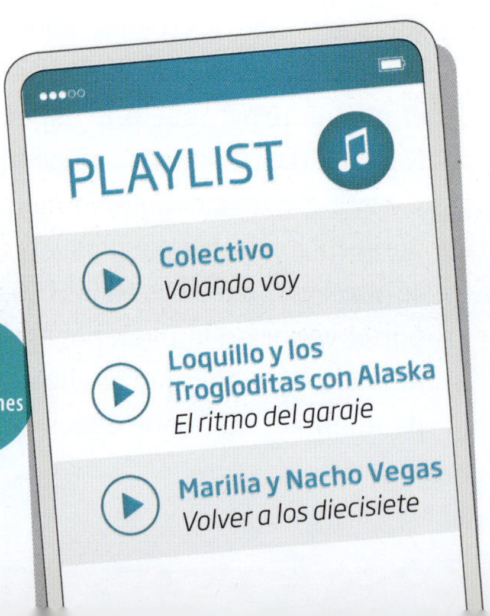

Axe 1
Vivre entre générations

¿Cómo quieres ser de mayor?

¿Quién necesita a quién?

No os lo vais a creer

Fer, el narrador, trata de tranquilizar a su hermana Emma que está a punto de contraer matrimonio[1] y muy preocupada porque la madre de ambos, una señora mayor con problemas de memoria, no aparece.

—Ya sabes cómo es. Se habrá entretenido[2] con alguna de sus cosas, o se habrá dejado el móvil en casa, o... cualquiera sabe. Pero llegará. Seguro.

—Es que... —empieza. [...] Yo sin mamá no me puedo casar. [...] Dios mío.

Cuando sigo la dirección de su mirada, voy a dar contra una furgoneta blanca destartalada[3] que acaba de detenerse en mitad de la calle, a la derecha de donde estamos sentados. La furgoneta no tendría nada de especial si no fuera por el conductor, un tipo delgado, pelo oxigenado, pendientes de estos que te agrandan los lóbulos de las orejas [...], que rodea tranquilamente el vehículo por delante y abre la puerta del pasajero, por donde asoma[4] en este momento una figura que, a pesar de la distancia, enseguida nos resulta familiar.

Cuando el tipo prácticamente la coge en brazos y la deposita en la acera, la figura que lleva agarrado una especie de bolso de piel, saca con la mano que tiene libre lo que deben de ser unas monedas del bolsillo de la chaqueta y se las ofrece al hombre, que las rechaza[5] y se echa a reír. Ella insiste y él vuelve a negarse. Luego, al ver que no va a salirse con la suya[6], lo coge por el hombro y le da dos besos. El hombre sonríe [...] y arranca el motor [...] dejando tras de sí una humareda negra[7] y a la figura varada en mitad de la acera [...].

—Es mamá —murmura Emma. [...]

—Ay, menos mal que llegamos a tiempo —dice, arrugando la frente y negando despacio con la cabeza. [...] —Cuando os cuente lo que me ha pasado, no os lo vais a creer...

Alejandro Palomas (escritor español), *Un amor*, 2018.

1. casar(se): *se marier* 2. entretener(se) = distraer(se)
3. *déglinguée* 4. asomar: *(ici) apparaître* 5. rechazar: *refuser*
6. salir(se) con la suya: *arriver à ses fins* 7. *un nuage de fumée noire*

Entra en acción

1. Lee el texto y di de quién están hablando los personajes al principio del texto y por qué la chica está tan nerviosa.
2. Identifica las palabras que describen al conductor de la furgoneta y di qué impresión causó al narrador.
3. La relación entre el conductor de la furgoneta y la mujer que lo acompaña es.... Justifica la respuesta.
   amistosa • cordial • distendida • de complicidad
4. Precisa quién es la mujer que llegó en la furgoneta.

EN TU MÓVIL

Cuando los hijos regresan

Entra en acción

1. Ve el tráiler y di qué planes tiene Manuel para su jubilación.
   disfrutar de la vida • relajarse • vivir una nueva luna de miel
2. A partir de las imágenes, explica la frase «ellos creían que su trabajo había terminado, pero estaban muy equivocados».
3. Los padres viven el regreso de los hijos a casa con.... Justifica la respuesta.
   resignación • alegría • decepción • ilusión
4. Di qué estrategia van a adoptar los padres para solucionar el problema. ¿Crees que va a funcionar?
   las fobias • hacer la vida difícil

VÍDEO EN LÍNEA

Cuando los hijos regresan de Hugo Lara, México, 2017.

¿Cómo te da por eso?

VÍDEO

Viaje al cuarto de una madre de Celia Rico, España, 2018.

EN TU MÓVIL

apuntar(se): (s')inscrire
cobrar: gagner (de l'argent)
decir tonterías: dire des bêtises
planchar: repasser
alojamiento: logement

Escoge tu camino

POR ETAPAS

1. Ve el vídeo y di por qué Leonor quiere estudiar inglés.
2. Cómo reacciona la madre con respecto a:
   a. El precio de las clases.
   b. La decisión de Leonor de estudiar turismo.
3. ¿Qué solución propone Leonor para no tener que pagar las clases de inglés? ¿Dónde va a hacerlo? ¿Cómo reacciona su madre?

EN DIRECTO

Identifica los diferentes planes de Leonor y cómo reacciona su madre en cada caso.

PON EN PRÁCTICA

Di qué frase corresponde mejor al documento y justifica tu respuesta.
La madre de Leonor no quiere que estudie turismo.
La madre de Leonor no quiere perder a su hija.

13

Lo esencial

Para expresarte

EN TU MÓVIL

Vocabulario

- arreglárselas solo/a
- no dar crédito
- ser el colmo
- depender de
- hacer frente común
- tender/preparar una trampa
- el síndrome del nido vacío
- ser uña y carne
- sentirse incomprendido/a

Gramática

La phrase conditionnelle
«La furgoneta no tendría nada de especial **si no fuera** por el conductor».
Précis p. 248

Le futur antérieur
«**Se habrá entretenido** con alguna de sus cosas, o **se habrá dejado** el móvil en casa».

Les adverbes en *-mente*
«**Tranquilamente**».
Précis p. 246

Para pronunciarlo

L'hésitation
L'intonation de la phrase dubitative se fait avec un ton plus bas et a des marqueurs tels que le prolongement de la voyelle ou la syllabe finale : mamaaaa..., yyy.... Elle utilise aussi des interjections comme : eh..., hum... et des pauses.

Tarea

Imagina y representa la historia extraordinaria que vivió la anciana del texto. Empieza con:
Cuando os cuente lo que me ha pasado, no os lo vais a creer...

13 Descubre

¿Luchamos por las mismas causas?

Orgullosa de ti

Nicolás se encuentra en la toma[1] de su liceo.

Yo había escuchado de manifestaciones y tomas y, la verdad, pensaba que era otra cosa. Aunque no lo cuento nunca, a mediados de los ochenta, cuando yo aún no había nacido, mis papás andaban todo el día en protestas y barricadas. Sobre todo mi mamá, a la que nunca llamo mamá. En casa todos la llamamos María José. Y María José era la primera en salir y enfrentarse a los pacos[2]. [...]

Así que yo había escuchado una y otra vez la historia de las protestas de los ochenta, durante la dictadura[3]. [...]

—Bueno, tengo que llamar a mi casa. Deben estar preocupados de que no llegué a comer. [...] Aunque intentó disimularlo[4], la voz de mi mamá se escuchaba emocionada.

—¿Estás bien, Nicolás?

—Todo perfecto, María José.

—¿Tienes algo abrigado para dormir?

—Sacamos las colchonetas[5] del gimnasio y también hay sacos de dormir[6].

—Bien. Qué buena idea.

—Y también tenemos comida.

—Veo que están bien organizados. Si necesitan cualquier cosa yo puedo ayudarlos. Cuentas con nosotros para lo que sea.

—¿Y Ernesto?

—Tu papá está en la oficina, pero está al tanto[7].

—Bueno, tengo pocos minutos así que mejor colgamos[8].

—Sí, claro. Yo te estaré llamando.

—Bien.

—Nico —mi mamá se aclaró la garganta[9]—. Quería decirte que estoy muy orgullosa de ti. De que luches por lo que crees justo.

Las cosas son curiosas. He parado más tiros al arco[10] que ningún arquero[11] de la liga interescolar. He logrado detener siete penaltis en partidos de campeonato, y nadie de mi edad que yo conozca puede jactarse[12] de lo mismo. Pero era la primera vez que mi mamá me decía que estaba orgullosa de mí.

Lola Larra (escritora chilena) y Vicente Reinamontes (ilustrador chileno), *Al sur de la alameda. Diario de una toma*, 2014.

1. *l'occupation* 2. *(fam.) les policiers* 3. la dictadura de Pinochet (1973-1990). 4. *(ici) le cacher* 5. *les matelas de sport* 6. *les sacs de couchage* 7. estar al tanto: *être au courant* 8. colgar: *raccrocher* 9. aclarar(se) la garganta: *se racler la gorge* 10. *tir au but* 11. *gardien de but* 12. *se vanter*

Escoge tu camino

POR ETAPAS

1. Lee el texto y di en qué situación está Nico.
2. Presenta a la madre de Nico y explica cómo actuaba cuando era joven.
   comprometida • luchadora • activa
3. Apunta las impresiones de la madre de Nico respecto a la toma.
   protección • aprobación • apoyo
4. Precisa cómo se siente Nico después de haber hablado con su madre.

EN DIRECTO

Explica en qué situación se encuentra Nico y cómo se siente.

PON EN PRÁCTICA

Comenta con tus compañeros/as cómo reaccionarían tus familiares si decides participar en una toma.
comprensión/ incomprensión • aprobación/ desaprobación • preocupación/ serenidad

¿SABÍAS QUE...?

En **Chile**, se llama **pingüinos** a los/las estudiantes de secundaria porque llevan uniforme: chaqueta, camisa y corbata. En 2006 tuvo lugar un movimiento estudiantil de protesta para mejorar la enseñanza chilena que recibió el nombre de **Revolución pingüina**.

Nos comprometemos

27 **Pleno de adolescentes**
© Ayutamiento de Madrid, 2016.

la alcadesa: la maire
la limpieza: la propreté
vial = de tráfico
cumplir = respetar
el carril bici: la piste cyclable
la acera: le trottoir
el bache: le nid de poule
llevar a cabo = realizar

Pleno de adolescentes en Madrid.

¿SABÍAS QUE...?

El Pleno es una reunión en la que participan el/la alcalde/alcadesa y los/las concejales/as. Constituye el órgano de máxima representación política de los/las ciudadanos/as en el gobierno municipal y a él le corresponde el debate de las políticas locales que afectan al municipio.

Entra en acción

1. Escucha la grabación y di de qué tipo de pleno se trata.
   parlamentario • municipal • escolar
2. Apunta los temas sobre los que han reflexionado estos/as chicos/as.
3. Precisa cuáles son los objetivos que les parecen más necesarios.
4. Además de comentar la situación estos/as chicos/as han presentado varias propuestas. Precisa cuáles son.
5. Di a qué se comprometen este grupo de adolescentes.

Lo esencial

Para expresarte

EN TU MÓVIL

Vocabulario

- de tal palo tal astilla
- escuchar/repetir una y otra vez
- el compromiso político
- luchar por sus ideales
- ser un motivo de orgullo/ de satisfacción
- estar satisfecho/a de
- sentir(se)/estar orgulloso/a
- el compromiso ciudadano
- el espíritu ciudadano/solidario

Gramática

L'indéfini *cualquier*

«Si necesitan **cualquier** cosa yo puedo ayudarlos».

Précis p. 243

L'infinitif

«Ciertas reflexiones sobre el **realizar**».

Précis p. 244 et 249

Para escribirlo

La modification orthographique au passé simple

Les verbes terminés en *-gar* modifient le **g-** en **gu-** à la première personne du singulier du passé simple : llegar > llegué.

Tarea

Haz una encuesta sobre el compromiso ciudadano de los jóvenes.

- Escribe cinco afirmaciones con el tema de tu encuesta: *Cuidado de los mayores, mejora del urbanismo, voluntariado...*
- Para interrogar a tus encuestados/as comienza diciendo: *En una escala de 1 a 5 (1: totalmente en desacuerdo, 5: totalmente de acuerdo), di qué opinas de...*
- Realiza la encuesta en tu entorno: clase, familiares, amigos/as, club deportivo...
- Presenta los resultados a la clase.

EN TU MÓVIL Exercices interactifs

La phrase conditionnelle

Observe

1. Observe la phrase et dis de quelle type est la condition exprimée : est-elle réalisable ou non réalisable ?
2. Comment traduis-tu cette phrase en français ? Quel temps emploies-tu dans la subordonnée introduite par *si* ? Et dans la principale ?

Qu'en déduis-tu ?

- Dans les phrases conditionnelles, le verbe est conjugué en espagnol à l' … du … . Le verbe de la phrase principale est conjugué au … .
- En revanche, en français dans la proposition subordonnée, on utilise l'… de l'… .

Entraîne-toi

3. Conjugue les verbes entre parenthèses aux temps qui conviennent.

a. Si Fer no la (tranquilizar) … , su hermana (estar) … desesperada.
b. Si María José no (apoyar) … a Nico, él (ponerse) … triste.
c. Estrella (irse) … a Londres si (tener) … dinero.
d. Los padres (terminar) … hartos si los hijos (seguir) … viviendo en casa.

Précis p. 248

L'infinitif

Observe

1. Analyse la structure en gras dans la réplique de gauche. Comment est-elle composée ? Traduis-la.
2. Dans la réplique de droite, quel est le sujet du verbe « *Es* » ? Traduis la phrase en français et observe quel est le sujet du verbe « est ».

Qu'en déduis-tu ?

- En espagnol, l'infinitif peut être transformé en … . Dans ce cas, il peut être précédé par un … . En français, on doit traduire cet emploi de l'infinitif par … .
- Attention ! En espagnol :
  - *Es importante* **ø** *hacer*
  - Il est important **de** faire

Entraîne-toi

3. Traduis les phrases en espagnol.

a. Il est nécessaire d'inviter les jeunes à participer à la vie citoyenne.
b. Le fait d'avoir un engagement est important.
c. Le fait de profiter de la vie lui semble indispensable.
d. Pour certains parents, il est difficile d'accepter le départ de leurs enfants.

Précis p. 244 et 249

Relaciones intergeneracionales

1 A2 Di qué sentimientos y razones impulsaron a las señoras mayores a participar en esta manifestación.

2 A2/B1 Imagina los consejos que esta mujer puede dar a un/a joven para llegar a su edad tan feliz como ella.

Señoras mayores manifestando junto con jóvenes.

Señora mayor escuchando música.

3 A2/B1 Con la ayuda del mapa mental, explica cómo son tus relaciones con las personas mayores.

VÍNCULOS ENTRE GENERACIONES

PADRES, MADRES E HIJOS/AS

- el cariño
- la dependencia/ la independencia
- la emancipación
- la inversión de roles
- la preocupación

APRENDIZAJES

- el comportamiento en sociedad
- la educación
- el militantismo
- las reivindicaciones
- seguir el ejemplo de
- ser un modelo
- los valores
- la vida política

COMPORTAMIENTOS Y SENTIMIENTOS

- la ayuda mutua
- la comprensión
- la empatía
- estar harto/a de
- la protección
- el respeto/ la falta de respeto
- la saturación
- la sobreprotección
- la solidaridad
- no soportar

¿PARA QUÉ LUCHAMOS?

- para cambiar el mundo
- para dejar un mundo mejor a los/las jóvenes
- para garantizar un futuro mejor
- para no perder lo que consiguieron nuestros padres
- para no repetir los errores de nuestros padres
- para que los/las jóvenes tengan lo que los padres no tuvieron
- para una mejor convivencia
- por los valores universales

¿Qué cambió en la educación?

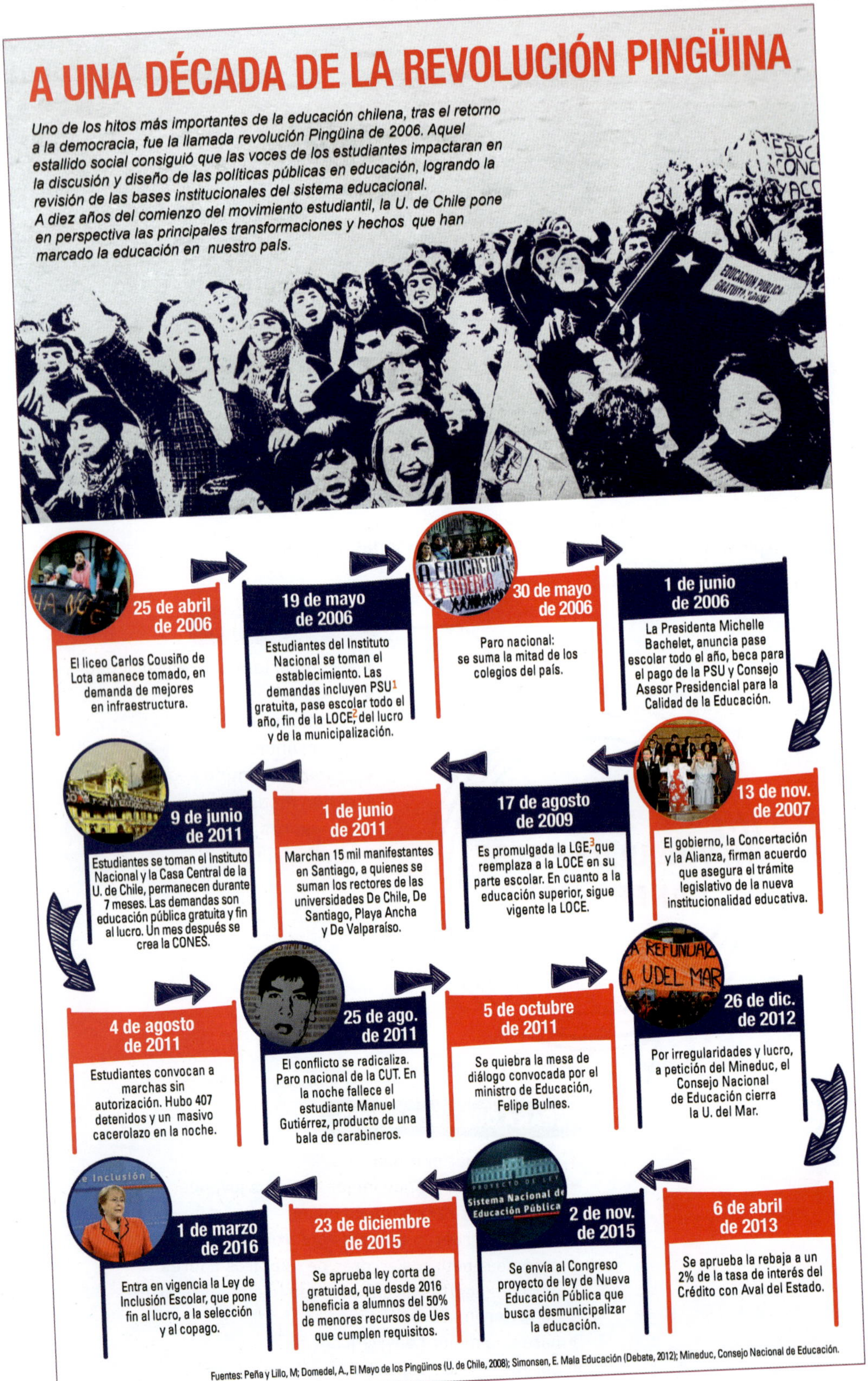

A UNA DÉCADA DE LA REVOLUCIÓN PINGÜINA

Uno de los hitos más importantes de la educación chilena, tras el retorno a la democracia, fue la llamada revolución Pingüina de 2006. Aquel estallido social consiguió que las voces de los estudiantes impactaran en la discusión y diseño de las políticas públicas en educación, logrando la revisión de las bases institucionales del sistema educacional. A diez años del comienzo del movimiento estudiantil, la U. de Chile pone en perspectiva las principales transformaciones y hechos que han marcado la educación en nuestro país.

25 de abril de 2006
El liceo Carlos Cousiño de Lota amanece tomado, en demanda de mejores en infraestructura.

19 de mayo de 2006
Estudiantes del Instituto Nacional se toman el establecimiento. Las demandas incluyen PSU[1] gratuita, pase escolar todo el año, fin de la LOCE[2], del lucro y de la municipalización.

30 de mayo de 2006
Paro nacional: se suma la mitad de los colegios del país.

1 de junio de 2006
La Presidenta Michelle Bachelet, anuncia pase escolar todo el año, beca para el pago de la PSU y Consejo Asesor Presidencial para la Calidad de la Educación.

13 de nov. de 2007
El gobierno, la Concertación y la Alianza, firman acuerdo que asegura el trámite legislativo de la nueva institucionalidad educativa.

17 de agosto de 2009
Es promulgada la LGE[3] que reemplaza a la LOCE en su parte escolar. En cuanto a la educación superior, sigue vigente la LOCE.

1 de junio de 2011
Marchan 15 mil manifestantes en Santiago, a quienes se suman los rectores de las universidades De Chile, De Santiago, Playa Ancha y De Valparaíso.

9 de junio de 2011
Estudiantes se toman el Instituto Nacional y la Casa Central de la U. de Chile, permanecen durante 7 meses. Las demandas son educación pública gratuita y fin al lucro. Un mes después se crea la CONES.

4 de agosto de 2011
Estudiantes convocan a marchas sin autorización. Hubo 407 detenidos y un masivo cacerolazo en la noche.

25 de ago. de 2011
El conflicto se radicaliza. Paro nacional de la CUT. En la noche fallece el estudiante Manuel Gutiérrez, producto de una bala de carabineros.

5 de octubre de 2011
Se quiebra la mesa de diálogo convocada por el ministro de Educación, Felipe Bulnes.

26 de dic. de 2012
Por irregularidades y lucro, a petición del Mineduc, el Consejo Nacional de Educación cierra la U. del Mar.

6 de abril de 2013
Se aprueba la rebaja a un 2% de la tasa de interés del Crédito con Aval del Estado.

2 de nov. de 2015
Se envía al Congreso proyecto de ley de Nueva Educación Pública que busca desmunicipalizar la educación.

23 de diciembre de 2015
Se aprueba ley corta de gratuidad, que desde 2016 beneficia a alumnos del 50% de menores recursos de Ues que cumplen requisitos.

1 de marzo de 2016
Entra en vigencia la Ley de Inclusión Escolar, que pone fin al lucro, a la selección y al copago.

Fuentes: Peña y Lillo, M; Domedel, A., El Mayo de los Pingüinos (U. de Chile, 2008); Simonsen, E. Mala Educación (Debate, 2012); Mineduc, Consejo Nacional de Educación.

El mayo de los pingüinos, Universidad de Chile, 2016.

> Lo importante para nosotros es que la base del sistema educativo sea que todos, por el solo hecho de nacer en Chile, tengamos derecho a acceder a la mejor educación [...].

Gabriel Boric,
portavoz durante la Revolución pingüina.

1. Prueba de Selección Universitaria (examen de ingreso a la universidad)
2. Ley Orgánica Constitucional de Enseñanza
3. Ley General de Educación

1 Lee la infografía y ordena cronológicamente los acontecimientos siguientes:
- **a.** Los/las estudiantes más humildes pueden acceder gratuitamente a la universidad.
- **b.** El movimiento se generaliza a todo el país.
- **c.** Se logra un cambio de la ley de enseñanza.

2 Busca información sobre las PSU en Chile en esa época, la LOCE y la LGE para explicar las razones de la protesta.

3 Realiza una búsqueda sobre la situación de la educación superior en Chile hoy en día y di qué ha cambiado desde la Revolución pingüina.

Organizar un debate

Tema: Los/las jóvenes necesitan que les digan cómo tienen que comportarse. **¿A favor o en contra?**

Etapa 1

- Decide quién va a ser el/la moderador(a) del debate.
  - El/la moderador(a) debe encargarse de distribuir el tiempo de palabra, conceder la palabra a cada grupo, establecer las reglas de respeto e intercambio. Redacta las reglas del debate.

Etapa 2

- Decide qué punto de vista vas a defender.
  - Realiza una lista de argumentos. No olvides anticipar cuáles pueden ser los argumentos del otro equipo para poder rebatirlos.

Etapa 3

- Durante el debate, respeta los turnos de palabra y escucha los argumentos de tus compañeros/as antes de intervenir.
  - Puedes apuntar en una libreta las ideas que se te ocurran durante las intervenciones de tus compañeros/as para no olvidarlas durante tu intervención.

MÉTHODE

Organiser un débat

Avant le débat

1. **Rédige une charte** pour encadrer le débat et distribue-la à tou(te)s les participant(e)s.
2. **Si tu es modérateur/trice, décide du temps de parole par participant(e),** des tours de parole et de l'organisation avant et après le débat.
   - Tu peux accorder un temps de réflexion et de mise en commun des idées, noter les noms des porte-parole et rédiger une fiche pour évaluer le débat.
3. **Si tu participes au débat, concerte-toi avec tes camarades** pour trouver des arguments. Rédigez une liste d'arguments où vous anticiperez ceux de l'équipe adverse pour pouvoir les réfuter.

Pendant le débat

1. **Commence par une présentation** générale et présente ton point de vue en l'illustrant par des exemples, des raisonnements logiques, des comparaisons...
   - Tu peux aussi t'appuyer sur des événements d'actualité ou historiques, ou bien citer des auteur(e)s connu(e)s pour donner plus de crédibilité à ton discours.
2. **Fais un bilan** des différents arguments pour décider qui a su le mieux défendre son point de vue.

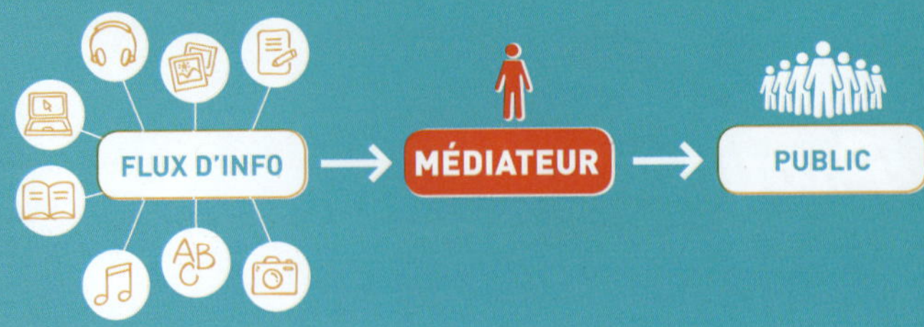

Editor(a) de arte

Las relaciones entre generaciones constituyen una fuente de inspiración para numerosos/as artistas y han sido representadas frecuentemente en la pintura. Elige un cuadro del pintor Joaquín Sorolla para ilustrar tu comentario sobre el tema de los intercambios generacionales.

Joaquín Sorolla (pintor español), *Cosiendo la vela*, 1896.

Comenta un cuadro

- Describe las relaciones intergeneracionales que se observan en cada cuadro.
- Di cuáles son las diferentes generaciones que se observan.
- Comenta la relación entre los personajes y el papel de cada generación.

Je peux expliquer de façon simple des aspects particuliers d'une œuvre d'art.	A2	☐
Je peux expliquer brièvement les impressions et opinions suscitées par une œuvre.	A2+/B1	☐

Presenta un argumento

- Elige un cuadro de un/a pintor/a del mundo hispano para ilustrar la portada de un libro sobre los vínculos intergeneracionales y explica tu elección a tus compañeros/as.

Je peux expliquer avec des phrases simples en quoi une œuvre picturale illustre ou reflète un concept.	A2	☐
Je peux aussi justifier mes interprétations et choix d'analyse d'une œuvre picturale.	A2+/B1	☐

Joaquín Sorolla (pintor español), *La abuela*, 1908.

Para no olvidar su esencia

Dora. Todo el mundo la llamaba «abuela» o «abuela Dora», pero yo prefería llamarla sólo por su nombre para no olvidar su esencia nunca. Era una mujer muy inteligente y especial. Había sido maestra en la República[1], había luchado contra las normas de su época haciendo siempre lo que le había venido en gana[2] sin importar lo que pensaran. [...] Dora perdió a mi abuelo poco después de tener a mi padre y nunca volvió a tener una relación seria con ningún hombre. [...]. Dora, que no pasaba del metro cincuenta, consiguió alcanzar los noventa años con una entereza[3] envidiable. Solía peinarse el pelo canoso con horquillas de niña pequeña y coleccionaba piedras de todos los lugares en los que había estado. [...]

La voz de Dora era aguda aunque calmada. Mi abuela hablaba sin descanso, pero sin prisa, con los ojos siempre fijos en otro lugar al que nunca pudimos llegar. Sin embargo, lo que no perdió nunca fue la sonrisa, la suavidad de las manos y esa rebeldía en la mirada. A pesar de que nunca soltó la cuerda[4] que le ataba[5] a mi abuelo, Dora fue una mujer adelantada[6] a su época, al contrario que muchos mayores que viven anclados[7] en el pasado porque es donde se sienten a salvo. [...]. Ya anciana, supo que le quedaban pocas aventuras más por vivir, así que disfrutaba aconsejando al resto, aunque pocos le hacían el caso que se merecía. Yo le consultaba todas mis decisiones, las importantes y las nimias[8]; le contaba todo lo que me ocurría. Ella era mi ancla, un silencio cómplice, comprensión.

La relación que tenía con mis padres por aquel entonces era quizá algo más alejada y menos empática [...]. Por el contrario, Dora me apoyaba de una forma constructiva y cercana. No me decía que todo le pareciera bien, sino que intentaba que yo mismo tomara mis propias decisiones.

El día que le dije que quería estudiar Bellas Artes, ser un artista y llevar mis obras por el mundo, decisión que mis padres no apoyaban del todo, me contestó:

—Gaelito, mi niño, eres igual que tu abuela. Siempre vas a contracorriente[9] [...]. Mi amor, no dejes nunca que te hagan creer que esto es algo malo o que no merece la pena. Sólo los que van a contracorriente consiguen llegar a su destino; allí donde están todos no hay hueco para nadie más. Y tú te mereces el mejor lugar del mundo. [...] Hagas lo que hagas, busca el latido[10].

Busca el latido. Esa frase que tanto me repetía mi abuela quedaría para siempre grabada en todas y cada una de mis decisiones.

Elvira Sastre (escritora española), *Días sin ti*, 2019.

Entra en acción

Escribe y graba un poema o texto dedicado a la persona mayor que más cuenta para ti a la hora de tomar decisiones importantes. Inspirándote en el texto, combina evocaciones sensoriales y elementos biográficos.

1. La II República española (1931-1939)
2. venir en gana: *n'en faire qu'à sa tête*
3. *fermeté, force du caractère*
4. soltar la cuerda: *lâcher la corde*
5. atar: *attacher*
6. *avancée*
7. *ancrés*
8. = insignificantes
9. *à contre-courant*
10. *(ici) écoute ton cœur*

Séquence 14

Recrear el pasado

→ ¿POR MIEDO AL FUTURO?

Proyecto

Realizar el recetario de sabores ancestrales de la clase

Descubro

- Des tatouages ancestraux de l'Île de Pâques
- La gastronomie préhispanique revisitée
- Une nouvelle vie donnée aux objets grâce au style *vintage*
- Des aliments millénaires
- Des souvenirs autobiographiques dans la prose de Pablo Neruda

Comunico

- Proposer un modèle pour un tatouage
- Présenter un plat traditionnel de la cuisine mexicaine ou péruvienne

MÉDIATION

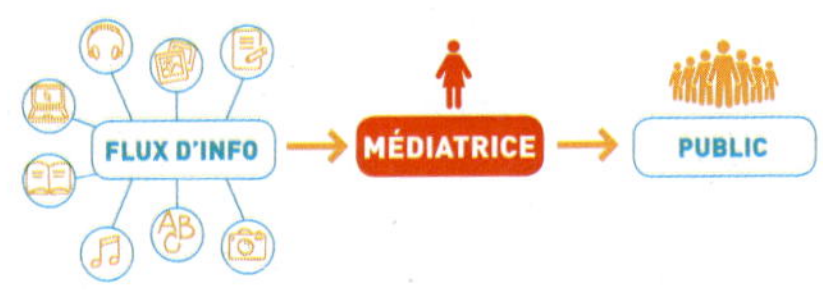

Traduire et présenter des informations sur une styliste

Utilizo

Vocabulario

- La cuisine et la rénovation

Gramática

- La continuité de l'action
- Le passé composé

Pronunciación

- Les groupes *an*, *en*, *in*

Ortografía

- L'accent graphique à l'imparfait de l'indicatif

EN TU MÓVIL
Escucha las canciones

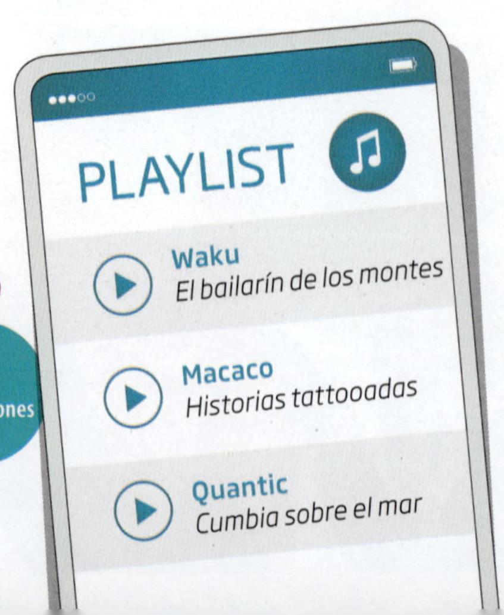

Axe 8

Le passé dans le présent

Ana Palza (diseñadora boliviana), desfile *Cholets*, 2018.

¿A la última moda?

¿Qué tienen de moderno?

¿Simples inscripciones?

1. Ilustración de tatuaje Rapa Nui, *Diario de la expedición* de Théodore de Flore Lappellin, 1872.

2. Hombre con la cara pintada con un diseño Rapa Nui.

3. Hombre con un tatuaje Rapa Nui en la espalda.

Entra en acción

1. Observa las fotografías y di lo que tienen en común. ¿Cuál te sorprende más? Justifica.
   Me llama la atención...
   Me sorprende...
   Me impresiona...
2. Busca información breve e imágenes sobre los diseños de tatuajes *tangata manu, make make, honu* y *moai*. ¿Cuáles reconoces en las fotos?
3. ¿Por qué se habrá tatuado ese símbolo?
   Quizás busque...
   A lo mejor necesita...
   Quizás quiere...
4. A tu parecer, ¿existe una diferencia entre los tatuajes ancestrales y los de hoy? Justifica.

Sobre los tatuajes Rapa Nui[1]

El arte del cuerpo tenía (y sigue manteniendo) una connotación espiritual grande dentro de la cultura nativa. [...] Antes de la colonización occidental, los isleños[2] consideraban estas marcas en el cuerpo como [...] energía espiritual de sus ancestros muertos [...] que les podía dar energía y poder. [...] El proceso de tatuado en los rapanui tenía ciertos parecidos a lo que conocemos hoy, solo cambiaban los materiales e implementos[3] utilizados.

Los nativos hacían uso de agujas de hueso de pájaros o gallinas y también algunas procedentes de las espinas[4] de pescado. [...] La tinta de los tatuajes estaba compuesta por hojas secas y caña de azúcar. [...]

Los tatuajes eran realizados única y exclusivamente por los [...] *ma'ori takona*. [...] Los maestros tatuadores no realizaban su oficio a diario. Elegían ciertas fechas marcadas por fenómenos astrológicos y también por orden de las autoridades de la Isla de Pascua. [...] Las partes donde se podían tatuar y los símbolos, estaban divididos según la edad, sexo y jerarquía de los nativos. Los más jóvenes eran tatuados según su sexo. A los niños se les hacía un diseño en las manos y a las niñas un dibujo en la espalda y mejillas.

Los tatuajes en las piernas eran sólo para los adolescentes y representaban su paso a la adultez. [...] Los símbolos que se plasmaban[5] en la piel de estos aborígenes, incluían elementos de la naturaleza (flora y fauna) y también figuras místicas que representaban parte de sus creencias y religión.

El dios *Make-Make* y los *Moais* son algunos ejemplos de los dibujos en su piel. [...] Hoy los tatuajes se siguen practicando entre los nativos.

Tatuajes Rapa Nui. Secretos, historia e información, parquenacionalrapanui.cl, 22/06/18.

1. Es el nombre de una etnia de la Isla de Pascua (Chile). 2. *les insulaires* 3. *instruments* 4. *les arêtes* 5. plasmar: *reproduire*

Escoge tu camino

POR ETAPAS

1. Lee el texto y explica cuán importantes son los tatuajes para los rapanui.
2. Identifica los motivos de los tatuajes.
3. Busca en el texto las frases que indican que:
   a. Los isleños no podían decidir dónde y qué tatuarse.
   b. Los instrumentos para realizar los tatuajes eran todos naturales.
   c. Los tatuajes son una práctica actual entre los nativos de la isla.

EN DIRECTO

1. ¿Qué poder se le atribuía a los tatuajes?
2. ¿Por qué realizar los tatuajes en ciertos momentos del año?
3. Sugiere dos momentos en el año para esta práctica.

¿SABÍAS QUE...?

El **nombre** del **tatuaje** dependía de donde estaba ubicado:
- ***Retu***, en la frente.
- ***Pangaha'a***, en las mejillas.
- ***Humu***, en los muslos y/o en las pantorrillas.
- ***Tu'haino***, en la espalda.

PON EN PRÁCTICA

Un(a) amigo/a te dice que ha decidido tatuarse una divinidad de Isla de Pascua. Por tratarse de un tema que conoces, le explicas lo que significaban los tatuajes para los nativos, cómo y cuándo se realizaban, así como el lugar del cuerpo en el que se hacían. También le comentarás los tipos de diseños.

Lo esencial

Para expresarte

EN TU MÓVIL

Vocabulario

- exhibir/lucir un tatuaje
- estampar/fijar una imagen
- tener/inculcar una costumbre
- valorar una costumbre
- preservar una tradición
- tener un(a) antepasado/a ≠ ser un(a) descendiente
- sentirse diferente/singular/original
- el sentido de pertenencia

Gramática

La continuité de l'action
«Hoy los tatuajes **se siguen practicando** entre los nativos».

L'imparfait de l'indicatif
«La tinta de los tatuajes **estaba** compuesta por hojas secas y caña de azúcar».

Para escribirlo

L'accent graphique à l'imparfait de l'indicatif

Toutes les personnes des verbes en *–er* et *–ir* conjuguées à l'imparfait de l'indicatif portent un accent graphique sur le **-í** : **-ía**, **-ías**, **-ía**, **-íamos**, **-íais**, **-ían**.

Pour les personnes des verbes en *–ar*, seule la 1re personne du pluriel porte un accent graphique : **-ábamos**.

Tarea

Propón un diseño para un tatuaje.
- Infórmate sobre la Isla de Pascua (flora, fauna, arqueología) y elige un elemento para inspirarte.
- Explica a qué hace referencia, en qué parte del cuerpo está previsto y por qué se inscribe en la tradición ancestral.
- Ilustra tu presentación con imágenes en un diaporama.

Siempre de moda

Gastronomía con sabores prehispánicos

Siguiendo los pasos de Perú y México, otros países latinoamericanos han dejado de mirar a Europa, sus productos, sus recetarios y sus técnicas culinarias como referencias para [...] descubrir una despensa[1] amplísima y métodos de cocción prehispánicos que están recuperando.

En la «Cumbre Gastronómica Internacional Madrid Fusión», [...] cocineros de Argentina, Chile, Colombia o Perú mostraron esta nueva tendencia, que tiene no solo un compromiso con sus raíces, sino también con el medioambiente y las comunidades indígenas.

Desde Argentina, [...] los cocineros [...] presentaron proyectos como «Tierras», impulsado por Germán Martitegui, [...] que ha impulsado un recorrido en vehículo de dos años y 30.000 kilómetros para que 23 colegas de profesión se conecten «con los terruños[2]» y conozcan «a la gente y los métodos de sus ancestros».

Indagan[3] en las culturas de aymaras e incas en el norte, donde la llama se cría a 2.000 metros de altitud y es tan sabrosa que Martitegui la cocina cruda con kiwicha (planta silvestre), ajíes[4] (muy picantes[5]), ollucos y tuntas (dos tipos de tubérculos), pero también exploran la Patagonia y las costumbres culinarias de los mapuches[6].

Pilar Salas (periodista española), elnuevodiario.com, 28/01/2017.

1. *un garde-manger* 2. *le pays natal* 3. indagar: *enquêter* 4. *des piments* 5. *très relevés* 6. *Peuple du sud du Chili et de l'Argentine.*

Entra en acción

1. Lee el texto e indica los países que rescatan la cocina tradicional.
2. Justifica con elementos del texto las siguientes afirmaciones:
   a. La cocina latinoamericana ofrece una gran variedad de alimentos.
   b. Los cocineros no siempre son grandes conocedores de sus tradiciones.
3. La Cumbre Gastronómica Internacional Madrid Fusión ha demostrado su importancia más allá de las recetas de cocina. Explica.
   ser consciente de • sensibilizar • derrochar
4. Di en qué consiste el proyecto «Tierras».

¿SABÍAS QUE...?

El **movimiento Slow Food** promueve la conciencia de **proteger la alimentación autóctona**, basada en la biodiversidad y el respeto del medio ambiente. El objetivo es acceder a alimentos que sean buenos y justos.

Así se hacía antes

Cocina tradicional de Michoacán (México).

Entra en acción

1. Observa la foto y di si te parece una manera práctica de cocinar. Justifica.
2. Las señoras parecen muy ocupadas. Explica con ayuda del léxico.
   simultáneamente • al mismo tiempo

¿SABÍAS QUE...?

Las **cocineras** tradicionales de **Michoacán** (México), lograron que su cocina ancestral fuera **reconocida** por la **UNESCO** como Patrimonio Cultural de la Humanidad en 2010.

revolver: remuer
cocer: cuire
una cazuela: une casserole
hervir: bouillir

El estilo *vintage*

28 *¿Que es el estilo vintage?*

EN TU MÓVIL

Escoge tu camino

POR ETAPAS

1. Observa la foto. ¿Qué crees que está haciendo la gente?
2. Escucha la grabación y di qué alternativa es la correcta para hablar de *vintage*:
   lo contiguo | lo ambiguo | lo antiguo
3. Di de qué década son los objetos utilizados en el *vintage*.
4. Rectifica las frases apoyándote en el audio.
   a. Todo elemento puede ser *vintage*.
   b. Son productos en que no se nota el paso del tiempo.
   c. Muchas veces nos topamos con espacios absolutamente *vintage*.
5. ¿Qué error comete la gente con frecuencia?
6. Escoge los adjetivos más apropiados en relación con el estilo *vintage*:
   barato/a | caro/a | de segunda mano | moderno/a | usado/a | reciclado/a | nostálgico/a | vanguardista

EN DIRECTO

Explica lo que caracteriza el estilo *vintage*.
volver a utilizar • una práctica sostenible • un comportamiento responsable...

PON EN PRÁCTICA

Llegas a casa con un objeto antiguo. Tus padres ponen el grito en el cielo, pero les explicas que no se trata de un objeto cualquiera y les detallas lo que piensas hacer con él.
lucir mejor • original • una antigüedad • una pieza única

Lo esencial

Para expresarte

EN TU MÓVIL

Vocabulario

- valorar las raíces
- saber valorar algo
- preservar/cuidar el medio
- evitar derrochar/desperdiciar
- el consumo sostenible
- renovar un objeto
- otorgar una nueva vida

Gramática

Le passé composé

Germán Martitegui, que **ha impulsado** un recorrido en vehículo de dos años y 30.000 kilómetros».

La concession

«**Aunque** la palabra vintage nos **lleve** a la idea de que se trata de algo antiguo».

Précis p. 248

L'apocope

«No **cualquier** elemento puede formar parte de él».

Précis p. 240

Para pronunciarlo

EN TU MÓVIL

Les groupes *an*, *en*, *in*

En espagnol, il n'y aucun son nasal. Les lettres *an*, *en* et *in* doivent se prononcer clairement et distinctement.

29 Écoute les mots et répète-les clairement.

Tarea

Prepara un diaporama o un cartel para presentar un plato tradicional de la cocina mexicana o peruana.

- Presenta el plato, sus ingredientes y su preparación.
- Explica por qué pertenece a la cocina ancestral.

EN TU MÓVIL Exercices interactifs

La continuité de l'action

Observe

1 **Pour savoir si la pratique dont parlent les deux personnages est encore d'actualité, analyse la structure en gras et traduis-la en français.**

Qu'en déduis-tu ?

- Lorsqu'une action commence dans … et continue de se … dans le présent, je peux parler de la … de l'action.
- Pour exprimer la continuité de l'action en espagnol, j'utilise le verbe … conjugué à la personne qui convient, suivi d'un … .

Entraîne-toi

2 **Complète les phrases en exprimant la continuité de l'action.**

a. Nuestros padres comenzaban a descubrirlo, pero en la actualidad nosotros … … (tomar) conciencia de la importancia de reciclar objetos y prendas de vestir.

b. Los chef de cocina … … (innovar) para difundir las recetas tradicionales.

c. Si tú … … (perpetuar) las tradiciones, estas se preservarán.

3 **Traduis la phrase.**

Nosotros seguimos aprendiendo de nuestros antepasados.

Le passé composé

Observe

1 **Lis la phrase et retrouve les infinitifs des mots en gras.**

2 **Traduis en français la phrase en italiques. L'action de *descubrir* est-elle achevée ou inachevée ?**

Qu'en déduis-tu ?

- Le passé composé se forme toujours à partir de l'auxiliaire … suivi d'un … … .
- L'auxiliaire est conjugué au … de l'indicatif.
- Contrairement au français, on ne sépare jamais l' … du … … .
- En espagnol, le participe passé reste-t-il toujours invariable ?

Entraîne-toi

3 **Conjugue les verbes au passé composé.**

a. Tú (realizar) … … un trabajo espléndido con ese mueble antiguo.

b. Desde pequeña (leer) … … sobre las culturas precolombinas.

c. Ellos (vivir) … … en un mundo respetuoso de las tradiciones.

4 **Traduis la phrase.**

Nous n'avons pas cessé d'être surpris par la richesse des textiles mayas du Guatemala.

Conjugaisons p. 250

La cocina y la renovación

1 A2 Lee las definiciones y asocia cada una a la palabra que corresponde:

cocer •	• Quitar a algo la piel, la cáscara o la corteza.
pelar •	• Pasar un líquido por una manga, un cedazo o un paño.
picar •	• Poner en un plato, vaso u otro recipiente la comida o la bebida que se va a tomar.
servir •	• Cortar o dividir en trozos muy menudos.
colar •	• Hacer comestible un alimento crudo sometiéndolo a ebullición o a la acción del vapor.

2 A2 Clasifica los adjetivos en el cuadro según corresponda:

reciente | desgastado/a | usado/a | nuevo/a | obsoleto/a | actual

Moderno	Antiguo
...	...

3 A2/B1 Observa las imágenes, ¿crees que al restaurar el mueble se le está prolongando la vida? Justifica.

antes

después

4 A2 Ordena el léxico en función de las etapas necesarias para una renovación:

limpiar el polvo | aplicar una capa de pintura | lijar el mueble | cambiar la tapicería

5 A2/B1 Redacta un texto en el que comentas las etapas de la renovación utilizando los conectores temporales:

primero • luego • después • finalmente

No olvides conjugar los verbos utilizando el pretérito perfecto.

Alimentos con historia

1 Observa las imágenes y busca información sobre estos alimentos:

- De dónde son originarios, su zona geográfica...
- Qué tipo de alimento son (un fruto, una verdura, un cereal, una hierba...)
- Busca sus propiedades nutricionales y/o medicinales.

2 Ahora que estás familiarizado/a con el tema, propón tú un alimento ancestral. Infórmate con tu verdulero/a (*marchand de légumes*) sobre dos productos ancestrales de tu región y preséntalos a tu clase.

Proyecto

Realiza el recetario de sabores ancestrales de la clase

Etapa 1

- Con tu grupo busca alguna receta ancestral. Infórmate sobre su origen geográfico. No olvides concertarte con los demás para no repetir la receta.
  - Interroga a tus abuelos/as o amigos/as mayores, consulta libros de cocina tradicional o sitios web.
  - La receta puede ser de tu región o de otro país. Fíjate en los ingredientes: cada lugar tiene sus propias costumbres de alimentación.

Etapa 2

- Apunta los ingredientes antes de explicar la manera de cocinar el plato. Podrás dibujar o hacer fotomontajes para ilustrar tu texto.
  - Haz una presentación con instrucciones claras, utiliza conectores.
    Primero... Para empezar... En seguida... Luego... Por último...
  - Escribe con verbos en imperativo o en infinitivo sirviéndote del vocabulario de la secuencia: precalentar, enfriar, cortar, untar, amasar.

Etapa 3

- Redacta una introducción para presentar tu receta.
  - Investiga sobre su historia: de qué época viene, cómo se comía, en qué periodo del año...
  - Califica las sensaciones que se experimentan al comer el plato para que se le haga agua la boca a tus lectores/as. Por ejemplo: esponjoso/a, crujiente, salado/a, dulce, picante, refrescante...

Etapa 4

- Al final, la clase podrá recopilar todas las recetas en un recetario y organizarlo en capítulos según el tipo de platos o su localización geográfica.
  - Si has hecho tu receta en casa, añade tu opinión y tus consejos personales.

MÉTHODE

Réaliser une production écrite en groupe

1 Formez les groupes.

Veillez à l'équilibre des groupes, en prenant en compte les compétences de chacun(e) (facilités à l'écrit, créativité, connaissances en informatique...).

2 Choisissez le sujet.

Chaque membre du groupe doit s'impliquer dans la recherche et faire des suggestions. Lors de la mise en commun, la meilleure proposition sera retenue.

3 Attribuez des rôles.

- Le/la responsable du groupe sera l'interlocuteur/trice principal(e) entre l'enseignant(e) et les autres groupes.
- Le/la chargé(e) de rédaction aura la responsabilité de rédiger tous les textes.
- L'illustrateur/trice se chargera de la partie iconographique (réalisation de dessins, recherche de photos...).
- Le/la maquettiste s'occupera de la mise en page du document à la main ou à l'aide d'un logiciel.

4 Attribuez des rôles.

Finalisez le travail en faisant une relecture collective pour améliorer le rendu final. Soignez les transitions, corrigez les fautes d'orthographes, optimisez la mise en page et paufinez les détails.

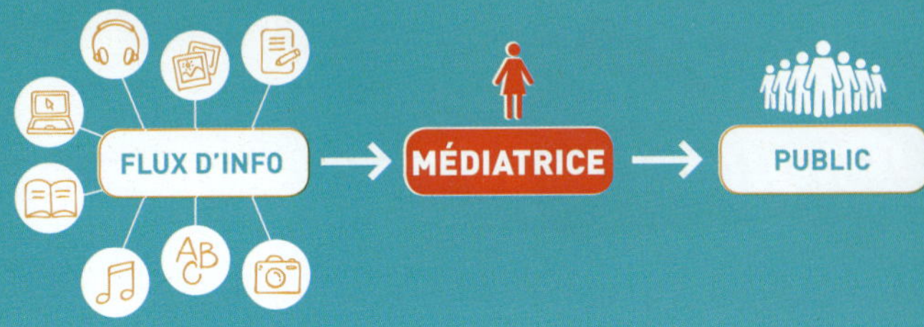

Pasado de moda

Ciertos elementos ancestrales o tradicionales son revisitados en la actualidad en diferentes ámbitos como el de los tatuajes, la gastronomía o el mobiliario. Este interés por el pasado se ha convertido en tendencia y ahora vas a descubrir a una diseñadora de moda que actualiza motivos tradicionales mexicanos.

Abrigo Equihua.

Monica Kim | **Vogue** | 15 de marzo de 2018.

These Graphic Blanket Coats, Made From San Marcos *Cobijas*, Celebrate Latino Culture

«The challenge was», she continues, «how do you take this blanket[1] that can be perceived as cheesy and make it cool?» Equihua found the answer in classic American silhouettes: two collarless calf-length coats[2], a little puffed bomber[3], a leopard skirt and hooded top, a plush zip-up, and two hoodies. She is meticulous with her pattern placement, using clear vinyl templates to engineer existing prints. For instance, the Virgen de Guadalupe, smiling serenely surrounded by full pink roses («With the saints, you always bring them flowers as a way to honor them») running up and down the sleeves[4].

1. *couverture* 2. *manteau sans col allant jusqu'aux mollets* 3. *blouson bouffant* 4. *les manches*

Traduce una reseña de moda

→ Lee el texto y tradúcelo en español a tus compañeros/as.

Je peux citer en espagnol les informations principales d'un texte de mode en anglais.	A2	☐
Je peux résumer en espagnol l'information d'un texte de mode en anglais.	A2+/B1	☐

La mesa, una herencia con orgullo

Dos de las hermanas habían nacido en Aviñón. La más joven, francesa también de sangre, era chilena de nacimiento. Sus abuelos, sus padres, todos sus familiares habían muerto hacía mucho tiempo. Ellas tres se acostumbraron a la lluvia, al viento, al aserrín[1] del aserradero, al contacto de un escasísimo número de campesinos primitivos y de sirvientes rústicos. Decidieron quedarse allí, única casa en aquellas montañas hirsutas[2].

Entró una empleada indígena y susurró algo al oído de la señora mayor. Salimos entonces, a través de corredores helados, para llegar al comedor. Me quedé atónito[3]. En el centro de la estancia, una mesa redonda de largos manteles blancos se iluminaba con dos candelabros de plata llenos de velas encendidas. La plata y el cristal brillaban al par en aquella mesa sorprendente.

Me invadió una timidez extrema, como si me hubiera invitado la reina Victoria a comer en su palacio. Llegaba desgreñado[4] fatigado y polvoriento, y aquélla era una mesa que parecía haber estado esperando a un príncipe. Yo estaba muy lejos de serlo. Más bien debía parecerles un sudoroso arriero[5] que había dejado a la puerta su tropilla de ganado.

Pocas veces he comido tan bien. Mis anfitrionas eran maestras de cocina y habían heredado de sus abuelos las recetas de la dulce Francia. Cada guiso era inesperado, sabroso y oloroso. De sus bodegas trajeron vinos viejos, conservados por ellas según las leyes del vino de Francia. A pesar de que el cansancio me cerraba de repente los ojos, les oía referir[6] cosas extrañas.

El mayor orgullo de las hermanas era el refinamiento culinario; la mesa era para ellas el cultivo de una herencia sagrada, de una cultura a la que nunca más regresarían, apartadas de su patria por el tiempo y por mares inmensos. Me mostraron, como burlándose de sí mismas, un curioso fichero.

–Somos unas viejas maniáticas– me dijo la menor.

Durante 30 años habían sido visitadas por 27 viajeros que llegaron hasta esta casa remota, unos por negocios, otros por curiosidad, algunos como yo por azar. Lo nunca visto era que guardaban una ficha relativa a cada uno de ellos, con la fecha de la visita y el menú que ellas habían aderezado[7] en cada ocasión.

–El menú lo conservamos para no repetir un solo plato, si alguna vez volvieran esos amigos. Me fui a dormir y caí en la cama como un saco de cebollas en un mercado.

Al alba, en la oscuridad, encendí una vela, me lavé y me vestí. Ya clareaba cuando uno de los mozos me ensilló[8] el caballo. No me atreví a despedirme de las damas gentiles y enlutadas[9]. En el fondo de mí algo me decía que todo aquello había sido un sueño extraño y encantador y que no debía despertarme para no romper el hechizo.

Pablo Neruda (poeta chileno), *Confieso que he vivido*, 1974.

1. *sciure (de bois)* 2. *abruptes* 3. *étonné* 4. *décoiffé*
5. *un plouc en sueur* 6. *raconter* 7. aderezar: *(ici) préparer*
8. ensillar: *seller* 9. *en deuil*

Entra en acción

Lee el texto y escribe el fichero de las hermanas francesas. Inventa fechas, nombre y origen de los visitantes al igual que el menú servido a los comensales.

Séquence 15

Evocar y celebrar

→ CONMEMORAR: ¿MODA O NECESIDAD?

Proyecto

Organizar una fiesta conmemorativa con tu clase

Descubro

- Le festival des Trois Cultures de Murcie
- L'Espagne multiculturelle au Moyen-Âge dans les romans de Mariano Calvo et de Jesús Sánchez Adalid
- Le projet de parc thématique de Medina Al-Ándalus
- Les compositions poétiques des *jarchas*

Comunico

- Rédiger un article pour présenter l'intérêt d'un parc thématique
- Présenter le festival des Trois Cultures de Murcie

MÉDIATION

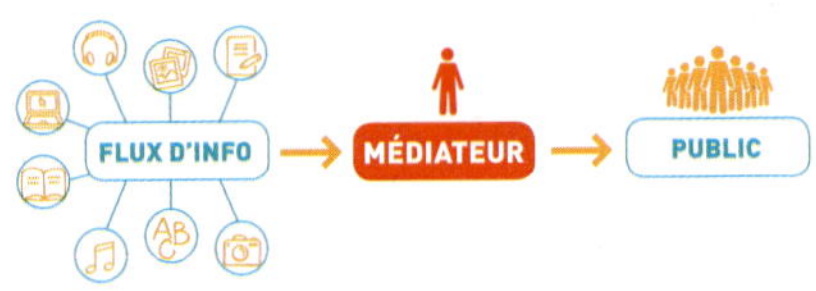

Partager une tradition culinaire en traduisant un texte

Utilizo

Vocabulario
- Le multiculturalisme

Gramática
- L'expression de la simultanéité
- Le plus-que-parfait

Pronunciación
- Les lettres **s** et **z**

Ortografía
- La lettre **m** devant -**b** et -**p**

EN TU MÓVIL
Escucha las canciones

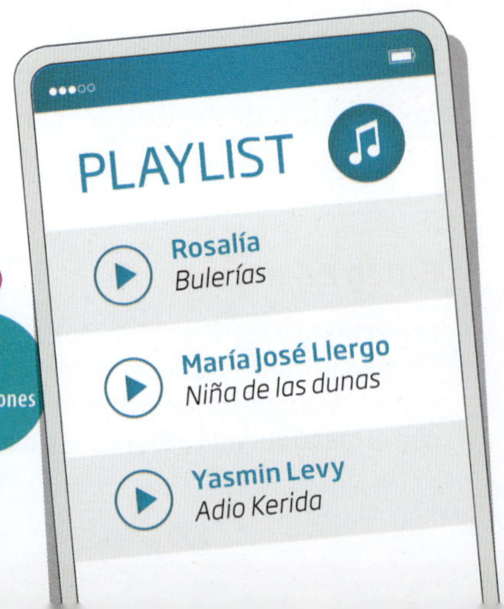

Axe 8
Le passé dans le présent

Cartel del festival de Moros y Cristianos (Elda, España), 2018.

¿Qué te inspira este cartel?

¿Es posible vivir juntos/as?

Una celebración intercultural

Cartel del Festival Murcia Tres Culturas (Murcia, España), 2018.

el judaísmo
el islamismo
el cristianismo
el olivo: l'olivier
una rama: une branche
la palmera: le palmier
el ciprès: le cyprès

¿SABÍAS QUE...?

El **Festival** Murcia Tres Culturas surgió en el año 2000 con el **objetivo** de crear un **punto de encuentro** entre **civilizaciones** y preconizar una llamada a la tolerancia a través de las distintas manifestaciones artísticas.

Escoge tu camino

POR ETAPAS

1. Observa el cartel y di en qué consiste este festival. ¿Te gustaría asistir a este evento?
2. Explica cómo están representadas las diferentes culturas.
   los símbolos • los árboles

EN DIRECTO

Explica cómo este festival trata de recuperar el pasado.

PON EN PRÁCTICA

Comenta con tus compañeros/as el interés de estas fiestas hoy.
convivencia • diversión • historia • rememorar • revivir las tradiciones

¿Gente enemiga?

Guillaume de Clermont, joven monje francés, viaja a Toledo en 1152, algunos años después de la reconquista de la ciudad por los cristianos.

Al llegar a lo más alto del cerro dio con una plaza de mercado abarrotada[1] de tiendas de tela y una multitud heterogénea de vendedores y curiosos. Nunca había visto un sitio tan abigarrado[2] y ruidoso. [...] Los campesinos extendían en el suelo su mercadería de legumbres y frutas; los artesanos ofrecían recipientes de latón y vajillas de barro; otros ambulantes llevaban sobre los hombros tal cantidad de babuchas que sus cabezas desaparecían bajo ellas [...]

Abundaban los individuos de aspecto árabe, aunque también se veían judíos barbudos de sienes[3] rizadas; francos como él, de cabellos rubios y de piel rosada, y castellanos rudos y efusivos. Distinguió otro grupo que, pese a sus chilabas[4] [...], exhibían cruces cristianas colgadas del cuello. Entendió que se trataba de gente mozárabe, de la que algo había oído hablar. Eran descendientes de los cristianos que habitaban Hispania antes de la invasión de los musulmanes, y habían pasado tanto tiempo bajo su dominio que, aunque su fe seguía siendo cristiana, su lengua y muchas de sus costumbres apenas se diferenciaban de las árabes.

Sintió un instintivo disgusto al observar que mozárabes, francos y castellanos se relacionaban con los mudéjares[5] en amigable trato, como si cristianos y musulmanes no fueran gente enemiga [...].

Mariano Calvo (escritor español), *La catedral de los traductores*, 2018.

1. *chargée, encombrée* 2. *multicolore* 3. *tempes* 4. *leurs tuniques* 5. los múdejares = los musulmanes

Entra en acción

1. Lee el texto y describe el ambiente que hay en el mercado de Toledo.
2. Apunta los elementos que hacen referencia al multiculturalismo.
   solemne • bullicioso/a • alegre
3. Completa el cuadro:

Habitantes de Toledo	Descripción física
...	...
...	...
...	...
...	...

4. Explica quiénes eran los mozárabes.
5. Precisa si Guillaume sabía quiénes eran los mozárabes.
6. Explica qué relación mantenían todas estas personas entre ellas y di qué opina Guillaume de esta relación.
   feliz • furioso/a • intrigado/a • sorprendido/a
7. Comenta qué deja entrever el texto sobre la convivencia de las tres culturas en aquella época.
   A mi parecer...
   En mi opinión...

¿SABÍAS QUE...?

El **Toledo medieval** fue el resultado del sucesivo asentamiento de culturas diferentes: **la hebrea**, **la musulmana** y **la cristiana**. Todas ellas lograron convivir con sus dispares formas de organización social, religiosa y económica. La ciudad contaba con una población de alrededor 30.000 habitantes.

15

Lo esencial

Para expresarte

EN TU MÓVIL

Vocabulario

- ser tolerante
- vivir en armonía
- la mezcla cultural
- celebrar la convivencia
- mantener viva la tradición
- lo sorprendente es que
- sentirse disgustado/a
- convivir en paz
- cada uno se respeta

Gramática

L'expression de la simultanéité
«**Al llegar** a lo más alto del cerro dio con una plaza de mercado».

L'expression de la conséquence
«Llevaban sobre los hombres **tal** cantidad de babuchas **que** sus cabezas desaparecían».

Le plus-que-parfait
«Nunca **había visto** un sitio tan abigarrado».

Para escribirlo

La lettre *m* devant *-b* et *-p*
En espagnol, devant les lettres *-b* et *–p*, on n'écrit jamais *n* mais toujours *m* :
campesinos, ambulantes, costumbres.

Tarea

Presenta a tus compañeros/as el Festival Murcia Tres Culturas y explica:

- Qué conmemora, su origen, desde cuándo existe, quiénes participan...
- Qué hechos se destacan.
- Cuál es su objetivo.

¿Para qué sirve recuperar el pasado?

El auge de los parques temáticos

Proyecto del parque cultural temático Medina Al-Ándalus (España).

Los parques temáticos gozan de[1] una gran popularidad a nivel mundial a partir del propio concepto de diversión y entretenimiento que ofrecen. Están considerados de forma general como grandes espacios concebidos[2] para que sus visitantes, principalmente las familias, disfruten de[3] su tiempo libre en un lugar en el que puedan o les hagan alejarse lo suficiente del quehacer[4] de sus vidas cotidianas. La creación de nuevos empleos y la entrada de inversiones importantes en los territorios donde se enclavan, así como el desplazamiento que genera, impulsan el desarrollo del turismo.

1. gozar de: *jouir de* 2. *conçus*
3. disfrutar de: *profiter de* 4. *la routine*

Entra en acción

1. Observa la imagen. ¿Te gustaría visitar el parque temático de Medina Al-Ándalus? Explica por qué.
2. Di cuáles son sus diferentes áreas.
3. ¿Qué monumentos de Al-Ándalus reconoces en el plano?
4. Lee el texto. Explica por qué estos parques son populares hoy en día y di cuáles son sus objetivos.
5. Últimamente están apareciendo otros proyectos de parques temáticos centrados en la historia. A tu parecer, ¿a qué se debe su proliferación?

Evitar los mismos errores

30 *Las llaves de la memoria* de Jesús Armesto, España, 2017.

un marco: un cadre
tener cabida: avoir sa place
heredar: hériter

Escoge tu camino

POR ETAPAS

1. Antes de escuchar la grabación, observa la foto e imagina de qué podrá tratar el documental. Justifica tu respuesta.
2. Escucha la grabación y asocia estas afirmaciones con un elemento del audio:
   a. Natalia Andújar hace referencia a la convivencia andalusí.
   b. Para la profesora, esta convivencia no transcurría sin tensiones.
   c. Para la profesora es necesario recuperar este pasado.
3. Apunta en qué debe inspirarse la gente.
4. Di cómo viven los habitantes en cada época completando las frases:
   a. Antes la gente vivía ...
   b. Ahora sin embargo ...
   c. En el futuro ...

EN DIRECTO

Explica cómo, según Natalia Andújar, el pasado permite imaginar un futuro multicultural.

PON EN PRÁCTICA

En parejas, redacta unas cinco líneas para explicar por qué es necesario recordar el pasado para poder vivir en paz y concordia.

Lo esencial

Para expresarte

EN TU MÓVIL

Vocabulario

- las atracciones mecánicas
- los recorridos temáticos
- un espacio lúdico
- un lugar de ocio
- recordar el pasado
- acordarse del pasado
- se inspira en la convivencia
- aprender el uno de otro

Gramática

Les pronoms démonstratifs
«**Ese** pasado nuestro».

Précis p. 241

L'obligation personnelle
«**Tenemos que** aprender del pasado».

Para pronunciarlo

EN TU MÓVIL

Les lettres *s* et *z*

- La lettre ***s*** en espagnol se prononce toujours comme deux **s** en français :
  el pasado › le passé
- La lettre ***z*** en espagnol ne se prononce pas comme en français, mais plutôt comme le groupe **th** en anglais.

31 Écoute les mots et indique lequel de ces deux sons tu entends : [s] ou [z].

Tarea

En grupos, redacta un breve artículo en el cual explicas:

- El interés de visitar el parque temático de Medina Al-Ándalus.
- Describe también cómo hace para recuperar el pasado.

EN TU MÓVIL Exercices interactifs

L'expression de la simultanéité

Observe

1. Observe la conjugaison du verbe *llegar* dans les deux phrases. Que remarques-tu ?
2. Comment pourrais-tu traduire les deux expressions en gras ?

Qu'en déduis-tu ?

Cuando + verbe conjugué peut être remplacé en espagnol par ... .
Ces deux expressions expriment la simultanéité.

Entraîne-toi

3. Remplace les formes en gras par une autre forme de sens équivalent.

a. **Cuando vio** a Florinda, Rodrigo se enamoró de ella.

b. **Cuando entró** ya no vio a nadie.

c. **Cuando supieron** la verdad se sintieron traicionados.

d. **Cuando te llamé** aún no había terminado de estudiar.

e. Nos pusimos muy contentos **cuando recibimos** el premio.

Le plus-que-parfait

Observe

1. Lis les verbes en gras dans les deux répliques. À quel temps sont-ils conjugués ?

Qu'en déduis-tu ?

Le plus-que-parfait se forme avec l'auxiliaire ... à ... suivi du ... .
Comme en français, le plus-que-parfait exprime une action antérieure à un événement passé.

Entraîne-toi

2. Conjugue les phrases au plus-que-parfait. Utilise la structure apprise et le verbe entre parenthèses :

a. En algunos meses los musulmanes ... ... (invadir) la península ibérica.

b. Algunos nobles visigodos ... ... (pactar) con el enemigo.

c. El ejército musulmán ... ... (vencer) sin problemas.

d. Abd-al-Rahman ... ... (proclamarse) califa de Córdoba.

e. Los cristianos nunca ... (ver) monumentos tan grandes.

f. Tú ... (leer) la historia de Al-Ándalus.

g. El califa ... (decidir) construir la mezquita.

Conjugaisons p. 250

El multiculturalismo

1 A2 Busca los diferentes campos léxicos de las palabras de esta lista y ordénalas en cada uno de ellos.

2 A2 Averigua la etimología de las palabras: Gibraltar, Guadalquivir, ojalá y alcalde. ¿Cuál es tu conclusión?

Herencia léxica

El español cuenta hoy en día más de cuatro mil palabras de origen árabe.

a: un alcalde, una aldea, un álgebra, el algodón, un algoritmo, Andalucía

b: baja, un barrio, una bata, una bellota, una berenjena

c: el café, un califa, una carcajada, un cero, una cifra

ch: un chaleco, una chifla, un chisme, un chivo, una chupa

d: un dado, una daga, una diva

e: un elixir, embelesar, engarzar

f: un faquir, un fideo, un(a) fulano/a

g: un gabán, Gibraltar, Guadalquivir, una guitarra

h: un harén, un hasta

i: el islam

j: un jabalí, un jaque, un jarabe, una jarra, una jirafa

k: una kermés

l: una laca, un latón, una lima, un limón

m: el marfil, un(a) marroquí, una máscara, una mezquita, un(a) místico/a

n: una naranja, una nuca

o: ojalá, ole, un(a) otomano/a

p: un paraíso

q: un quilate, una quina, un quintal, un quiosco

r: un rabal, el ramadán, real, un(a) rehén, un rincón, un(a) rubio/a

s: una sandía, un serafín, un sorbete, un sultán

t: un tabique, un talco, un tambor, una tarea, una taza

u: Ulema

v: una valija

y: yemení

z: una zafra, un zaguán, una zanahoria, un zoquete, un zorro

3 B1 Imagina una entrevista al organizador del festival de las Tres Culturas de Murcia. Escribe 5 preguntas y sus respuestas. Utiliza el vocabulario del mapa mental.

EN TU MÓVIL Más información aquí

LA CONVIVENCIA Y LA CELEBRACIÓN

LA MEMORIA
- acordarse
- la añoranza
- heredar
- la herencia
- las huellas
- el legado
- la memoria
- el pasado
- recordar

LA CONVIVENCIA
- convivir
- la mezcla
- el multiculturalismo
- la paz
- el respeto
- la tolerancia

LA RELIGIÓN
- el cristianismo
- los cristianos
- la cruz
- la estrella
- el islam
- el judaísmo
- los judíos
- la luna
- los moros
- los musulmanes

LA FIESTA Y LA CELEBRACIÓN
- celebrar
- conmemorar
- desfilar
- un desfile
- un disfraz
- disfrazarse
- festejar

15 *Investiga*

Las jarchas, literatura multicultural

Báayse méw quorażón de mib.
Mi corazón se va de mí.
¡Yā Rabb, ši še me tōrnarād?
¡Ay señor, no sé si me volverá!
¡Tan māl me dólēd li-l-habīb!
¡Me duele tanto por el amigo!
Enfermo yéd: ¿kuánd šanarád?
Está enfermo, ¿cuándo sanará?

Yehuda Halevi (c. 1075-c.1140).

Des cuand meu Cidiello vienid
Desde el momento en que viene mi Cidillo[1]
¡tan bona albishara!,
¡Oh, qué buena nueva!,
como rayo de sole yéshed
sale en Guadalajara
en Wad-al-hachara.
como un rayo de sol.

Yehuda Halevi (c. 1075-c.1140).

Tant' amáre, tant' amáre,
¡De tanto amar, de tanto amar,
habib, tant' amáre!
amigo, de tanto amar!
Enfermiron welios nidios
Enfermaron unos ojos antes sanos
e dólen tan málē
y que ahora duelen mucho.

Yosef al-Kātib (a. 1042).

1. *Diminutif de « cid », mot qui signifie homme vaillant.*

"Las jarchas son breves composiciones líricas escritas por poetas andalusíes o judíos durante el período del Al-Ándalus. […]. Jarcha es una palabra árabe que significa salida o final. Solían ponerse dentro de los extensos poemas de la Hispania musulmana (711-1492). Son consideradas la primera manifestación de la literatura española."

1. Busca información sobre las jarchas y explica a tus compañeros/as por qué se llaman así.
2. Di quiénes eran sus autores y qué temas solían tratar.
3. Lee las tres jarchas y di cómo se describe el sentimiento amoroso en cada una de ellas.
4. Realiza búsquedas sobre el zéjel, otra poesía de esta época. Explica a tus compañeros/as las diferencias que existían entre las jarchas y el zéjel.

Proyecto

Organiza una fiesta conmemorativa con tu clase

Etapa 1

- Infórmate acerca de una fecha histórica española.
  - → La llegada de Tariq a la península.
  - → El Día de la Toma de Granada.
  - → El 2 de mayo.
  - → La Constitución española...

Etapa 2

- Imagina los elementos que constituyen la celebración.
  - → Los personajes históricos.
  - → Los vestuarios típicos.
  - → La comida y la música tradicional.

Etapa 3

- Redacta y comparte una reseña en la que explicarás lo que se celebra y la importancia del evento.
  - → ¿Por qué se celebra ese día? ¿Qué significado tiene? ¿Qué se logró?

Etapa 4

- Reúne los elementos en un PowerPoint y preséntalos.
  - → Al final de las presentaciones se elegirá la mejor fiesta conmemorativa.
  - → Si lo deseas, disfrázate de uno de los personajes emblemáticos de la celebración para presentar tu PowerPoint a la clase.

MÉTHODE

Organiser une fête à thème

Avant la célébration

1. **Choisis le thème :** un anniversaire, les couples mythique, une fête historique...
2. **Réfléchis aux préparatifs.**
   Pense à la nourriture, au *dress-code*, à la décoration, en fonction du budget que tu t'es fixé.
3. **Trouve un lieu.**
   Quel lieu correspond le plus à ton thème ou à tes invités ?
4. **Diffuse l'information.**
   - Lance les invitations. Elles doivent donner envie de venir et contenir toutes les informations pratiques.
   - Prévois de belles invitations sous forme de carte ou de flyer à envoyer par la poste ou à remettre en main propre.
   - Tu peux aussi envoyer des invitations par mail, via une newsletter ou sur les réseaux sociaux.

Le jour J

1. **Avant l'arrivée de tes invités, organise l'espace.**
   Comment seront-ils assis ? Autour d'une table ou sur une nappe à l'extérieur ?
2. **Sois un(e) bon(ne) hôte(sse) :** reste avenant(e) et disponible, mais n'oublie pas de t'amuser aussi !

15

Actividades de mediación

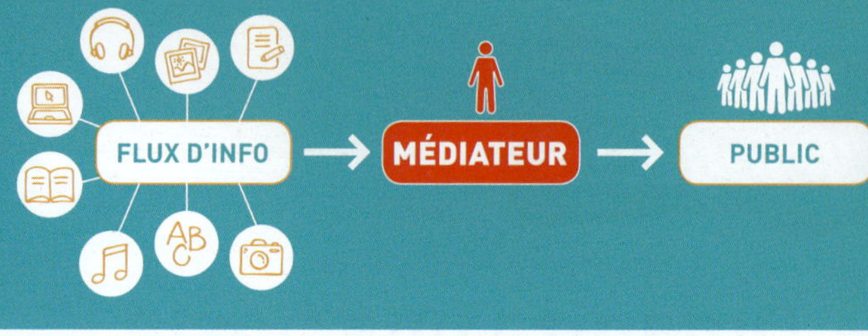

Sabores viajeros

El legado musulmán en la cultura española está presente tanto en la lengua como en la literatura. Ahora vas a descubrir cómo la cultura española ha dejado huella en la cultura musulmana descubriendo el origen de un plato tradicional.

البسطيلة، طبق المناسبات الكبيرة

البسطيلة هي عنوان للفخامة والدقة، وهي الطبق المثالي لجميع الأعياد، الأعراس، والعقيقة وغيرها من الاحتفالات العائلية. يعود أصل طبق البسطيلة إلى إسبانيا مع دخول الموريسكيين إلى المغرب في القرن الخامس عشر، وعرفت هذه الوصفة أوج ازدهارها في قصور فاس بفضل خادمات العائلات الكبيرة، اللواتي ابتكرن الوصفة الشهيرة للبسطيلة المحشوة بالحمام أو السمان، والملفوفة بأوراق العجين الرقيقة... ومع مرور الزمن، ألهمت البسطيلة خيال نساء ورجال موهوبين، أعادوا النظر في مكونات البسطيلة، ونجحوا في ابتكار وصفات جديدة أصبحت من الكلاسيكيات اليوم. بل إن البعض ابتكر حلويات لذيذة وجميلة، بأحجام كبيرة عائلية أو فردية و قطع جد صغيرة.

The pastille; the dish for special occasions

The pastilla, a symbol of refinement and delicacy, is the entrée of choice for all feasts, weddings, births and other family ceremonies. Imported from Spain by the Moors in the 15th century, it blossomed in the palaces oz fez thanks to "dadas" (servants of important families). Who invented the now famous recipe of pigeon or quail stuffing wrapped in "warqa", very thin sheets of pastry...

La pastilla, le mets des grandes occasions

Synonyme de raffinement et de délicatesse, la pastilla est l'entrée par excellence de tous les festins, mariages, naissances et autres cérémonies familiales. Importée d'Espagne par les Maures au XVe siècle, elle s'est épanouie dans les palais de Fès grâce à des « dada » (servantes chez les grandes familles) qui ont inventé la désormais célèbre recette de farce aux pigeons ou aux cailles enveloppées de « warqa », très fines feuilles de pâte...

Revista Royal Air Maroc, enero-febrero 2019.

Traduce un texto sobre un plato

➜ Elige una de las tres versiones del texto, tradúcela al español y preséntala a tus compañeros/as.

Je peux utiliser une langue simple pour faire une traduction approximative d'une langue A à l'espagnol d'un texte court.	A2	☐
Je peux faire une traduction approximative d'une langue A à l'espagnol d'un texte court en suivant de près sa structure originale.	A2+/B1	☐

Evoca el origen de un plato

➜ Lee una de las versiones del texto y explica en español a la clase el recorrido histórico y geográfico de este plato. Sitúa los países en un mapamundi y preséntalo a tus compañeros/as.

Je peux énoncer des informations simples sur l'origine et la transmission d'un plat.	A2	☐
Je peux énoncer des informations plus complexes sur l'origine et la transmission d'un plat.	A2+/B1	☐

Presenta un plato «viajero»

➜ Si conoces otro plato que haya viajado entre una cultura del mundo hispano y otra, preséntalo a tus compañeros/as.

Je peux transmettre des informations simples sur un plat à condition de pouvoir préparer à l'avance ma présentation.	A2	☐
Je peux énoncer des informations plus complexes sur un plat à condition de pouvoir préparer à l'avance ma présentation.	A2+/B1	☐

¿De dónde eres?

Raig al Mawla, cadí[1] de Badajoz y tío materno del califa Hixem acude a Córdoba acompañado por su ejército (la acción transcurre a finales del siglo X). Durante el viaje, Farid, poeta egipcio, se atreve a cabalgar[2] a su lado.

Señor, ¿te importa que cabalgue un rato a tu lado? [...]

—Tu acento no es cordobés[3], joven. ¿De dónde eres?

—Señor, soy egipcio —respondió el poeta, admirado por la cordialidad de esta pregunta—. Todavía no llevo cuatro años completos en Córdoba...

Raig al Mawla sonrió y le tendió la mano, diciendo:

—Tampoco yo soy cordobés de nacimiento. Soy originario del Norte, de la tierra de los vascones[4]. Vine a Córdoba como tantos otros, contra mi voluntad. Me costó adaptarme, pues era apenas muchacho. Pero ahora creo que me resultaría difícil ser feliz en cualquier otro sitio.

Al joven poeta le sorprendió la confianza que le brindaba de manera tan inmediata, siendo tan poderoso. Entonces se fijó en él, aprovechando que volvía a cabalgar con la mirada puesta en el horizonte. Raig al Mawla tenía, en efecto, todo el aspecto de hombre del Norte de pura casta: su cabello y su barba eran completamente canos[5], pero debieron de haber sido rubios en su juventud; sus ojos eran grises, transparentes, y la piel clara de su rostro y sus brazos estaba enrojecida, castigada[6] por el sol del sur. No obstante, su semblante era sereno, grave, pero sin esa dureza en las facciones[7] propia de algunas gentes de las montañas. Farid pensó que la señora seguramente tendría una fisonomía parecida, con el encanto original de las mujeres de su raza. Seguía observando al cadí con disimulo: su cabeza, su nariz recta, su cuello largo y su figura esbelta[8]. Y, como si imaginara todo lo que de él pudiera haber en el califa, que era su sobrino, murmuró sin poder evitarlo:

—¡Qué cosas! El comendador de los creyentes lleva en sí la sangre de los hombres del Norte...

De momento, el poeta se aterrorizó, suponiendo que había cometido una imperdonable imprudencia, y se apresuró[9] a añadir visiblemente azorado[10]:

—¡Perdóname señor! No sé cómo se me ha ocurrido decir una cosa así...

Pero Raíg al Mawla se rió, haciendo signo de negación con la cabeza, y observando:

—Mi sobrino lleva sangre de los rumíes[11] no solo por parte de su madre; ya su padre, sus abuelos y bisabuelos la llevaban. Tú no has dicho nada que no sepa todo el mundo. Así que no tienes por qué disculparte ante mí.

Jesús Sánchez Adalid (escritor español), *Los baños del pozo azul*, 2018.

1. *juge religieux musulman* 2. *chevaucher* 3. *Ton accent ne vient pas de Cordoue.* 4. población de Vasconia, reino cristiano del norte de la península situado en lo que hoy es el País Vasco y una parte de Navarra 5. *gris* 6. castigar: *châtier* 7. *les traits* 8. *svelte* 9. apresurar(se): *se dépêcher* 10. azorarse: *s'inquiéter* 11. los cristianos

Entra en acción

Imagina la continuación de la historia.

a. El cadí le explica al poeta egipcio por qué no es de extrañar que un hombre del norte esté en el poder.

b. Insiste en la convivencia entre las tres culturas.

Séquence 16

El peso de la historia

→ EN AMÉRICA LATINA Y ESPAÑA: ¿LA MISMA VERSIÓN?

Proyecto

Hacer el muro de los días nacionales de los países latinoamericanos

Descubro

- Le récit du siège du Mexique dans le Codex Azcatitlán du XVIe siècle
- Des figures historiques au temps de la Conquête : Inés Suárez, Anacaona et Vasco Núñez de Balboa
- La controverse autour de la « Découverte » dans les œuvres d'Eduardo Galeano et de Gioconda Belli
- Le chemin de l'Inca

Comunico

- Imaginer une rencontre avec des conquistadors et l'écrire dans son journal
- Enregistrer la biographie d'Anacaona
- Débattre de la « Découverte » de l'Amérique

MÉDIATION

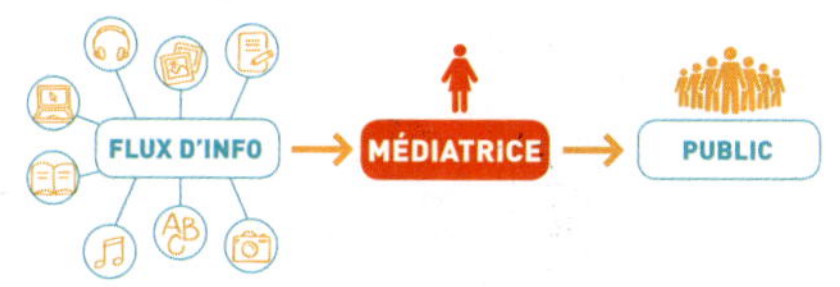

Interpréter et partager des informations sur une frise chronologique

Utilizo

Vocabulario
- Les mots d'origine indigène

Gramática
- L'expression du but
- Les temps du passé

Pronunciación
- La lettre *x*

Ortografía
- Le groupe *-gn-*
- Le suffixe *-izar*

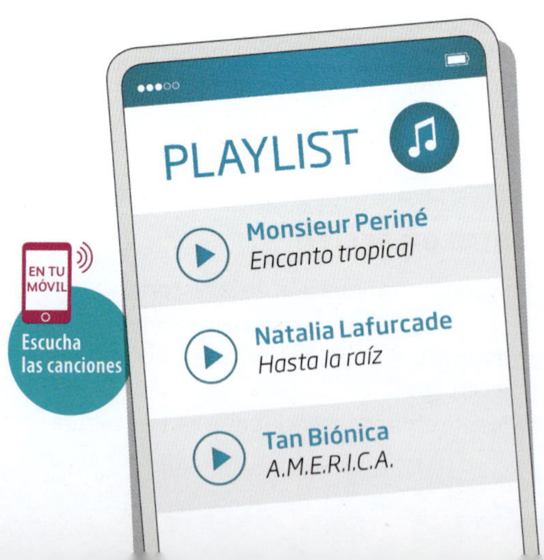

Axe 8
Le passé dans le présent

Hernán Cortés ante Moctezuma, portada del libro Biblioteca del niño mexicano (México), 1900.

¿A los/las niños/as españoles/as se les contará la misma historia?

¿Pasado perfecto?

12 de octubre de 1492

Yo [...], porque nos tuviesen mucha amistad, porque conocí que era gente que mejor se libraría y convertiría a Nuestra Santa Fe con Amor que no por fuerza, les di a algunos de ellos unos bonetes colorados[1] y unas cuentas de vidrio[2] que se ponían al pescuezo[3], y otras cosas muchas de poco valor, con que tuvieron mucho placer y quedaron tanto nuestros que era maravilla. Los cuales después venían a las barcas de los navíos a donde nos estábamos, nadando. Y nos traían papagayos[4] y hilo de algodón en ovillos[5] y azagayas[6] y otras cosas muchas, y nos las trocaban por otras cosas que nos les dábamos, como cuenticillas de vidrio y cascabeles[7]. En fin, todo tomaban y daban de aquello que tenían de buena voluntad. Mas me pareció que era gente muy pobre de todo. Ellos andan todos desnudos [...]. Muy bien hechos, de muy hermosos cuerpos y muy buenas caras. Los cabellos gruesos casi como sedas[8] de cola de caballos[9], y cortos [...]. Ellos no traen armas ni las conocen, porque les mostré espadas[10] y las tomaban por el filo[11], y se cortaban con ignorancia [...]. Ellos deben ser buenos servidores y de buen ingenio, que veo que muy presto dicen todo lo que les decía. Y creo que ligeramente se harían cristianos, que me pareció que ninguna secta tenían. Yo, placiendo a Nuestro Señor, llevaré de aquí al tiempo de mi partida seis a Vuestra Alteza para que aprendan a hablar.

Cristóbal Colón (navegante genovés), *Diario. Libro de la primera navegación*, 1492.

1. *des bonnets rouges* **2.** *des perles de verre* **3.** el cuello **4.** *des perroquets* **5.** *des pelotes de coton* **6.** *des sagaies, des lances* **7.** *des grelots* **8.** *la soie* **9.** *queue de cheval* **10.** *des épées* **11.** *la lame*

Entra en acción

1. Lee el texto y apunta los objetos que intercambiaron los españoles y los indígenas en este primer encuentro.
2. Di qué llamó la atención de Colón con respecto al aspecto físico de los indígenas.
3. Precisa el retrato que Cristóbal Colón hace de los nativos.
   bienintencionados/as • hospitalario/a • dóciles • creyentes
4. Comenta las intenciones de Colón con los indígenas.
   manipular • subestimar • menospreciar

¿SABÍAS QUE...?

Cristóbal Colón (1451-1505) es el **navegante** y **explorador** genovés a quien se le suele atribuir el **descubrimiento de América**. Entre 1492, fecha del primer desembarco en la isla de Guanahaní (San Salvador), y 1505, fecha de su muerte, el navegante realizó cuatro viajes en total, sin haber llegado nunca al continente.

Los viajes de Cristóbal Colón.

El sitio de México

Codex Azcatitlán, siglo XVI.

el bergantín: le brigantin
el estandarte: l'étendard
la armadura: l'armure
el escudo: le bouclier
el sol: le soleil
códice: Libro manuscrito anterior a la invención de la imprenta, normalmente formado por pliegos cosidos y encuadernados.

Entra en acción

1. ¿Cuál es la primera impresión que te produce esta imagen?
   candidez • inocencia • sorpresa • belleza
2. Observa y describe el combate entre Pedro de Alvarado y el guerrero mexica.
   la ropa • las armas • los gestos
3. Precisa la actitud del personaje mexica con Hernán Cortés que se ha caído al agua.
   el gesto noble • la ayuda • la humillación
4. Comenta el combate entre españoles y mexicas.
   igual ≠ desigual • superioridad ≠ inferioridad

¿SABÍAS QUE...?

Hernán Cortés (1485 -1547) fue el conquistador español del Imperio Azteca. Llegó a lo que hoy es México en 1519. Fue recibido como si fuera un dios por el pueblo del emperador Moctezuma. Gracias a estrategias, alianzas y a la violencia, en 1521 logró someter a los mexicas.
Pedro de Alvarado (1485-1521) fue un conquistador conocido por su crueldad y violencia. Conquistó una gran parte de América Central y participó con Hernán Cortés en la conquista del Imperio Azteca. Fue el responsable de la matanza de Tóxcatl.
Al principio, los mexicas le llamaron Tonatiuh (dios del sol en la mitología nahuatl) por su cabello y barba rubios.

16

Lo esencial

Para expresarte

EN TU MÓVIL

Vocabulario

- ocultar sus verdaderas intenciones
- más vale maña que fuerza
- las apariencias engañan
- lo que más atrae su atención
- se percibe la arrogancia en la actitud
- en igualdad/desigualdad de condiciones
- asistimos a dos episodios superpuestos

Gramática

L'indicatif imparfait
«Todos **tomaban** y **daban** de aquello que **tenían**».

L'expression du but
«Llevaré seis a Vuestra Alteza **para que aprendan** a hablar».

Précis p. 244 et 248

Para escribirlo

Le groupe *-gn-*
Lorsque la lettre **g** est suivie de la lettre **n** en espagnol, elles ne forment jamais un seul son, et ne font pas partie de la même syllabe. Par conséquent, il faut les prononcer et les écrire de manière distincte [j] + [n]: **ig-no-ran-cia, ig-no-ran-te**.

Tarea

Imagina que eres uno de los guerreros mexicas que aparecen en el códice.

- ¿Qué escribirías en tu diario acerca del episodio que acabas de vivir con los españoles?
- Puedes inspirarte en el *Diario de Colón* para escribir tu texto y evocar los mismos elementos (físico, actitud, lengua, religión...).

16 Descubre

¿Un pasado en reconstrucción?

Inés Suárez, brutal pero ingeniosa

A Inés Suárez, originaria de Plasencia[1], se la conoce por haber sido amante del conquistador Pedro de Valdivia, un veterano general que había luchado en Europa y que tomó las tierras americanas en nombre del emperador Carlos. Sin embargo, doña Inés era muchísimo más que eso: fue una mujer inteligente, fuerte, valiente, voluntariosa, algunas veces brutal, pero, por encima de todo, ingeniosa.

Inés, que se había quedado viuda[2], decidió embarcarse y probar suerte en las Américas. Cuando llegó a Cuzco[3] conoció a Pedro de Valdivia. Al principio fue su sirvienta y se hizo cargo del hogar[4]. Pero poco después lo acompañó, junto a sus tropas, a la conquista de Chile. Las crónicas de la época destacan su disposición a ayudar a los heridos[5], socorrer a los enfermos y a cualquier actividad que pudiese ayudar a la empresa.

Fue en el desierto de Atacama[6] cuando Inés sacó a relucir[7] su ingenio por primera vez al encontrar agua cuando las tropas estaban a punto de sucumbir a la sed. También cuentan las crónicas que, durante un ataque a Santiago de Chile, Inés se plantó en mitad de la plaza para animar[8] a las tropas y que ella misma ejecutó a unos caciques[9] para acabar así con la moral de los atacantes.

Pese a[10] que obligaron a Inés y a Valdivia a separarse forzosamente por lo «poco moral de su situación», Inés recibió recompensas por su actuación durante las campañas.

Juan de Aragón (escritor e ilustrador español),
Heroínas secretas de la historia de España, 2018.

1. Ciudad de Extremadura (España). 2. *veuve* 3. ciudad de Perú 4. *le foyer*
5. *les blessés* 6. *désert situé au Chili* 7. sacar a relucir: *(fig.) mettre en avant*
8. *encourager* 9. unos jefes 10. a pesar de: *malgré*

Escoge tu camino

POR ETAPAS

1 Completa el cuadro con las cualidades de Inés Suárez.

Más conocidas	Menos conocidas
...	...
...	...
...	...

2 Explica cómo fue el comportamiento de Inés Suárez en Atacama.
intrépido/a • ingenioso/a • providencial

3 Precisa lo que hizo Inés Suárez en Santiago de Chile para desanimar a sus enemigos.
liderar • enfrentar(se) • ejecutar

EN DIRECTO

Presenta a Inés Suárez y los episodios más importantes de su vida.

PON EN PRÁCTICA

Comenta con tu compañero/a el heroísmo de Inés Suárez.
su vida • sus cualidades • la(s) causa(s) defendida(s)
Para mí, lo más heroico es...
lo menos heroico es...

Anacaona

Entra en acción

1. Observa el sello y describe a Anacaona.
2. Explica por qué le habrán dedicado un sello.
   Tal vez.... Seguro que...

un sello: un timbre
la mirada: le regard
las trenzas: les tresses
los pendientes: les boucles d'oreille
la cinta: le ruban
el collar: le collier
las hojas: les feuilles

Sello de República Dominicana, edición 1998.

Balboa

EN TU MÓVIL

VÍDEO

Conquistadores Adventum, © Telefónica audiovisual digital, 2017.

los dioses: les dieux
a cambio de: en échange de
la selva: la forêt
terca = obstinada
la jungla: la jungle
rezar: prier
extender(se): s'étendre

Entra en acción

1. Ve el vídeo y califica la relación entre Balboa y los indios.
   adoración • confianza • respeto • solidaridad
2. Completa la frase:
   Gracias a las informaciones del indio, Balboa y sus hombres pensaban encontrar...
3. Di qué vio Balboa y cómo reaccionó.
   la alegría • la fe • el agradecimiento • el sometimiento • la conquista
4. Explica por qué Cristóbal Colón hubiera querido ver este acontecimiento.
   el convencimiento• la confirmación • la existencia

Lo esencial

Para expresarte

EN TU MÓVIL

Vocabulario

- era de armas tomar
- tenía una personalidad carismática
- se entregó a la causa de...
- tenía un sentido práctico
- mantenía una actitud ambivalente
- se alió con

Gramática

Les temps du passé
«Inés **sacó** a relucir su ingenio cuando las tropas **estaban** a punto de sucumbir a la sed».

Para pronunciarlo

EN TU MÓVIL

La lettre x
Le **x** entre deux voyelles ou en final de syllabe se prononce [ks] : **existía**.
Cependant, dans quelques mots d'origine amérindienne comme **México** ou **Texas**, ou dans des noms propres anciens comme **Ximena** elle se prononce [j].

32 Écoute les mots et répète-les.

Tarea

Biografía de Anacaona.

- Busca información sobre Anacaona.
- Inspirándote en el texto sobre Inés Suárez, haz su biografía y grábala para compartirla con la clase.
- Para darle mayor atractivo a tu grabación y captar mejor la atención de tus compañeros/as, puedes añadirle una música adecuada y/o teatralizar algún episodio de su vida.

¿El pasado construye la identidad?

Fiesta Nacional de España

Cartel de la Fiesta Nacional de España, Ayuntamiento de Galapagar, 2018.

Escoge tu camino

POR ETAPAS

1. Describe los elementos de este cartel.
   el mapa • los archipiélagos • la bandera
2. Indica qué fiestas se van a celebrar.
3. Precisa cómo van a ser las celebraciones.
   religioso/a • laico/a • solemne • hispanoamericano/a

EN DIRECTO

Presenta el cartel y lo que invita a celebrar.

PON EN PRÁCTICA

Y tú, ¿has asistido alguna vez a una fiesta como esta? Cuenta a tus compañeros/as en qué consistió y cómo te lo pasaste.
Me lo pasé muy bien porque...
Me aburrí porque...
Fue divertido porque...

la misa: la messe
Galapagar: Ciudad al noroeste de Madrid.
Guardia Civil: Force armée militaire, sorte de Gendarmerie nationale.

Día del Descubrimiento

En 1492, los nativos descubrieron que eran indios,
descubrieron que vivían en América,
descubrieron que estaban desnudos[1],
descubrieron que existía el pecado[2],
descubrieron que debían obediencia a un rey y a una
reina de otro mundo y a un dios de otro cielo,
y que ese dios había inventado la culpa y el vestido
y había mandado[3] que fuera quemado[4] vivo quien adorara
al sol y a la luna y a la tierra y a la lluvia que la moja[5].

Eduardo Galeano (escritor urugayo), *Los hijos de los días*, 2011.

1. *nus*
2. *le péché*
3. mandar: *ordonner*
4. quemar: *brûler*
5. mojar: *mouiller*

Entra en acción

1. Di qué «descubrieron» los nativos el «Día del Descubrimiento», según Eduardo Galeano.
   lugar y modo de vida • creencias • el sistema político
2. Comenta los recursos que Galeano utiliza para criticar a los conquistadores.
   la burla • el sarcamo • la evidencia

Lo esencial

Para expresarte

EN TU MÓVIL

Vocabulario

- celebrar por todo lo alto
- dejar fuera del acontecimiento a
- la reiteración del término
- un tono burlón
- la voluntad de reparación
- la construcción identitaria
- la relectura de la colonización

Gramática

L'indéfini *otro*
«de **otro** mundo y a un dios de **otro** cielo».

Le passé simple
«**Recibió** a representantes de los treinta y seis pueblos indígenas».

Para escribirlo

Le suffixe *-izar*
Le suffixe ***-izar*** ajouté à un nom ou à un adejctif signifie l'action dont ces mots sont le résultat. Cela correspond en français au suffixe -iser. En espagnol, on l'écrit avec un **z** : colonizar, independizar(se).

Día de la Descolonización

VÍDEO

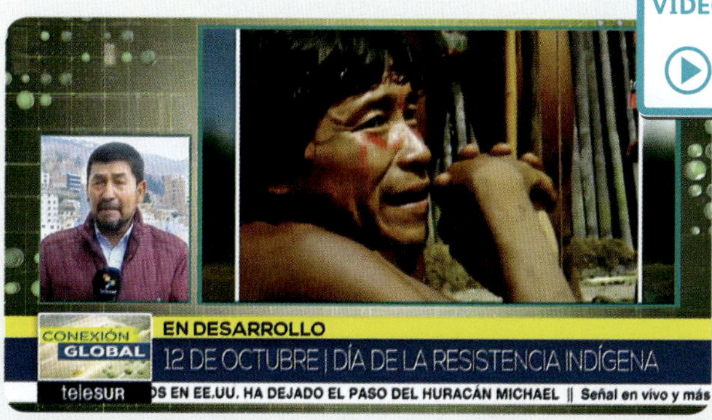

Celebración del Día de la Descolonización en Bolivia
© Canal Telesur, 2018.

La Paz: Ciudad de Bolivia, sede de Gobierno.
hacer entrega de: remettre quelque chose à quelqu'un
la madera: le bois

Entra en acción

1. Ve el vídeo y precisa qué se celebra el 12 de octubre en Bolivia.
2. Apunta qué pasó ese día en la Casa de Gobierno.
   los invitados • los regalos • la exposición
3. Haz una lista con los agravios que han sufrido los indígenas desde la Conquista, según el presidente Morales.
   importancia • condición • lenguas

¿SABÍAS QUE...?

EN TU MÓVIL

Las coronas de Castilla y Aragón (España) y **Portugal** firmaron el Tratado de Tordesillas el 7 de junio de 1494 para repartirse las zonas de navegación y de conquista. Se delimitó una línea imaginaria que dividió de polo a polo el Océano Atlántico. Quedando la zona occidental para los españoles y la oriental para los portugueses.

Tarea

Debate. Hay una sola manera de contar el «Descubrimiento» de América. ¿A favor o en contra?

- Busca todos los argumentos que te permitirán defender tu punto de vista.
- Anota las ideas más contundentes que podrás tratar de imponer en el debate para no olvidarlas.
- Repasa las expresiones para: exponer, argumentar, matizar, contradecir, interrumpir al/a la adversario/a, tomar la palabra.

EN TU MÓVIL Exercices interactifs

L'expression du but

Observe

1 Lis la phrase. Comment traduis-tu le connecteur logique en gras ?

2 À quels temps et mode le verbe en italique est-il conjugué ?

Qu'en déduis-tu ?

En espagnol, comme en français, on utilise le mode ... pour exprimer ... .

Entraîne-toi

3 Conjugue correctement les verbes entre parenthèses.

a. Inés Suárez busca un pozo para que sus tropas ... (poder) beber.

b. Balboa se alía con los indios para que le ... (ayudar) a explorar el territorio.

c. Los incas crean rutas para que las regiones ... (comunicarse) mejor.

d. Los indígenas traen objetos para que el presidente los ... (exponer).

e. Los códices cuentan episodios de la historia para que ... (ellos - ser) recordados.

Précis p. 244 et 248

Les temps du passé

Observe

1 Lis le cartouche. À quel temps le premier verbe en gras est-il conjugué ? Quel type d'action désigne-t-il ?

2 À quel temps est conjugué le second verbe en gras ? Quel type d'action désigne-t-il ?

Qu'en déduis-tu ?

En espagnol, on utilise le ... pour exprimer une action ... dans le passé. Et on utilise l'... pour exprimer une action qui ... dans le passé.

Entraîne-toi

3 Conjugue correctement les verbes entre parenthèses.

a. Colón (llegar) ... a América pero (creer) ... estar en las Indias.

b. En un primer momento, los indios (pensar) ... que los españoles (ser) ... dioses.

c. Colón (embarcar) ... hacia España mientras un grupo de hombres (vigilar) ... el fuerte en la isla.

d. Balboa (quedarse) ... maravillado cuando (ver) ... otro océano por vez primera.

e. Inés Suárez (irse) ... a Cuzco donde ya (estar) ... Pedro de Valdivia.

Conjugaisons p. 250

Palabras de origen indígena

En América, los españoles no solo descubrieron un mundo nuevo sino también los vocablos indígenas que lo nombraban. Esas palabras pasaron a formar parte de la lengua castellana. Observa el origen de cada una de ellas.

1 A2 Casi todas estas palabras pertenecen al campo léxico de los alimentos, los animales y de la naturaleza. Organízalas en tres listas.
¿Conoces todas las palabras? Busca el significado de las que no conozcas en el diccionario de la *Real Academia Española*.

EN TU MÓVIL

2 A2 Inventa una receta para combatir un sentimiento negativo (el aburrimiento, la tristeza...). Debes utilizar por lo menos cinco alimentos.

3 B1 Inventa una leyenda sobre el origen de uno de los elementos de las listas teniendo en cuenta la región de la que procede.

El Camino Inca

➲ El Imperio Inca

Fue la civilización más grande de Sudamérica. El poder lo ejercía una **DIARQUÍA**. Este **GOBIERNO DUAL** consideraba que el poder debía dividirse en dos personas, una que manejaba la vida cívica, política, económica, social y militar y el otro todo lo referente al poder religioso.

El inca o gobernante principal se consideraba sagrado. No se dejaba ver por la gente. Era conducido en andas, pues, según las creencias, si su poder entraba en contacto con la tierra podría producir catástrofes, debido a su fuerza divina.

LA RELIGIÓN

El espacio y el tiempo eran sagrados, por lo tanto, tenían una explicación mítica y una representación ritual. Los tres planos del mundo religioso eran:

HANAN PACHA (EL MUNDO DE ARRIBA)
KAY PACHA (EL MUNDO DE AQUÍ)
URIN PACHA (EL MUNDO DE ABAJO)

HOJA DE COCA CONSUMIDA POR EL CHASQUI PARA EVITAR LA FATIGA

➲ Chasqui

Era considerado como uno de los personajes más importantes debido a que actuaba como principal mensajero del Inca. Se encargaba de correr grandes distancias en el menor tiempo posible, utilizando un sistema de postas donde llevaban encargos y quipus (ramales anudados como medio de transmisión de mensajes). Formados desde niños, generalmente tenían entre 18 y 20 años.

➲ Patrimonio de la Humanidad

El 2003, la UNESCO presentó el proyecto "Qhapaq Ñan", que proponía declarar al Gran Camino del Inca Patrimonio Cultural de la Humanidad (en la categoría paisaje cultural). El Qhapaq Ñan fue reconocido y declarado como Patrimonio de la Humanidad el 14 de junio de 2014.

6.000 KM
ERA LA DISTANCIA DESDE COLOMBIA A CHILE

39.000 KM
DE CAMINOS CUBRÍA LA RED VIAL

"Se ve el camino de los incas tan famoso en estas partes como el que Aníbal hizo por los Alpes. Me parece que si el emperador quisiese mandar otro camino real como el que va de Quito a Cuzco o sale del Cuzco para Chile, ciertamente con todo su poder para ellos no fuese poderoso, ni fuerza de hombre lo pudiese hacer si no fuese con la orden tan grande que para ello los incas mandaron que hubiese".

PEDRO CIEZA DE LEÓN
CRONISTA HISPANO / MEDIADOS DEL SIGLO XVI

1. Apoyándote en la infografía, presenta el Imperio Inca a la clase.
2. Explícale a tu compañero/a el *Qhapaq Ñan* y la figura del chasqui.
3. Comenta la opinión de Pedro Cieza de León sobre el Camino del Inca.

Camino del Inca, diarioeldia.cl, 16/05/16.

Haz el muro de los días nacionales de los países latinoamericanos

Etapa 1

- Elige un país de América Latina.
  - Sitúalo en el mapa.
  - Indica la capital.

Etapa 2

- Redacta una síntesis sobre las celebraciones en ese país:
  - El 12 de octubre.
  - El día de la fiesta nacional.
  - El hecho histórico que evoca: la independencia, una batalla...
  - Los/las participantes.
  - Se trata de una celebración: ¿pública, solemne, popular?
  - Se conmemora con un desfile, una fiesta, un concierto...

Etapa 3

- Ilustra la síntesis.
  - Busca fotos y/o haz dibujos que representen la celebración de ese día.

Etapa 4

- Cuelga tu ficha en la pared de tu clase.
  - Utiliza papel Kraft o de otro tipo para proteger y empapelar una pared de tu clase.
  - Reproduce el mapa de América Latina de manera precisa o esquemática.
  - Pega tu ficha sobre el país que has presentado.
  - Crea un muro virtual con la herramienta Padlet donde podrás dejar la versión digital de tu ficha.

MÉTHODE

Faire la fiche d'un pays

Le choix des sources

1. Pour faire la fiche d'un pays, tu peux demander conseil aux professeur(e)s documentalistes de ton lycée pour consulter des sources récentes et fiables (un atlas par exemple).
2. Lorsque tu fais tes recherches sur Internet, privilégie toujours les sites officiels et institutionnels (gouvernements, ambassades...).

Les informations légales

Le nom officiel du pays, la capitale, la/les langue(s), le drapeau, la monnaie, le système politique, la fête nationale.

Les informations géographiques

Les frontières administratives (pays limitrophes) et/ou naturelles, la situation géographique, les principaux éléments de relief.

Les personnages célèbres

Le/la chef d'État, les personnalités célèbres comme des écrivain(e)s, des artistes, des activistes, des sportifs/ives...

16 Actividades de mediación

Civilizaciones contemporáneas

Esta línea del tiempo sitúa algunas de las realizaciones artísticas y arquitectónicas, más emblemáticas de la historia cultural de América Latina y del resto del mundo. ¿No te sorprende que algunas de ellas sean contemporáneas? ¿Cuáles?

Comenta una línea del tiempo

➜ Observa la línea del tiempo, elige dos monumentos de una misma franja cronológica y preséntalos a tus compañeros/as.

Similitudes y diferencias arquitectónicas, función y utilidad de los monumentos.

Je peux interpréter et décrire des visuels simples portant sur des sujets de civilisation. A2+/B1 ☐

Presenta datos de una civilización

➜ En grupo, elige dos monumentos de una misma franja cronológica y busca información acerca de las civilizaciones que los crearon. Realiza un diaporama y preséntalo a la clase.

Je peux participer à la réalisation de tâches communes simples. A2 ☐

Je peux participer à la réalisation de tâches communes simples et travailler à l'atteinte d'un but commun dans le groupe. A2+/B1 ☐

300 a.C.

Observatorio astronómico
Uaxactún, Guatemala

Gran Muralla China
China

1 d.C.

Pirámide de la Luna
Teotihuacán, México

Coliseo
Roma, Italia

600 d.C.

Tikal
Guatemala

Mezquita de Córdoba
España

900 d.C.

Zona arqueológica de Chichén Itzá
Yucatán, México

Catedral de Notre Dame
París, Francia

1200 d.C.

Machu Picchu
Perú

Capilla Sixtina
Roma, Italia

1500 d.C.

Nuestro mundo no era nuevo

Los españoles decían haber descubierto un nuevo mundo. Pero nuestro mundo no era nuevo para nosotros. Muchas generaciones habían florecido en estas tierras desde que nuestros antepasados, adoradores de Tamagastad y Cippatoval[1], se asentaron. Éramos nahuatls[2], pero hablábamos también chorotego y la lengua niquirana[3]; sabíamos medir el movimiento de los astros, escribir sobre tiras de cuero de venado; cultivábamos la tierra, vivíamos en grandes asentamientos a la orilla de los lagos; cazábamos, hilábamos, teníamos escuelas y fiestas sagradas. [...]

Los españoles decían que debían «civilizarnos», hacernos abandonar la «barbarie». Pero ellos, con barbarie nos dominaron, nos despoblaron.

En pocos años hicieron más sacrificios humanos de los que jamás hiciéramos nosotros en la historia de nuestras festividades.

Este país era el más poblado. Y, sin embargo, en los veinte y cinco años que viví, se fue quedando sin hombres; los mandaron en grandes barcos a construir una lejana ciudad que llamaban Lima; los mataron, los perros los despedazaron, los colgaron de los árboles, les cortaron la cabeza, los fusilaron, los bautizaron, prostituyeron a nuestras mujeres.

Nos trajeron un dios extraño que no conocía nuestra historia, nuestros orígenes y quería que lo adoráramos como nosotros no sabíamos hacerlo.

¿Y de todo eso, qué de bueno quedó?, me pregunto. [...]

Mi madre contaba cómo al principio, nuestros calachunis, caciques[4], organizaban caravanas para ir a conocer a los españoles. Les llevaban regalos, taguizte, oro que les fascinaba. Ella acompañó a mi padre en una de esas embajadas. Decía que era un espectáculo. Iban cerca de quinientas personas portando aves, ofrendas en las manos. Llevaban diez pabellones de plumas blancas. Las mujeres, en número de diecisiete, marchaban con adornos de taguizte, al lado de los calachunis.

Mi madre recordaba al Capitán. [...] Habló con nuestro calachuni mayor. Le pidió más oro. Le dijo que debían bautizarse, renunciar a los dioses «paganos».

Los nuestros prometieron volver en tres días.

El calachuni mayor llamó a los hombres no bien se alejaron del campamento de los españoles. Los invasores eran pocos, lucían débiles e indefensos cuando no montaban sus bestias de cuatro patas.

A los tres días regresaron los calachunis con un número de cuatro a cinco mil guerreros, pero no a bautizarse, como querían los invasores, sino a darles batalla. Y así fue que cayeron sobre ellos y causaron gran confusión y muchos muertos y heridos. Y otros calachunis también los persiguieron cuando pasaron huyendo por sus tierras, para quitarles los presentes que les habían entregado, porque no eran dioses y no merecían pleitesía, ni adoración.

Los invasores huyeron. En largas caminatas donde muchos de ellos perecieron bajo nuestras flechas [...]. Se fueron. Hubo celebración, decía mi madre, se bebió pulque, se bailó, se jugó al volador.

Pero los españoles regresaron meses después. Y traían más barcos, más hombres con pelos en la cara, más bestias y bastones de fuego. Los nuestros comprendieron que no era suficiente ganar sólo una batalla.

Gioconda Belli (escritora nicaragüense), *La mujer habitada*, 1988.

1. Tamagastad y Cippatoval: dioses creadores de los Nicaraguas, el 1º es hombre y la 2ª es mujer.
2. Pertenecientes a la civilización Nahua presente fundamentalmente en el territorio del México actual. Su lengua es el náhuatl.
3. Chorotego, niquirana: lenguas de los diferentes grupos étnicos de la región que ocupa hoy Nicaragua.
4. calachuni = cacique = jefe

Entra en acción

Escribe un poema comprometido a partir de los sentimientos de la narradora sobre la llegada de los españoles.

Séquence 17

Por amor al arte

→ ¿EL ARTE PUEDE SER COTIDIANO?

Proyecto

Presentar un objeto artístico-cotidiano

Descubro

- Un acte artistique : le bombardement de poèmes du collectif Casagrande
- Les objets transformés du photographe Chema Madoz
- Les réalités récréées dans la poésie de Nicanor Parra et de Silvina Ocampo
- Le surréalisme de Salvador Dalí et le *new pop art* de Paul Fuentes

Comunico

- Faire connaître des œuvres et des artistes d'art urbain
- Rédiger une strophe poétique

MÉDIATION

Collecter des informations sur des œuvres d'art afin d'organiser une exposition

Utilizo

Vocabulario

- L'art urbain

Gramática

- Exprimer la comparaison avec ***como si***
- La place des pronoms personnels

Ortografía

- Le suffixe ***-aje***
- Le préfixe ***in-***

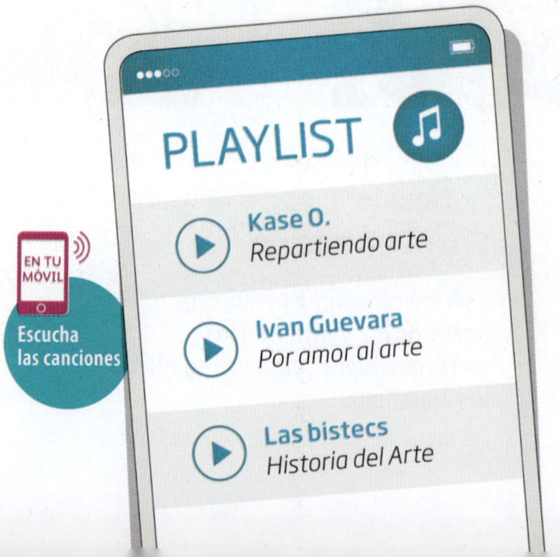

Axe 6

La création et le rapport aux arts

En tu opinión, ¿qué los reúne ahí?

Colectivo artístico Boa Mistura (España), 2016.

¿Arte urbano o vandalismo?

Del grafiti al *yarn bombing*

VÍDEO

¿Qué es el arte urbano? © Líneas cruzadas, 2016.

una plantilla = un estarcido: un pochoir
una pegatina: un autocollant
el ganchillo: le crochet
tejer: tisser, tricoter

Rocío Domínguez y Leo Carrillo (España) hablan sobre el arte urbano y algunas de sus disciplinas, desde el grafiti hasta el *yarn bombing*.

Árbol decorado en *yarn bombing*.

¿SABÍAS QUE...?

Boa Mistura, en español, Buena Mezcla, es el nombre de un **colectivo** madrileño de 5 jóvenes que desde 2001 embellece el espacio urbano con sus proyectos de arte. Su objetivo es transformar las calles y crear vínculos entre las personas.

Escoge tu camino

POR ETAPAS

1. Observa las fotos y di qué te sugiere a ti el arte urbano.
   muchos colores • un ornamento • decorar
2. Ve el vídeo y di cuales son las características del arte urbano.
3. Asocia estas frases con un fragmento del vídeo:
   a. El arte urbano existía antes del siglo XX.
   b. El arte urbano embellece la ciudad.
   c. La ópera no es un arte urbano.
   d. El arte urbano puede ser comprometido.

EN DIRECTO

Di qué es el arte urbano, cuáles son sus características y qué funciones tiene.

PON EN PRÁCTICA

Debate: ¿se puede considerar el arte urbano como vandalismo?

Por una parte, es verdad que...
Me parece que...
Al fin y al cabo, pienso que...

Anamorfismo

Eduardo Relero

Es un artista argentino que realiza anamorfismos con temas satíricos o de crítica social.

Un anamorfismo es una técnica de pintura en la cual podemos ver una obra en 3D desde un ángulo determinado.

Jump, anamorfismo de Eduardo Relero, 2017.

EN TU MÓVIL Más fotos de Relero

Entra en acción

1. Identifica la técnica utilizada por Eduardo Relero.
   el suelo • pintar • dibujar • una ilusión óptica
2. Observa la foto y di en qué medida el trabajo de Relero irrumpe en lo cotidiano.
3. Observa a la persona que aparece en la foto y di cómo reacciona ante la obra.
   interactuar • jugar • (no) ser indiferente
4. ¿Los anamorfismos son obras de arte urbano? Desarrolla tu respuesta apoyándote en los elementos del vídeo (p. 212).
5. Explica cuáles podrían ser los objetivos del artista.
   sorprender al transeúnte • reivindicar • divertir • apropiarse el espacio público

Lo esencial

Para expresarte

EN TU MÓVIL

Vocabulario

- ser legal/ilegal
- el carácter efímero
- un colectivo artístico
- decorar las calles
- mejorar el espacio público
- dos dimensiones (2D)
- un trampantojo
- dibujar en el suelo
- la zambullida
- zambullirse

Gramática

Exprimer la comparaison avec *como si*

«**Como si** la señora la **empujara** a la piscina».

L'expression de la corrélation

«**O bien** que tengan que limpiar la pared sí o sí, **o bien** que su obra permanezca en el lugar».

Para escribirlo

Le suffixe *-aje*

Les mots qui finissent en ***-aje*** viennent en général du français. On les écrit toujours avec un ***j*** : equipa**je**, aprendiza**je**, aborda**je**.

Tarea

Busca en Internet una obra de arte urbano realizada por un(a) artista de la lista siguiente:

- **Franco Fasoli JAZ** (Argentina)
- **INTI** (Chile)
- **SpY** (España)
- **Paola Delfín** (México)
- **El Decertor** (Perú)
- **Colectivo Licuado** (Uruguay)

Presenta las obras en clase y contesta las preguntas de tus compañeros/as.

Pero, ¿esto es arte?

Un acto poético

EN TU MÓVIL Mira el vídeo

EL PAÍS

Adrián Viéitez
Madrid | 31 de mayo de 2018

Poemas que caen como bombas

La gente se reúne para mirar al cielo. Lo hace en lugares en los que el paisaje celeste tiene una memoria trágica. En silencio, inmóviles, todas las personas esperan la llegada de algo desconocido, como si tras las nubes se escondiesen los secretos de su futuro y la cura[1] para un pasado herido. Entonces, de entre las nubes, como ocurre en las memorias bélicas, surge un helicóptero del que comienzan a desprenderse[2] marcapáginas que giran en el aire como trenzas en el viento. Son los poemas que curan la historia de los países. Es el colectivo chileno Casagrande bombardeando las plazas con poesía. [...]

La Plaza Mayor será testigo del octavo bombardeo de poemas de Casagrande, un grupo de cuatro poetas multidisciplinares y con clara vocación performativa. [...]

Plaza Mayor, Madrid.

Su primer bombardeo de poemas tuvo lugar en marzo de 2001, y se efectuó sobre el Palacio de la Moneda, en Santiago de Chile. «Sentimos que la percepción de la historia chilena cambió a partir del primer acto. Por eso buscamos hacerlo en otras ciudades, porque queríamos que todo el mundo sintiese lo que habíamos sentido nosotros», afirma Julio Carrasco.

Desde Santiago marcharon a Croacia, donde cuentan que la gente comentaba: «Dubrovnik ha sido bombardeada tres veces. La primera, por Napoleón; la segunda, en la Guerra de los Balcanes. Esta es la tercera». Su recorrido se prolongó por Gernika. Joaquín Prieto recuerda, estremecido[3], cómo al terminar el lanzamiento sobre la localidad vizcaína, preguntó a un superviviente del ataque aéreo del 37 qué le había parecido el bombardeo. «¿Cuál de ellos, este o el primero?», le contestó.

1. *le remède* 2. *se detacher* 3. *ému*

Escoge tu camino

POR ETAPAS

1. ¿Qué acto poético-artístico describe el artículo?
   una guerra • un bombardeo de poemas • una lluvia de imágenes • un acto violento
2. Analiza la expresión «bombardeo pacífico» y deduce qué es un oxímoron.
3. Asocia los nombres y adjetivos siguientes para formar otros oxímoron.
   guerra • • olvidado/a
   ataque • • pacífico/a
   memoria • • tranquilo/a
4. Di de qué tratan los poemas.
5. Comenta qué piensan los artistas de la poesía.

EN DIRECTO

Explica que acción se describe en el artículo y cuál es su objetivo.

PON EN PRÁCTICA

Debate con tu clase dónde haríais un bombardeo de poemas:
En recuerdo de que, de quien(es).
En qué ciudad.
Con qué medios.
A quien(es) invitaríais.

¿SABÍAS QUE...?

En el 40 aniversario del golpe de estado en Chile, **Casagrande** creó el proyecto **King Kong**: Instalaron un Pinochet inflable gigante atacando instituciones emblemáticas del país.

Arte cotidiano

EN TU MÓVIL Más fotos de Chema Madoz

Cambios de nombre

A los amantes de
las bellas letras
Hago llegar mis mejores deseos
Voy a cambiar de nombre
a algunas cosas
Mi posición es esta:
El poeta no cumple su palabra
Si no cambia los nombres
de las cosas
[...]
¿Mis zapatos parecen ataúdes[1]?
Sepan que desde hoy en adelante
Los zapatos se llaman ataúdes
Comuníquese, anótese y publíquese
Que los zapatos han cambiado de nombre:
Desde ahora se llaman ataúdes.

Bueno, la noche es larga
Todo poeta que se estime a sí mismo
Debe tener su propio diccionario.
[...]

Nicanor Parra (poeta chileno), en *Versos de salón*, 1962.

1. cercueils

EN TU MÓVIL Mira el vídeo

© Chema Madoz

el cuero: le cuir
un cordón: un lacet
un plato: une assiette
un escurridor: un égouttoir
una alcantarilla: une bouche d'égout

Lo esencial

Para expresarte

EN TU MÓVIL

Vocabulario

- un acto simbólico
- mantener la memoria viva
- cambiar la realidad
- transformar lo cotidiano
- modificar la apariencia
- en blanco y negro
- una foto analógica ≠ una foto digital

Gramática

La place des pronoms personnels
«**Comuníquese**, **anótese** y **publíquese**».

Précis p. 246

Le futur proche
«**Voy a cambiar** de nombre a algunas cosas».

Les nombres ordinaux
«La **primera**, por Napoleón; la **segunda**, en la Guerra de los Balcanes. Esta es la **tercera**».

Précis p. 237

Para escribirlo

Le préfixe ***in-***

- Devant un adjectif, il sert à former son contraire : experto > **inexperto**.
- On l'utilise devant toutes les voyelles et toutes les consonnes, sauf *b*, *p*, *l* et *r*.
- Devant *b* et *p* : in- > im- **imbatible**, **impaciente**.
- Devant *l* et *r* : in- > i- **ilimitado**, **irrompible**.

Entra en acción

1. Precisa el tipo de material con el que Chema Madoz trabaja.
2. Escoge una de las fotos. Comenta lo cotidiano de los objetos y cómo Madoz les cambia el sentido.
   Generalmente se usa para...
   En vez de...
3. Lee el poema y di qué debe hacer un verdadero poeta.
4. Identifica el objeto citado y el nuevo nombre que el poeta le atribuye.
5. Explica lo que Nicanor Parra logra al cambiar el nombre de las cosas.
   cambiar la realidad • jugar con la realidad • demostrar que la realidad no es una
6. ¿En qué medida las fotos ilustran la propuesta del poeta?
7. Madoz transformó la realidad. ¿Qué ves ahora en las fotos? Ponles título.

Tarea

Crea un «acto poético».

- Escribe una estrofa de 4 versos cambiándole el nombre a objetos cotidianos.
- Imagina una acción concreta para difundir los poemas de la clase en el instituto.

EN TU MÓVIL Exercices interactifs

Exprimer la comparaison avec *como si*

Observe

1 Lis les phrases et repère les mots en gras. À quel temps est conjugué le verbe après *como si* ?

2 Traduis les répliques en français. Que remarques-tu ?

Qu'en déduis-tu ?

En français, après *comme si* on utilise l' ..., alors qu'en espagnol, le verbe est conjugué au ... .

Entraîne-toi

3 Transforme les phrases en utilisant *como si.*

a. Un ajedrez que representa un ring de boxeo.
→ *Es como si el ajedrez...*

b. Un transportador que se convierte en sol.

c. La alcantarilla que sirve de escurridor.

d. Los zapatos parecen ataúdes.

e. Las hojas del árbol que se transforman en nube.

La place des pronoms personnels

Observe

1 Relève les pronoms en gras dans les répliques. Où sont-ils placés par rapport aux verbes ?

2 À quel temps et modes sont les verbes soulignés ?

Qu'en déduis-tu ?

Au présent de l'indicatif, le pronom est placé ... le verbe. Quand le verbe est à ... ou à ..., le pronom est accolé ....

Entraîne-toi

3 Réponds aux questions en utilisant des pronoms.

¿Qué hace Casagrande con los poemas?
lanzar | escribir
→ *Los lanza. / Los escribe.*
→ *Lanzarlos. / Escribirlos.*

a. ¿Qué hace Chema Madoz con los objetos?
transformar | fotografiar | reinventar

b. ¿Qué puedo hacer con una manzana?
comer | pelar | cocinar

c. ¿Qué puedes hacer con un libro?
leer | escribir | prestar

d. ¿Qué hacen los poetas con las palabras?
moldear | redescubrir | reinventar

Précis p. 246

El arte urbano

1 A2/B1 Asocia las palabras de la misma familia.

un grafiti ○	○ la creación
la pintura ○	○ un(a) grafitero/a
crear ○	○ el arte
artístico/a ○	○ estético/a
la estética ○	○ pintar
sorprender ○	○ callejero/a
la calle ○	○ urbano/a
la urbe (la ciudad) ○	○ la sorpresa

2 A2 ¿Quién es el chico de la foto?
¿Está decorando o ensuciando el muro?

Un chico haciendo un grafiti.

3 A2 ¿Qué disciplinas artísticas pueden realizarse en la calle?

4 B1 Imagina una intervención urbana que te gustaría realizar (tag, grafiti, *flash mob*...). Luego redacta el plan para llevarla a cabo con la ayuda del mapa mental.

ARTE URBANO Y COTIDIANO

MATERIALES
- un aerosol
- las fotos
- los ganchillos
- la lana
- papel y engrudo
- las pegatinas de colores
- la pintura
- la plantilla
- los tejidos

¿QUIÉNES?
- un(a) artista (pluridisciplinar)
- un(a) bailarín/ina
- un colectivo
- una galería de arte
- un(a) grafitero/a
- un grupo
- un museo
- un(a) poeta

TÉCNICAS
- la escritura
- el estarcido
- el esténcil
- la ilusión óptica
- el papel pegado
- el tejido
- el trampantojo

DISCIPLINAS
- la danza
- la fotografía
- el grafiti
- el hip hop
- una performance/actuación
- la pintura
- la poesía
- el yarn bombing

OBJETIVOS
- apropiarse
- crear
- decorar
- divertir
- interpretar
- mejorar
- reivindicar
- sorprender

CARACTERÍSTICAS
- lo efímero
- la ilegalidad
- lo urbano
- el vandalismo

LUGARES
- la acera
- la calle
- la ciudad
- las escaleras
- el espacio público
- el mobiliario urbano
- el suelo
- la pared
- los troncos de los árboles

¿Plagio o inspiración?

Salvador Dalí (artista español), *Teléfono langosta*, 1936.

Salvador Dalí (1904-1989), artista español, foto de Jean Dieuzaide.

"No entiendo por qué, cuando pido una langosta a la parrilla en un restaurante, nunca me han servido un teléfono cocinado."

Salvador Dalí

Paul Fuentes, *Folded Fuentes*, 2015.

Paul Fuentes (artista mexicano), *Hello Banana*, 2015.

"Quiero hacer feliz a la gente. Con un gato-sushi o una hamburguesa jugosa, mi objetivo es romper tu aburrido muro de Instagram y plasmar una sonrisa en tu cara."

Paul Fuentes

1. Al leer la cita de Dalí, ¿te haces una idea de lo que es el surrealismo?
2. Busca la definición de ese movimiento artístico.
3. Busca más información sobre las obras de Fuentes.
4. En tú opinión, ¿Fuentes copia o se inspira en Dalí?
5. Ilustra tu respuesta con ejemplos de sus obras.

Proyecto

Presenta tu objeto artístico-cotidiano

Etapa 1

- A la manera de Dalí, Fuentes o Madoz, piensa en un objeto de la vida cotidiana que te gustaría transformar en un objeto artístico.
  - Para lograrlo, tienes que cambiar la apariencia del objeto. Por ejemplo, puedes transformar las tijeras en un pájaro. En este caso, pon plumas o papel seda en las tijeras para que se parezcan a un pájaro.

Joan Miró, *The eye attracts diamonds*, 1974.

Etapa 2

- Decide qué medio artístico vas a utilizar y cuál será el estilo de tu obra.
  - Medios artísticos: foto, fotomontaje, vídeo, escultura...
  - Estilos: arte urbano, arte surrealista, *new pop art*...

Etapa 3

- Elabora tu objeto artístico y anota el proceso de creación.
  - ¿Cómo realizaste la obra? ¿Por qué la realizaste así? ¿Qué meta te propones alcanzar con ella?

Etapa 4

- Presenta tu obra en clase y comenta el proceso creativo que has seguido.
  - Para presentar tu obra:
    • *He aquí...* • *Os presento mi proyecto, se trata de...* • *Aquí está...*
  - Para describir la realización del proyecto:
    • *Elegí utilizar...* • *Para eso, utilicé...*
  - Para comentar el proceso creativo:
    • *Pensé en transformarlo/a en...* • *Ya que...*

MÉTHODE

Présenter un exposé oral

Pour présenter un projet, un document, ou décrire une image, sois clair(e) et concis(e). Il faut donner envie d'être écouté(e) !

Avant l'oral

1. **Prépare des notes** qui te serviront d'aide-mémoire. Sers-toi de mots-clés.
2. **Organise les informations** :
   - Pour l'introduction, rédige une accroche qui annonce le thème principal :
     Hoy vamos a hablar de...
   - Prévois un plan en deux ou trois parties.
   - Utilise des connecteurs logiques pour montrer les étapes de l'exposé :
     En la primera parte • *Primero* • *Para empezar* • *En segundo lugar* • *Para seguir* • *Para terminar...*
   - Utilise des tournures pour nuancer :
     Por un lado • *Por otro lado* • *Sin embargo* • *Además...*
   - Pour la conclusion, reprends le plus important de façon succincte :
     Para concluir • *A modo de conclusión...*

Pendant l'oral

1. **Capte l'attention** du public.
2. **Parle fort** et pas trop vite.
3. **Fais des pauses** et insiste sur les mots-clés.
4. **Interpelle le public** avec des interjections :
   ¡Ojo! • *¡Escuchad bien!* • *Pues* • *A ver...*

17 Actividades de mediación

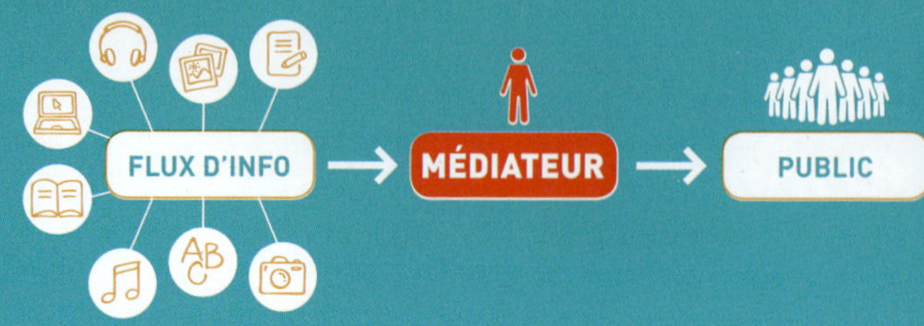

Una galería de arte

El montaje de una exposición de arte es una tarea delicada que requiere tiempo y dedicación. Es importante escoger bien las obras y cuidar su presentación para que el público las aprecie. Organiza una exposición en tu aula o en un espacio colectivo de tu instituto con las reproducciones de las obras de arte de esta secuencia.

Graba la audioguía de la exposición

- Después de haber observado y analizado las obras seleccionadas, graba una audioguía que ayude al visitante a comprenderlas mejor.

La audioguía se podrá difundir con un flashcode; así, cada visitante podrá escuchar con sus auriculares la exposición.

Je peux indiquer de façon simple quels aspects d'une œuvre m'intéressent particulièrement.	A2	☐
Je peux expliquer brièvement les impressions et les opinions suscitées par une œuvre.	A2+/B1	☐

Realiza la campaña de comunicación

- Comunica el nombre de la exposición, el lugar y las fechas en las que se llevará a cabo.

Se puede hacer mediante un cartel, folletos (flyers) o marcapáginas. Piensa en la plataforma de gestión educativa (ENT) de tu instituto.

- Busca un título original e impactante.
- Saca fotos de las obras y elige la(s) que va(n) a representar la exposición.

El folleto y/o el marcapáginas pueden reproducir el cartel en un tamaño menor.

Je peux participer à la réalisation d'une tâche commune simple en échangeant avec les participant(e)s à condition que je puisse demander de répéter ou de reformuler.	A2	☐
Je peux également travailler à atteindre un but commun, en interrogeant simplement et en répondant à des questions claires.	A2+/B1	☐

Una chica visitando una exposición.

Crea las etiquetas de las obras

- Realiza las etiquetas de las obras con el texto español traducido al francés y al inglés.

Indica al visitante el/la autor(a), el título, la fecha de realización de cada obra y la técnica utilizada.

Je peux utiliser une langue simple pour faire une traduction approximative de l'espagnol à une langue A.	A2	☐
Je peux faire des traductions approximatives en suivant de près la structure du texte original.	A2+/B1	☐

¡Qué GUSTO LEER!

Las nuevas leyes de la perspectiva

Desperté con una sensación agradable porque el calor se había aplacado[1]: una frescura nueva acariciaba mi frente. Durante unos momentos, antes de levantarme de la cama que yo me había preparado en el suelo la noche anterior, miré el cielo. Tengo la costumbre de contemplar el cielo, pues, como suelo dormir al aire libre bajo las estrellas, es natural que lo primero que mire sea el cielo. [...] Ya es de día. El mar está bastante cerca, pero uno se equivoca a veces con las distancias si no hay un punto de referencia. Si cuando abrí los ojos me pareció que estaba en un desierto, ahora advierto[2] que hay mucha gente que camina por las calles. Las personas, vistas de lejos, a medida que se acercan se están achicando, pero entonces yo me alejo para verlas como si estuvieran más cerca y de un tamaño normal. Al principio, todas estas anomalías no me parecieron raras[3], pero después de comprobar que esto no sucedía por accidente o por mero efecto óptico, comencé a alarmarme y a estudiar todas las manifestaciones de la perspectiva. Con los edificios sucedía lo mismo que con las personas. Quise entrar en el correo[4] cuyas instalaciones brillaban a lo lejos. Me acerqué. El edificio se achicó a tal punto que era del tamaño de una estampilla[5] cuando llegué. Soy fotógrafo de profesión: para pagarme los estudios me dediqué durante un tiempo a este trabajo. Pensé sacar algunas fotografías para dejar una prueba de lo que estaba viendo. Pero era difícil que una fotografía diera la visión de esta nueva perspectiva.

Lo que me pareció al principio divertido, me asustó de golpe. Asimismo pensaba que si pudiera sacar partido de estas anomalías, triunfaría en el mundo entero, porque lo único que hoy día tiene éxito es el descubrimiento de una nueva técnica, y ésta podría llamarse «la nueva técnica de la perspectiva».

Me enamoré sin advertir que la técnica de la perspectiva podía estar reñida con[6] la realización del amor. Pero ¿cómo lograría ver a mi amada de tamaño normal? Ya estaba cansado de verla en la lejanía, acostada en la arena a la hora de la siesta, mirando el sol a través de sus anteojos negros.

Mil veces recorrí la distancia que me separaba de ella para verla achicarse a medida que me acercaba.

Mil veces retrocedí para verla agrandarse de nuevo con la emoción que me producía su imagen como si la tocara, a veces como si la tuviera en mis brazos.

¿Cómo lograría estando cerca, tenerla cerca?

Silvina Ocampo, «Las nuevas leyes de la perspectiva», en *Las repeticiones*, 2006.

1. aplacarse: *se calmer* 2. advertir: *remarquer* 3. *étranges* 4. *(ici) le bâtiment de la poste* 5. *(amer.) un timbre* 6. estar reñido/a con: *être en contradiction avec*

Entra en acción

1. El narrador percibe estas nuevas leyes de la perspectiva en varias ocasiones. Cita las tres que aparecen en el texto y di cómo reacciona en cada caso.
2. ¿En qué consisten «Las nuevas leyes de la perspectiva que experimenta el narrador?» Trata de esquematizar con un dibujo lo que ve. Luego coméntalo con tus compañeros/as.

Séquence 18

Pura belleza

→ ¿EL ARTE TIENE ALGUNA UTILIDAD?

Proyecto

Crear un póster interactivo para el Día Mundial del Arte

Descubro

- Daniel Arzola, Laura Zafra Art, Alfredo Jaar et leurs œuvres engagées
- L'initiative inclusive du chœur vénézuélien *Manos Blancas*
- La réalité sans filtre dans le roman d'Adolfo Couve
- La négritude dans l'œuvre de Wilfredo Lam et d'Aimé Césaire

Comunico

- Débattre sur le thème de la tolérance
- Imaginer et présenter un projet pour améliorer l'entrée de son lycée
- Expliquer les raisons d'assister à un concert

MÉDIATION

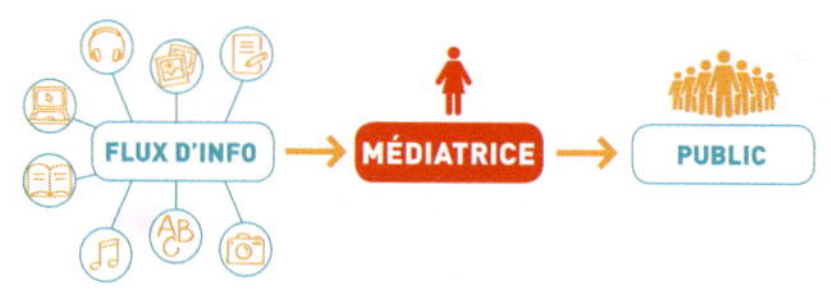

Présenter un artiste engagé à partir de l'analyse d'une œuvre picturale

Utilizo

Vocabulario

- L'engagement et l'art

Gramática

- Les superlatifs relatifs
- Des équivalents de « devenir »

Pronunciación

- Le groupe vocalique ***au***

Ortografía

- Les mots en ***-ción***
- Le *seseo*

EN TU MÓVIL
Escucha las canciones

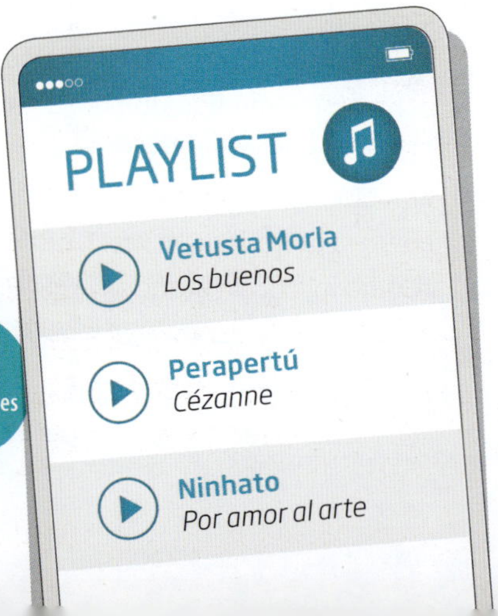

Axe 6

La création et le rapport aux arts

Victoria Villasana (artista mexicana), *Visión*, 2019.

¿El arte permite defender causas?

Artivismo

EN TU MÓVIL

VÍDEO *Entrevista a Daniel Arzola* ©Informe21TV, 2014.

Daniel Arzola, el «artivista» de la diversidad, creó la campaña «No Soy tu Chiste[1]» para denunciar y educar sobre la homofobia, la discriminación y la violencia en una sociedad que calla frente a los ataques a las personas LGBTI (lesbianas, gay, bisexuales, transexuales e intersexuales). Es «artivismo», es decir, utilizar el arte como una herramienta[2] para representar positivamente a las minorías, explica el autor de este arte digital.

1. un chiste: *une blague* 2. *un outil*

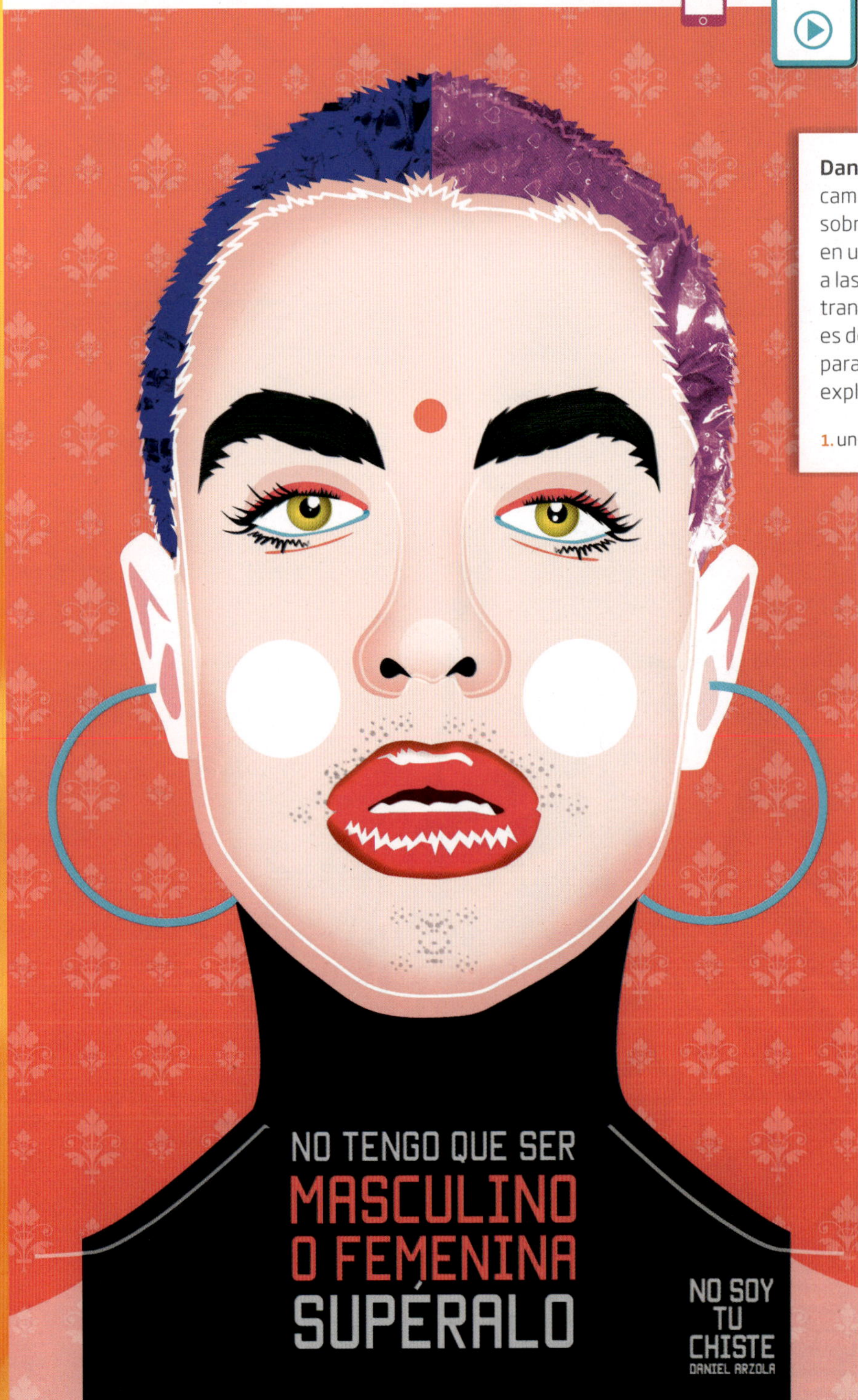

Daniel Arzola (artista venezolano), *No tengo que ser masculino o femenina, supéralo*, 2016.

quedar = permanecer
fíjate: tu vois
no hace falta: il n'y a pas besoin
criar: élever (un enfant)

Entra en acción

1. Lee el texto y precisa el objetivo de la campaña.
2. Observa el cartel y di cómo el artista pone en relieve la noción de diversidad.
3. Ve la entrevista y completa: No soy tu chiste es....
4. Según Arzola, el artivismo es utilizar el arte para ..., ..., ...
5. Explica qué piensa Daniel Arzola del arte y de las palabras.
6. El artista afirma que no somos iguales, que eso es una mentira. Justifica con elementos del vídeo.
7. Comenta con tus compañeros/as la afirmación siguiente: La diversidad es la mayor expresión de libertad.
8. Con tus compañeros, reflexiona sobre cómo ilustrar el respeto a la diversidad en tu instituto. Crea un cartel y un eslogan.

Las palabras también dejan marcas

Laura Zafra Art (illustradora española), *Las palabras también dejan marcas*, 2018.

Lo esencial

Para expresarte

EN TU MÓVIL

Vocabulario

- la lucha/el combate por alguien o por algo
- instruir/educar a la gente, a los ciudadanos, a la población
- ser la víctima ≠ ser el/la agresor(a)
- padecer un sufrimiento
- denunciar/alertar/dar a conocer algo a alguien
- herir/maltratar/ofender

Gramática

L'obligation
«**Hay que** ir a por esas luchas».

La négation avec *ni siquiera*
«**Ni siquiera** somos iguales a nuestros hermanos y eso que nos criamos con ellos todos en el mismo universo».

Para escribirlo

Les mots terminés par *-ción*
La terminaison ***-ción*** se traduit généralement par **-tion** en français : **discriminación**, **afirmación**, **asociación**.
Lorsque les mots sont écrits au pluriel, l'accent sur le **-o** disparaît :
discriminación › **discriminaciones**.

Escoge tu camino

POR ETAPAS

1. Observa la imagen. ¿Quién será esta chica? ¿Qué expresa su rostro?
2. Lee lo que está escrito en su piel. ¿Qué efecto te producen las palabras?
   incomprensión • confusión • empatía • menosprecio
3. ¿Este cartel te parece una herramienta eficaz de denuncia? Justifica.

EN DIRECTO

Identifica lo que denuncia la ilustradora y los recursos que utiliza.
la metáfora • el uso del color • el énfasis

PON EN PRÁCTICA

¿La artista podría haber representado a un chico en lugar de una chica? Argumenta.
el papel de los/las chicos/as • ejercer el control sobre • el aspecto físico • la dependencia • la sumisión • ser posesivo/a
Por un lado...
Por otro lado...
Ahora bien...
Por lo tanto...

Tarea

Debate. ¿Cuál de estas dos afirmaciones te parece definir mejor la tolerancia?

Ser tolerante es pensar que todos/as somos iguales.
Ser tolerante es aceptar al otro tal como es.

- Jerarquiza tus ideas.
- Justifica con tus conocimientos.
- Puedes estar parcialmente de acuerdo con las ideas de los demás.

¿El arte puede ser político?

Protestar y denunciar

www.elmostrador.cl

elmostrador

El primer medio digital de Chile

Redacción El Mostrador | Santiago de Chile | 15 de junio de 2018

El arte es un esfuerzo constante de cambiar la realidad

En una conferencia impartida[1] en el Museo de Arte, Arquitectura y Tecnología (MAAT) de la capital portuguesa, Jaar afirmó que el trabajo de un artista es «crear percepciones» de la realidad para conseguir[2] dichas modificaciones[3] en el planeta.

El chileno se definió como un «arquitecto haciendo arte» y consideró que el contexto lo es todo en su día a día: «No actúo[4] en el mundo sin haberlo entendido antes», añadió. [...]

Jaar expuso algunos de sus proyectos, todos ellos con un potente[5] mensaje social, [...] explicó su trabajo «Un millón de pasaportes fineses», que sirvió como protesta por las prohibitivas políticas migratorias del Gobierno de Finlandia.

En Montreal (Canadá), se le encargó[6] la reforma de la cúpula del antiguo Parlamento, que había sido destruida cinco veces a causa de incendios. Como respuesta decidió instalar 10.000 vatios de luces rojas, cuyos interruptores estaban situados en tres refugios de los alrededores y se encenderían por un segundo cada vez que una persona sin hogar apretase el botón[7].

«Todos los medios lo cubrieron y los sin techo[8] volvieron a convertirse en personas», denunció irónicamente el chileno, quien apuntó que el color rojo se eligió para representar el fuego de los incendios como a las 15.000 personas sin hogar que hay en la ciudad canadiense.

Otras obras exhibidas fueron «Umashimekana» («Traemos nueva vida», en japonés), en la que recogió cuatro pizarras y las tizas encontradas en una escuela japonesa destruida por el terremoto de 2011; o el museo creado exclusivamente con papel en la colonia industrial de Skoghalls (Suecia).

1. impartir: *(ici) donner* 2. *réussir* 3. *ces transformations* 4. actuar: *(ici) intervenir*
5. fuerte 6. encargar algo a alguien: *charger quelqu'un de quelque chose*
7. apretar un botón: *appuyer sur un bouton* 8. *sans domicile fixe*

Entra en acción

1. Lee el texto y justifica las frases:
   a. El artista piensa que su trabajo permite modificar nuestra visión del mundo.
   b. El trabajo de Alfredo Jaar es comprometido.
2. Explica en qué consistió el trabajo que Jaar realizó en Canadá.
3. Precisa que hizo el artista para renovar el edificio.
4. Explica la relación entre la instalación y los sin techo.

¿SABÍAS QUE...?

Alfredo Jaar es un **artista** visual chileno que realiza instalaciones y trabaja principalmente con la fotografía. Su obra gira en torno a la violencia, el racismo, la inmigración y los refugiados, entre otros. Ganó el Premio de Arte Hiroshima 2018, que destaca el trabajo de artistas que contribuyen a la paz en el mundo a través del arte contemporáneo.

Recordar a los desaparecidos

EN TU MÓVIL Detenidos, desaparecidos

Alfredo Jaar (artista y arquitecto chileno), *Geometría de la conciencia*, 2010.

Entra en acción

1. Observa la fotografía. ¿Puedes precisar el número de visitantes y lo que observan?
2. Di de dónde proviene la luz en esta instalación. Comenta la postura del público.
3. Explica la manera en que el fotógrafo logra crear una dimensión infinita.
   un espejo • multiplicar • sin rostro
   Por medio de...
   Gracias a...
   Utilizando...
4. A tu parecer, ¿podemos decir que el/la espectador(a) forma parte de la obra de arte? Justifica.

Lo esencial

Para expresarte

EN TU MÓVIL

Vocabulario

- estar comprometido/a con
- militar por una causa
- volverse visible/salir del anonimato
- denunciar un hecho, una situación, un abuso
- reflejarse en/verse en/ identificarse con
- cambiar/modificar una percepción, un hecho, una conducta
- el objetivo/la finalidad/ el propósito de un proyecto, de una acción

Gramática

La voix passive
«**Había sido destruida** cinco veces».

Précis p. 249

L'imparfait du subjonctif
«Las luces se encenderían por un segundo cada vez que una persona sin hogar **apretase** el botón».

Para pronunciarlo

EN TU MÓVIL

Le groupe vocalique *-au*

En espagnol, deux voyelles qui se suivent ne donnent pas lieu à un son unique, tel que le groupe vocalique **au** en français. On prononcera toujours chaque voyelle indépendamment.

33 Écoute les mots et répète-les.

Tarea

Imagina un dispositivo para remplazar la reja de tu instituto.

- Inventa con tus compañeros/as un sistema que al funcionar produzca algún efecto positivo, un cambio, una mejora.
- Vota por el mejor proyecto.

¿El arte puede ser inclusivo?

Enfermedad, dolor y arte

METAL David Escalona - Enfermedad, dolor y arte

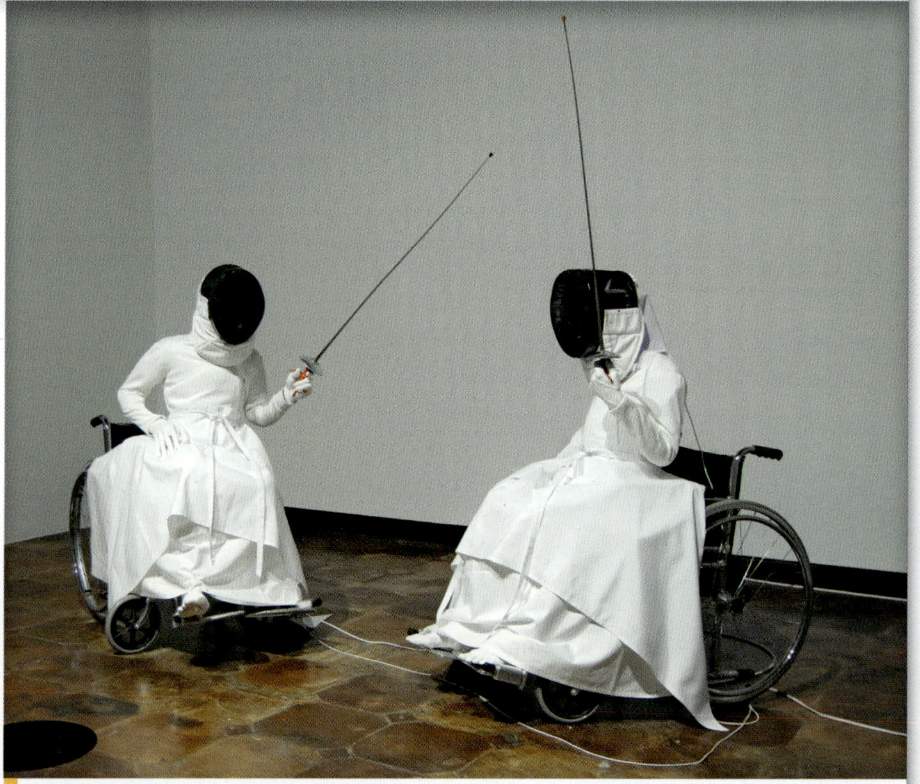

David Escalona (artista español), *Duelo 1*, 2017.

Texto por Miriam Martínez | 2017

El artista David Escalona es una de esas voces críticas a las que debemos escuchar. Hay algo en él que nos choca de buenas a primeras[1]: su trabajo gira entorno a[2] temas como el dolor, la enfermedad o la herida[3], y lo hace de forma tan sensible y rigurosa, [...] además de artista, Escalona se ha formado como médico.

Detesta el término «minusvalía[4]», pero él mismo es, según la sociedad, un «discapacitado[5]», un «no apto». Este hecho le ha convertido en una persona que ha tenido que luchar contra las limitaciones y condicionantes de un sistema excluyente, discriminatorio. Por eso [...] seguirá en su misión de ir a contracorriente, aunando[6] instalación, prosa y escultura, y desafiando las convenciones sociales que se pongan ante él. [...]

«El propio proceso es lo importante, y no la obra final, ya que es una forma de autoconocimiento constante y de sobrevivir aquí [...]. Quizá antes intentaba impresionar con obras más efectistas, como puede apreciarse en proyectos como El Maizal, que creé especialmente para que personas invidentes pudieran hacerse imágenes mentales a través del tacto. Ahora intento ser más sobrio, ir más al grano[7]. Claro, creo que esto es quizá por [...] la madurez».

1. *d'entrée de jeu*
2. *tourne autour de*
3. *la blessure*
4. *handicap*
5. un/a discapacitado/a = un/a minusválido/a
6. aunar: *rassembler*
7. *aller droit au but*

Entra en acción

1. Presenta a David Escalona y explica en qué se centra su trabajo.
2. Precisa su visión de la sociedad.
3. Determina el cambio que ha habido en su obra.
4. Una obra provocadora no es necesariamente más eficaz. Comenta.
   chocar • causar rechazo • atraer • seducir
5. Observa la foto y comenta los elementos mencionados en el texto que están presentes.

El Coro de Manos Blancas

EN TU MÓVIL

VÍDEO

El Sistema de Paul Smaczny y Maria Stodtmeier.

Escoge tu camino

POR ETAPAS

1. Ve el vídeo y selecciona las informaciones que identificas:
   - ☐ problemas ☐ déficit
   - ☐ movilidad ☐ visual
   - ☐ dificultad ☐ auditivo
   - ☐ comprensivo
2. Al Sistema de Orquestas de Venezuela asisten:
   - ☐ 500
   - ☐ 1 500
   - ☐ 2 500 niños y niñas discapacitados/as.
3. Di qué pensaba la gente de la idea de Johnny.
4. Explica qué implica la noción de «servicio» para el maestro José Antonio Abreu.

EN DIRECTO

Di cuáles son los sentimientos que se destacan en relación con la música a partir del testimonio de los niños y la niña.

¿SABÍAS QUE...?

El Sistema Nacional de Orquestas de Venezuela tiene una red de 120 orquestas juveniles y 60 orquestas infantiles, y reúne alrededor de 350.000 jóvenes. Fue creado en 1975 por un economista y músico, el maestro José Antonio Abreu.

PON EN PRÁCTICA

Escribe un texto breve para explicar y justificar que:

Para hacer música y disfrutarla no es indispensable poder escuchar.

Lo esencial

Para expresarte

EN TU MÓVIL

Vocabulario

- andar/desplazarse/moverse en una silla de ruedas
- usar muletas/bastón
- ser ciego/a, sordo/a, mudo/a
- un(a) discapacitado/a visual/ auditivo/a
- ponerse en el lugar de
- ser consciente de/ darse cuenta de

Gramática

Les superlatifs relatifs
«**El área más** difícil y **la que más nos costó** fue el área de déficit auditivo».

Précis p. 241

La traduction de *incluso*
«**Incluso** hace llorar a algunas personas».

Des équivalents de *devenir*
«Johny se **está poniendo** loco».

Para pronunciarlo

EN TU MÓVIL

Le *seseo*
C'est le nom d'un phénomène linguistique présent en Amérique latine, aux Canaries et en Andalousie. Lorsque les lettres **c** et **z** sont placées devant **-e** ou **-i** elles se prononcent [s].

34 Parmi les mots que tu vas entendre identifie ceux qui sont prononcés avec le *seseo*.

Tarea

Escribe un texto de unas 10 líneas para explicar si te gustaría asistir a un concierto como el del *Coro de Manos Blancas*. Explica por qué.

Esa experiencia debe ser...
Asistir a ese concierto sería...

EN TU MÓVIL Exercices interactifs

Les superlatifs relatifs

Observe

1 Lis la une du journal et indique la nature du mot *famoso*.

2 Choisis la phrase correcte. *Los Planetas* est un groupe musical dont la popularité est :

- ☐ Comme celle des autres groupes.
- ☐ Supérieure à celles des autres.

Quel mot l'indique?

3 Traduis la phrase en français.

Qu'en déduis-tu ?

- Pour le superlatif relatif de supériorité, on utilise ... suivi d'un ....
- Pour le superlatif relatif d'infériorité, on utilise ... suivi d'un ....
- À la différence du français, on ne répète pas l' ....

Entraîne-toi

4 Complète les phrases en utilisant les superlatifs qui conviennent. Ensuite traduis-les en français.

a. Javier es ... alumno ... destacado de su clase.

b. Nosotros somos ... personas ... amables.

Précis p. 241

Des équivalents de « devenir »

Observe

1 Regarde l'image, lis le texte et explique ce qui met le personnage dans cet état-là. Peut-on dire qu'il n'est pas toujours comme ça ?

2 Indique la nature du mot souligné.

Qu'en déduis-tu ?

- Le verbe ... , quand il est suivi d'un ... indique un ... passager et brusque chez le sujet.
- En français, on utilise le verbe ... pour exprimer ce changement.

Entraîne-toi

3 Construis des phrases avec les mots proposés. Conjugue les verbes entre parenthèses.

a. Pedro y María (ponerse) ... contentos al saber la noticia.

b. Tú (ponerse) ... triste cuando no ves a tus amigos.

4 Construis une phrase en utilisant *ponerse* + adjectif. Précise ce qui met ton sujet dans un tel état.

Arte y compromiso

1 A2 Encuentra los sustantivos que corresponden a los verbos:

verbos	sustantivos en *-ión*
decorar	...
incluir	...
instalar	...
integrar	...
presentar	...
ver	...

2 A2 Encuentra los verbos que corresponden a los sustantivos:

sustantivos	verbos
la defensa	...
la denuncia	...
la lucha	...
la muestra	...

3 A2/B1 Describe el quehacer de Daniel Arzola utilizando algunos adjectivos de esta lista. Explica por qué calificas así su arte.

EN TU MÓVIL Encuentra más ayuda aquí

comprometido – determinado – combativo – osado – valiente – pasivo – egoísta – temeroso – indiferente – cobarde

4 A2/B1 Observa la foto de la instalación. Fíjate en los colores. A tu parecer, ¿cuál es el objetivo de la artista? Explica y justifica con ayuda del léxico.

Elina Chauvet (artista mexicana), *Zapatos rojos*, 2017.

18 Investiga

No solo dos buenos amigos

Wifredo Lam (pintor cubano) y Aimé Césaire (poeta martiniqués) en el Congreso Cultural de La Habana, 1968.

Aimé Césaire, *Retorno al país natal*. Edición cubana de 1943 ilustrada por Wifredo Lam.

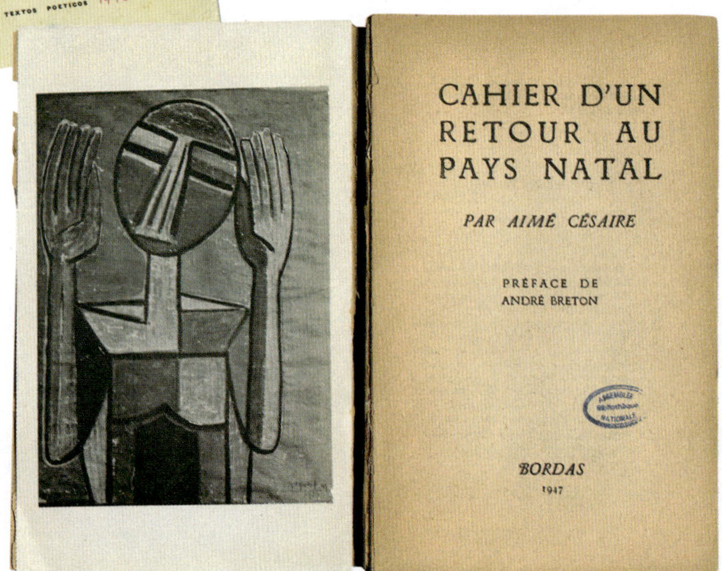

Portada del *Cahier d'un retour au pays natal*, 1947.
En el frontispicio, la reprodución de la obra que Lam regaló a su amigo Césaire.

1. Busca información biográfica sobre el poeta martiniqués Aimé Césaire.
2. Infórmate sobre el término «negritud».
3. Busca información biográfica sobre el poeta cubano Wifredo Lam.
4. Indica los puntos en común entre estos dos artistas.
5. Busca un poema de Aimé Césaire que te guste e ilústralo con un cuadro de Wifredo Lam.

Proyecto

Crea un póster interactivo para el Día Mundial del Arte

Etapa 1

- Para festejar el Día Mundial del Arte en tu instituto crea un póster interactivo que incluya audio, texto e imagen.
  - Utiliza los programas Glogster o Genialy, que te permitirán poner varios contenidos multimedia.

Etapa 2

- Elige el tema de tu póster y redacta un mensaje llamativo.
  - Dentro de los temas puedes: animar a la creación artística, invitar a disfrutar del arte, homenajear el arte, promocionar manifestaciones artísticas...

Etapa 3

- Graba un mensaje de voz que incluirás en el póster interactivo explicando por qué el arte es importante para ti.

Etapa 4

- Haz búsquedas en Internet y selecciona las imágenes.
  - Piensa en obras o manifestaciones artísticas que incluirás en tu póster.
  - Recuerda que el arte no es solo pintura o escultura, sino también fotografía, instalación, cine, poesía...

MÉTHODE

Créer une affiche

L'affiche est le support idéal pour communiquer à propos d'une occasion ou d'un événement à venir. Sa fonction est d'attirer l'attention du public en synthétisant des informations.

L'aspect de l'affiche

1. **L'affiche doit être visible de loin.**
   - Prévois de gros titres et des illustrations voyantes.
   - Joue avec les couleurs vives.
2. **L'affiche doit accrocher l'œil.**
   - Pour attirer et retenir le/la passant(e), ton affiche doit comporter des textes de tailles et de formes différentes. Crée une sorte d'itinéraire de lecture grâce à ces variations.
   - Utilise l'espace de façon judicieuse, aère ton affiche, sinon tu perdras ton lecteur.

Le contenu de l'affiche

1. **Soit précis(e)** et synthétique. L'affiche doit apporter un maximum d'informations dans un minimum de place.
2. **Recherche des formules-choc** pour interpeller.
   - Ton titre principal doit piquer la curiosité. Il peut susciter la sympathie, le rire ou au contraire provoquer.
   - N'hésite pas à t'adresser directement à ton/ta lecteur/trice, par une question ou l'emploi de la deuxième personne : *No soy tu chiste* • *¿Y si enemigo no hubiese?*
3. **N'oublie pas les informations essentielles,** elles seront lues en dernier, tu peux les mettre en plus petit.
   - Informations pratiques : lieux, dates et horaires de l'événement.
   - Les acteurs : l'auteur(e) de l'affiche et le/la commanditaire.

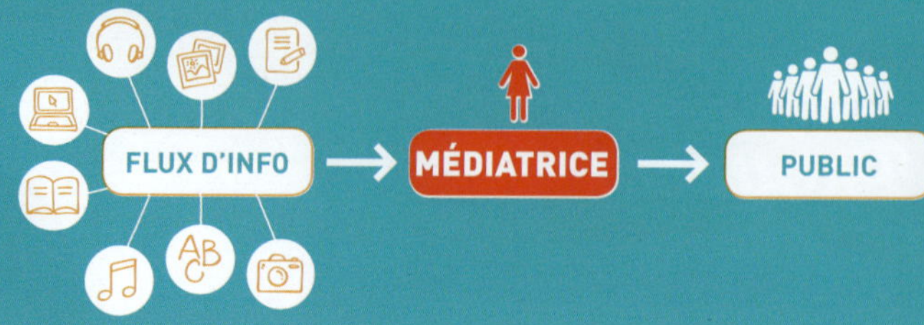

Pintar es comunicar

El arte no tiene fines puramente estéticos ya que también puede servir para defender, denunciar, comunicar... como has podido observar en las diferentes obras presentadas. Ahora vas a descubrir al artista comprometido Oswaldo Guayasamín para presentarlo después a tus compañeros/as.

Capilla del hombre, Quito.

Haz el retrato de un artista

- Escucha el audio y sintetiza las informaciones sobre el trabajo del artista Oswaldo Guayasamín.

Je peux lister les points principaux d'un enregistrement structuré et simple.	A2	☐
Je peux résumer les événements importants présents dans un enregistrement.	A2+/B1	☐

Oswaldo Guayasamín (artista ecuatoriano), *Playa Girón*, 1961.

En este cuadro, Oswaldo Guayasamín quiere mostrar el sufrimiento de las familias que perdieron a sus hijos en el desembarque de la Bahía de Cochinos (Cuba) en 1961.

" Mi pintura es para herir, para arañar y golpear en el corazón de la gente. "
Oswaldo Guayasamín

Comenta una cita y un cuadro

- Comenta la cita para dar a conocer al pintor ecuatoriano.
- Apoya tu comentario estableciendo un paralelo entre la cita y el cuadro.
- Graba tu comentario y súbelo al espacio ENT de tu instituto con el cuadro de fondo.

Je peux indiquer de façon simple quels aspects d'une œuvre m'intéressent particulièrement.	A2	☐
Je peux expliquer brièvement les impressions et les opinions suscitées par une œuvre.	A2+/B1	☐

Pintar la realidad

El asunto es que supe de un pintor de mediana edad que, en compañía de su querida, una modelo dada de baja[1], trepó[2] un día de verano en un bus interprovincial y se dirigió al balneario de Cartagena, lugar donde vivo desde hace años. Es curioso que, paseando como tengo la costumbre todos los días, nunca me fijé en ellos, y eso que Camondo y Marieta resultaban bastante notorios, ya que él vestía una rara cotona[3] de lino, un gorro blanco de alas blandas y, sobre todo, cargaba el anacrónico caballete de paisaje, la maleta, el piso plegable y hasta una ridícula sombrilla que ensartaba en la arena. Marieta era una mujer entrada en carnes, no precisamente de la manera abultada que responde a la conocida estética de los artistas visuales, sino de una gordura descuidada que indicaba que solo era valorada y requerida por el pintor Camondo.

Además, exhibía cicatrices en el abdomen, detalle imperdonable en una artista de la tarima y la inmovilidad.

En cuanto el bus se detuvo en la plaza del balneario, fueron abordados por los jóvenes que se dedican a sugerir a los veraneantes, residenciales y hoteles. [...] Muy temprano, antes que los veraneantes oscurecieran y trajinaran[4] la playa, cuando los primeros rayos del sol tropezaban con las basuras y accidentes que la muchedumbre había dejado en el extenso arenal, el artista se dirigía hasta el final de esa descomunal distancia. [...]

Ya entre las dunas abría su atril[5], ensartaba el quitasol de lona, preparaba el piso, los colores, la tela y se daba a la difícil tarea de traducir la realidad, introduciéndola en esa superficie plana.

No contento con el resultado de su copia, cogía el cuadro y lo oponía al oleaje, comprobando la diferencia que aún persistía entre los colores del original y los suyos. Cuando estén idénticos –se decía– deberían confundirse cielo con cielo y mar con mar, de tal modo que el cuadro desapareciera completamente y en la inmensidad del océano se percibiera un diminuto rectángulo de inmovilidad. Pero eso es pedir demasiado.

Adolfo Couve (escritor chileno), *La comedia del arte*, 1995.

1. dar de baja: *congédier* 2. trepar: *grimper* 3. camiseta (Chile) 4. trajinar: *aller et venir* 5. *chevalet*

Entra en acción

1. Debate con tus compañeros/as la importancia del canon de belleza física en las artes.
2. A partir del texto, dibuja o crea los/las modelos que retrata este pintor.

Sommaire

1 L'alphabet

- L'alphabet espagnol se compose de 27 lettres. Elles sont toutes de genre féminin. Les voici avec leur nom en violet :

A *la a*	H *la hache*	Ñ *la eñe*	U *la u*
B *la be*	I *la i*	O *la o*	V *la uve*
C *la ce*	J *la jota*	P *la pe*	W *la uve doble*
D *la de*	K *la ka*	Q *la cu*	X *la equis*
E *la e*	L *la ele*	R *la erre*	Y *la i griega / la ye*
F *la efe*	M *la eme*	S *la ese*	
G *la ge*	N *la ene*	T *la te*	Z *la zeta*

- La consonne *ñ* est propre à l'espagnol : *araña.*
- Seulement les consonnes *c*, *l*, *n* et *r* peuvent être doubles : *accionar, paella, connotación, tierra*
- On ne coupe jamais le *ll* ou le *rr* en fin de ligne.
- Les groupes ***ph*** et ***th*** n'existent pas en espagnol : *frase, teoría*

2 L'accent

A L'accent tonique

- En espagnol, tous les mots ont un accent tonique « naturel », c'est à dire, qu'on appuie la prononciation sur une syllabe.
  - Si le mot termine par une voyelle, par un *-n* ou par un *-s*, l'accent tonique tombe sur **l'avant-dernière syllabe** : *coche, cantan, soluciones*
  - Si le mot termine par une consonne, sauf *-n* et *-s*, l'accent tonique tombe sur la **dernière syllabe** : *Madrid, reloj, comenzar*

B L'accent écrit

- Lorsque le mot **n'obéit pas à la règle « naturelle » de l'accent tonique**, il est signalé par **un accent écrit** : *árbol, solución*
- Portent un **accent écrit** tous les mots accentués sur une syllabe **antérieure à l'avant-dernière** : *fábrica, cuéntamelo*
- Les monosyllabes ne portent pas d'accent écrit, sauf les homonymes. C'est l'accent dit « diacritique » qui sert à distinguer deux mots qui ont la même forme :

de préposition : **de** ≠ *dé* verbe *dar* : **donne**
el article : **le** ≠ *él* pronom personnel : **il, lui**
mi adj. possessif : **mon, ma** ≠ *mí* pronom personnel : **moi**
que pronom relatif/conjonction : **qui, que** ≠ *qué* interrogatif/exclamatif : **quel, quelle**
se pronom personnel : **se** ≠ *sé* verbes *sabe/ser* : **sais, sois**
si conjonction : **si** ≠ *sí* pronom personnel/adverbe : **soi, oui**
te pronom personnel : **te, toi** ≠ *té* nom : **thé**
tu adjectif possessif : **ton, ta** ≠ *tú* pronom personnel : **tu**

3 Les nombres

A Les nombres cardinaux

- Les nombres espagnols sont invariables, sauf ***uno*** qui devient ***una*** devant un nom féminin, les centaines qui s'accordent au féminin et au pluriel, et le ***millón*** qui s'accorde au pluriel.

0	*cero*
1	*uno/a*
2	*dos*
3	*tres*
4	*cuatro*
5	*cinco*
6	*seis*
7	*siete*
8	*ocho*
9	*nueve*
10	*diez*
11	*once*
12	*doce*
13	*trece*
14	*catorce*
15	*quince*
16	*dieciséis*
17	*diecisiete*
18	*dieciocho*
19	*diecinueve*
20	*veinte*
21	*veintiuno*
22	*veintidós*
23	*veintitrés*
24	*veinticuatro*

25	*veinticinco*
26	*veintiséis*
27	*veintisiete*
28	*veintiocho*
29	*veintinueve*
30	*treinta*
31	*treinta y uno*
32	*treinta y dos*
33	*treinta y tres*
34	*treinta y cuatro*
35	*treinta y cinco*
36	*treinta y seis*
37	*treinta y siete*
38	*treinta y ocho*
39	*treinta y nueve*
40	*cuarenta*
41	*cuarenta y uno*
42	*cuarenta y dos*
43	*cuarenta y tres*
44	*cuarenta y cuatro*
45	*cuarenta y cinco*
46	*cuarenta y seis*
47	*cuarenta y siete*
48	*cuarenta y ocho*
49	*cuarenta y nueve*

50	*cincuenta*
60	*sesenta*
70	*setenta*
80	*ochenta*
90	*noventa*
100	*cien*
101	*ciento uno*

200	*doscientos/as*
300	*trescientos/as*
400	*cuatrocientos/as*
500	*quinientos/as*
600	*seiscientos/as*
700	*setecientos/as*
800	*ochocientos/as*
900	*novecientos/as*

1000	*mil*
2000	*dos mil*
3000	*tres mil*
10000	*diez mil*
100000	*cien mil*
1000000	*un millón*
100000000	*cien millones*
1000000000	*mil millones*

- La conjonction ***y*** s'emploie uniquement entre les dizaines et les unités. Mais entre 16 et 29 ce sont les formes contractées qui sont utilisées :

  *treinta **y** cinco*
  veintiséis

- ***Uno*** devient ***un*** devant un nom masculin : >8. L'apocope

  *cuarenta y **un** países*

- ***Ciento*** devient ***cien*** devant un nom et devant ***mil*** et ***millones*** : >8. L'apocope

  ***cien** días*
  ***cien** mil soldados*
  ***cien** millones de euros*

B Les nombres ordinaux

- Les ordinaux s'accordent en genre et en nombre avec le nom qui suit. Ils s'emploient surtout jusqu'au 10ᵉ.

1°	*primero/a*
2°	*segundo/a*
3°	*tercero/a*
4°	*cuarto/a*

5°	*quinto/a*
6°	*sexto/a*
7°	*séptimo/a*
8°	*octavo/a*

9°	*noveno/a*
10°	*décimo/a*
100°	*centésimo/a*
1000°	*milésimo/a*

- ***Primero*** devient ***primer*** et ***tercero*** devient ***tercer*** devant un nom masculin singulier : >8. L'apocope

  *el **primer** amor*
  *el **tercer** piso*

Attention ▸ À partir de 11ᵉ, l'usage veut que l'on utilise les cardinaux, placés après le nom :

el siglo veintiuno
le vingt-et-unième siècle

C Les pourcentages

- **Les pourcentages sont précédés d'un article masculin singulier (*el* ou *un*) et suivis de *por ciento* (%). Comme en français, s'il est le sujet de la phrase, le verbe s'accorde au singulier :**

  ***El 96 %** de los jóvenes **utiliza** Internet.*
  96 % des jeunes **utilise** internet.

  Mais :

  *Las mujeres **cobran** un 20 % menos que los hombres.*
  Les femmes **sont payées** 20 % moins que les hommes.

4 L'heure et la date

A L'heure

- **Pour dire l'heure en espagnol, on n'emploie pas le mot *hora(s)*, il est sous-entendu avec l'article *la(s)* qui s'accorde avec le chiffre qui le suit :**

  la una une heure
  las dos deux heures
  *La reunión comienza a **las nueve**.*
  La réunion commence à neuve heures.

- C'est toujours le verbe ***ser*** qui sert à dire « il est ». À la différence du français, il s'accorde avec le chiffre de l'heure :

  ***Es** la una.*
  Il est une heure.
  ***Son** las cinco.*
  Il est cinq heures.

- Pour dire l'heure précise, on ajoute : ***y*** + minutes (et + minutes), ***y cuarto*** (et quart), ***y media*** (et demie), ***menos cuarto*** (moins le quart), ***menos*** + minutes (moins + minutes), ***en punto*** (pile).

  *Son las cinco **y cuarto**.*
  Il est cinq heures et quart.
  *Es la una **menos diez**.*
  Il est une heure moins dix.
  *Son las diez **en punto**.*
  Il est dix heures pile.

Attention ▸ En espagnol, le compte se faisant habituellement sur douze heures, on précise : ***de la mañana*** (du matin), ***de la tarde*** (de l'après-midi), ***de la noche*** (du soir), ***de la madrugada*** (après minuit).

*Salí a las 8 **de la mañana** y he vuelto a las 5 **de la tarde**.*
Je suis parti(e) à 8h et je suis rentré à 17h.

B La date

- Les jours :

lunes, martes miércoles, jueves, viernes, sábado, domingo

- Les mois :

enero, febrero, marzo, abril, mayo, junio, julio, agosto, septiembre, octubre, noviembre, diciembre

- Pour exprimer la date, on emploie la préposition ***de*** devant le mois et l'année :

*Ocurió el 11 **de** septiembre **de** 2001.*
C'est arrivé le 11 septembre 2001.

- On ne met pas d'article dans l'en-tête d'une lettre :

Sevilla, 15 de marzo de 2019
Séville, le 15 mars 2019

- Pour dire « nous sommes le... », on emploie ***estamos a*** :

*Hoy **estamos a** 25 de enero.*
Aujourd'hui, nous sommes le 25 janvier.

5 L'article

	Défini		Indéfini		
Singulier	*el*	le	*un*	un	masculin
	la	la	*una*	une	féminin
	lo	le, ce que/qui	–		neutre
Pluriel	*los*	les	*unos*	des, quelques	masculin
	las	les	*unas*	des, quelques	féminin

- Comme en français, il existe deux formes contractées quand les prépositions ***a*** ou ***de*** précèdent l'article ***el*** = ***al*** (au), ***del*** (du) :

*Voy **al** gimnasio **del** barrio.*
Je vais au gymnase du quartier.

- Pour éviter la répétition de deux sons, on emploie ***el/un*** à la place de ***la/una*** devant un nom féminin singulier commençant par ***a*** ou ***ha*** toniques (accentuées) :

***el** ala de **un** águila*
l'aile d'un aigle

A L'article défini. Emplois spécifiques

L'emploi de l'article défini espagnol es similaire au français, sauf dans certains cas spécifiques.

- Expression de l'âge

*Sofía ha aprobado la selectividad a **los** 16 años.*
Sofia a réussi le bac à 16 ans.

- Les pourcentages ›3. Les nombres

*El objetivo es reciclar **el** 100 % de plásticos.*
L'objectif est de recycler 100 % des plastiques.

- Expression de l'heure ›4. L'heure et la date

*El tren sale a **las** siete.*
Le train part à 7h.

- Les jours de la semaine

– Au singulier si on sous-entend « dernier » ou « prochain » :

*Fuimos **el** lunes al museo e iremos al cine **el** viernes.*
Nous sommes allé(e)s lundi au musée et nous irons au cinéma vendredi.

– Au pluriel pour indiquer la périodicité :

*Veo mi serie preferida **los** domingos.*
Je regarde ma série préférée le dimanche.

- Pour traduire **« celui/celle/ceux/celles de »**

L'équivalent en espagnol est ***el/la/los/las de*** :

*Prefiero **la de** ayer.*
Je préfère celle d'hier.

- Pour traduire **« celui/celle/ceux/celles que »**

L'équivalent en espagnol est ***el/la/los/las que*** :

***Los que** van a la manifestación, que levanten la mano.*
Ceux qui vont à la manif lèvent la main.

- L'article neutre ***lo***

– Il ne s'emploi jamais devant un nom. Il sert à substantiver un adjectif ou un participe passé :

***Lo importante** y **lo divertido** es tener un estilo propio.*
Ce qui est important et amusant, c'est d'avoir son propre style.

– Dans les tournures ***lo que*** (ce que/qui) et ***lo de*** (ce qui concerne, l'idée de) :

*La verdad, no entiendo **lo de** la xenofobia.*
Je t'assure, je ne comprends pas ce qui concerne la xénophobie.

Attention ▸ Omission de l'article défini

– Devant la plupart des noms de pays et régions et devant les continents :

México y Guatemala tienen una frontera común.
Le Mexique et le Guatemala ont une frontière commune.

– Devant *casa* au sens de « chez » :

Voy a casa de mi prima.
Je vais chez ma cousine.

Précis grammatical

B L'article indéfini. Emplois spécifiques

L'article indéfini singulier a le même emploi qu'en français. Au pluriel, il est peu employé. On l'utilise toutefois :

- **Avec des noms fortement déterminés**

  *Hay **unas** rebajas increíbles.*
  Il y a des soldes incroyables.

- **Pour exprimer l'approximation**

  *Volvemos dentro de **unos** días.*
  Nous rentrons dans quelques jours.

- **Avec des objets allant par pair**

  ***unas** tijeras*
  des ciseaux

  ***unos** zapatos*
  des chaussures

  ***unos** guantes*
  des gants

Attention ▸ Omission de l'article indéfini

–Devant *otro/a, cierto/a, cualquier(a)*

He visto a Inés con otro chico.
J'ai vu Inès avec un autre garçon.

–Devant le superlatif *más/menos* qui suit le nom

Es el robot más inteligente. >10. Les superlatifs
C'est le robot le plus intelligent.

6 Le nombre

- **Pour mettre un mot au pluriel, on ajoute :**
  - un *-s* s'il se termine par une voyelle

    la ventana abierta → *las ventanas abiertas*
  - un *-es* s'il se termine par une consonne, un *-y* ou un *-í* accentué

    el rey marroquí → *los reyes marroquíes*
  - un *-ces* s'il se termine par *-z*

    juez → *jueces* *voz* → *voces*

7 Le genre

- **Pour former le féminin d'un mot, de manière générale on procède comme suit :**
  - s'il se termine par *-o*, on le remplace par *-a*

    chico atrevido → *chica atrevida*
  - s'il se termine par *-án, -ín, -ón, -dor, -tor, -sor,* on ajoute *-a*

    holgazán → *holgazana* *profesor* → *profesora*
  - dans les autres cas, la terminaison reste inchangée

    un joven amable → *una joven amable*

8 L'apocope

- **On appelle apocope à la disparition d'une voyelle ou d'une syllabe à la fin de certains mots :**

  – devant un nom masculin singulier

  bueno → ***buen***
  alguno → ***algún***
  tercero → ***tercer***
  malo → ***mal***
  ninguno → ***ningún***
  santo → ***san***
  uno → ***un***
  primero → ***primer***
  Algún** día te invitaré a un **buen restaurante.
  Un jour je t'inviterai dans un bon restaurant.

  – devant un nom masculin et féminin singulier

  grande → ***gran***
  cualquiera → ***cualquier***
  tanto/a → ***tan***
  *Es un **gran** hombre.*
  *Es una **gran** mujer.*

  – devant un nom (peu importe le genre) ou devant ***mil*** mais pas devant un autre nombre

  ciento → ***cien***
  *Solo hay **cien** sillas para ciento veinte personas.*
  Il n'y a que cent chaises pour cent vingt personnes.

9 Les comparatifs

Supériorité (+)	*más... que* plus... que	*Una caricatura es **más** crítica **que** un retrato.* Une caricature est plus critique qu'un portrait.
Égalité (=)	*tan(to/a/os/as)... como* aussi... que	*En Bogotá hay **tantos** grafitis **como** en Buenos Aires.* À Bogota il y a autant de graffitis qu'à Buenos Aires.
Infériorité (–)	*menos... que* moins... que	*Mi hermano ha visitado **menos** museos **que** yo.* Mon frère a visité moins de musées que moi.

- **Comparatifs de supériorité à forme propre :**

  bueno/a bon(ne) ***mejor*** → meilleur(e)
  malo/a mauvais(e) → ***peor*** pire
  grande grand(e) → ***mayor*** plus grand(e)
  pequeño/a petit(e) → ***menor*** plus petit(e)

  *El aire de las ciudades es **peor que** el de los pueblos.*
  L'air des villes est pire que celui des villages.

10 Les superlatifs

Superlatifs relatifs (Servent à comparer implicitement à tous les autres)		
Supériorité (+)	*el/la/los/las... más* le/la/les plus	*Es el móvil **más** complejo.* C'est le portable le plus complexe.
Infériorité (–)	*el/la/los/las... menos* le/la/les moins	*Es el ordenador **menos** caro.* C'est l'ordinateur le moins cher.

Attention ▶ Contrairement au français, si le superlatif suit immédiatement le nom, on ne répète pas l'article.

*El fútbol es **el** deporte **más** popular.*

Le football est **le** sport le **plus** populaire.

Superlatifs absolus (Expriment le plus haut degré sans comparer)	
muy + adj. très + adj.	*Los alpinistas han ascendido una montaña **muy alta**.* Les alpinistes ont fait l'ascension d'une très haute montagne.
adj. + *-ísimo(a)* très + adj. / -issime	*Los alpinistas han ascendido una montaña **altísima**.* Les alpinistes ont fait l'ascension d'une très haute montagne.

11 Les démonstratifs

- Les adjectifs et pronoms démonstratifs ont la même forme au singulier et au pluriel, les pronoms ayant en plus une forme neutre.

	Singulier		Pluriel		Éloignement dans l'espace, le temps ou la phrase
Masculin	*este*	ce/celui-ci	*estos*	ces/ceux-ci	Proche de celui/celle qui parle *yo, aquí, ahora* je, ici, maintenant
Féminin	*esta*	cette/celle-ci	*estas*	ces/celles-ci	
Neutre	*esto*	ceci	–		
Masculin	*ese*	ce/celui-là	*esos*	ces/ceux-là	Proche de celui/celle auquel/à laquelle on s'adresse *tú, ahí* tu, là
Féminin	*esa*	cette/celle-là	*esas*	ces/celles-là	
Neutre	*eso*	cela	–		
Masculin	*aquel*	ce/celui-là	*aquellos*	ces/ceux-là	Éloigné de celui/celle qui parle *él/ella, allí, entonces* il/elle, là-bas, alors
Féminin	*aquella*	ce/celle-là	*aquellas*	ces/celles-là	
Neutre	*aquello*	cela	–		

›17. Les adverbes

- Le choix du démonstratif dépend :

– de l'éloignement dans l'**espace** par rapport au locuteur :

*¿Prefieres **esta** camisa o **esa** de ahí? No, prefiero **aquella** del escaparate.*

Tu préfères cette chemise-ci ou celle-là ? Non, je préfère celle de la vitrine (là-bas).

– de l'éloignement dans le **temps** par rapport au locuteur :

*Mucha gente piensa que **aquellos** años eran mejores que **estos**.*

Beaucoup de gens pensent que ces années-là étaient meilleures que celles-ci.

– de l'éloignement dans la **phrase** du mot auquel il fait référence :

*Quedé con Manuel y Marta. **Esta** llegó tarde y **aquel** no llegó nunca.*

J'avais rendez-vous avec Manuel et Marta. Celle-ci est arrivée en retard et celui-là n'est jamais arrivé.

Attention ▶ Les formes *ese, esa, esos* peuvent avoir une valeur péjorative, dans ce cas, on les place souvent après le nom :

*No soporto al chico **ese**.*

Je ne supporte pas ce garçon.

12 Les possessifs

A Les adjectifs possessifs avant le nom

		Singular (un objet possédé)		Pluriel (plusieurs objets possédés)	
Un possesseur	1re pers.	*mi*	mon, ma	*mis*	mes
	2e pers.	*tu*	ton, ta	*tus*	tes
	3e pers.	*su*	son, sa, votre (politesse)	*sus*	ses, votres (politesse)
Plusieurs possesseurs	1re pers.	*nuestro/a*	notre	*nuestros/as*	nos
	2e pers.	*vuestro/a*	votre	*vuestros/as*	vos
	3e pers.	*su*	leur, votre (politesse)	*sus*	leurs, votres (politesse)

- Ces adjectifs se placent devant le nom et s'accordent en genre et en nombre avec lui :

***mi** llave* ma clé
***vuestras** tarjetas* vos cartes

B Les adjectifs possessifs après le nom

		Singular (un objet possédé)		Pluriel (plusieurs objets possédés)	
Un possesseur	1re pers.	*mío/a*	mien, mienne	*míos/as*	miens, miennes
	2e pers.	*tuyo/a*	tien, tienne	*tuyos/as*	tiens, tiennes
	3e pers.	*suyo/a*	sien, sienne, vôtre (politesse)	*suyos/as*	siens, siennes, vôtres (politesse)
Plusieurs possesseurs	1re pers.	*nuestro/a*	nôtre	*nuestros/as*	nôtres
	2e pers.	*vuestro/a*	vôtre	*vuestros/as*	vôtres
	3e pers.	*suyo/a*	leur, vôtre (politesse)	*suyos/as*	leurs, vôtres (politesse)

- Ces adjectifs se placent après le nom et s'accordent en genre et en nombre avec lui.

*Es una buena amiga **mía**.*
C'est une bonne amie à moi.

*¿No tienes lápices? Te prestamos **los nuestros**.*
Tu n'as pas de crayons ? On te prête les nôtres.
*Tengo la dirección de Adriana, pero **la tuya** no.*
J'ai l'adresse d'Adriana mais pas la tienne.

C Les pronoms possessifs

- Les pronoms ont les mêmes formes que celles du tableau ci-dessus, précédées de l'article défini : ***el mío, la mía, los vuestros, las suyas...***

Attention

En espagnol, on emploie moins souvent les possessifs qu'en français.
Me pongo los guantes.
Je mets **mes** gants.

13 Les indéfinis

adjectifs	*mucho/a(s)*	beaucoup de	*muchas acciones*	beaucoup d'actions
	poco/a(s)	peu de	*pocos resultados*	peu de résultats
	bastante(s)	assez de	*bastante comida*	assez de nourriture
	demasiado/a(s)	trop de	*demasiados desechos*	trop de déchets
	todo/a(s)	tout, tous, toute(s)	*toda la vida*	toute la vie
	varios/as	plusieurs	*varios intentos*	plusieurs tentatives
	cierto/a(s)	certain(e)(s)	*ciertas empresas*	certaines entreprises
	tanto/a(s)	tant de	*tanta gasolina*	tant d'essence
	cada	chaque	*cada ciudadano*	chaque citoyen
adjectifs et pronoms	*alguno/a(s)*	quelque,(s) quelques-un(e)s	*alguna novedad*	quelque nouveauté
	ninguno/a	aucun, aucune	*ninguna solución*	aucune solution
	cualquier/a, cualesquiera	n'importe quel(le)(s)	*cualquier trabajador*	n'importe quel travailleur
	otro/a(s)	un(e) autre, d'autres	*otro momento*	un autre moment
	ambos/as	les deux	*ambos informes*	les deux rapports
pronoms	*algo*	quelque chose	*hacer algo*	faire quelque chose
	alguien	quelqu'un	*contratar a alguien*	embaucher quelqu'un
	nada	rien	*no compres nada*	n'achète rien
	nadie	personne	*no vino nadie*	personne n'est venu

Attention

- Certains de ces mots peuvent aussi être adverbes et dans ce cas ils ne s'accordent pas. ›17. Les adverbes
- En espagnol, on n'emploie pas l'article indéfini (*un*, *una*) devant *otro/a*, *cierto/a*, *cualquiera*. ›5. L'article
- Les indéfinis ***alguno***, ***ninguno*** perdent leur voyelle finale devant un nom masculin singulier; ***cualquiera*** perd la voyelle finale devant un nom masculin ou féminin singulier. ›8. L'apocope

14 Les relatifs

- **Les relatifs font référence à une personne, un animal, une chose, un lieu dont on a parlé précédemment.**
- ***Que*** **(que, qui) a comme antécédent une personne, un objet ou un fait dont on a parlé :**
  *Las manzanas **que** has comprado están muy ricas.*
  Les pommes que tu as achetées sont très bonnes.
- ***Quien, quienes*** **(qui) ont toujours comme antécédent une personne :**
  *No podrá entrar **quien** llegue tarde.*
  Celui/Celle qui arrivera en retard ne pourra pas entrer.
- ***El/la cual, los/las cuales*** **(lequel, laquelle, lesquels, lesquelles, ce qui) peuvent faire référence à une personne, un objet ou un fait :**
  *No han venido, **lo cual** me sorprende.*
  Ils/Elles ne sont pas venu(e)s, ce qui me surprend.
- ***Cuyo/a(s)*** **(dont) introduisent un rapport de possession. Ils précèdent le nom auquel ils se rapportent et avec lequel ils s'accordent en genre et en nombre :**
  *El autor **cuyo** libro acabo de leer ha ganado un premio.*
  L'auteur dont je viens de lire le livre a gagné un prix.
- ***Donde*** **(où) désigne un lieu dont on a parlé :**
  *Quedamos **donde** tú quieras.*
  On se donne rendez-vous où tu veux.

15 Les conjonctions

- Les conjonctions servent à relier deux mots ou deux phrases. Elles sont **toujours invariables.** Les principales sont :

y/e	et	*El año pasado visité Córdoba **y** Granada.* L'année dernière, j'ai visité Cordoue et Grenade.
ni	ni	*No conozco Argentina **ni** Chile.* Je ne connais pas l'Argentine ni le Chili.
o/u	ou	*¿Prefieres el tren **o** el avión?* Tu préfères le train ou l'avion ?
pero	mais	*El monumento es precioso, **pero** hay demasiados turistas.* Le monument est magnifique mais il y a trop de touristes.
sino	mais	*No es un paisaje árido **sino** húmedo y de montaña.* Ce n'est pas un paysage aride mais humide et de montagne.
porque	parce que	*No iremos en autobús **porque** hay huelga de transportes.* Nous n'irons pas en bus parce qu'il y a grève des transports.
ya que	puisque	*Voy a esperar a las rebajas, **ya que** es muy caro.* Je vais attendre les soldes puisqu'il est très cher.
como	comme	***Como** te dije, estaré de vacaciones a partir de julio.* Comme je te disais, je serai en vacances à partir de juin.
si	si	***Si** no llueve, pasaré a buscarte.* S'il ne pleut pas, je passerai te chercher.
aunque (+ indicatif) (bien que + subj.) *aunque* (+ subjonctif) (même si + ind.)		***Aunque** han llegado pronto, ya no quedaban entradas.* Bien qu'ils/elles soient arrivé(e)s tôt, il ne restait plus d'entrées. ***Aunque** vaya a la playa, no me bañaré.* Même si je vais à la plage, je ne me baignerai pas.

Attention

- On utilise ***e*** à la place de ***y*** devant un mot commençant par *i-* ou *hi-* :
  *Padre **e** hijo se parecen como dos gotas de agua.*
  Père et fils se ressemblent comme deux gouttes d'eau.
- On utilise ***u*** à la place de ***o*** devant un mot commençant par o ou *ho-* :
  *¿Recordar **u** olvidar?* Se souvenir ou oublier ?
- ***Sino*** remplace ***pero*** dans une phrase négative :
  *Ese grupo no toca pop **sino** rock.*
  Ce groupe ne joue pas de la pop mais du rock.

16 Les prépositions

- Les différents mots qui composent la phrase peuvent être introduits par des prépositions. Celles-ci sont **toujours invariables.** Les plus courantes sont :

a

- Introduit un COD de personne ou un COI
  *Acompaño **a** mi madre.* J'accompagne ma mère.
- Indique la direction (avec des verbes de mouvement)
  *Voy **a** la biblioteca.* Je vais à la bibliothèque.
- Indique le temps ou l'espace pour situer un événement
  *Abren el banco **a** las nueve.*
  *Está **a** la derecha del supermercado.*
  La banque ouvre à 9h. Elle est à droite du supermarché.
- Exprime la périodicité
  *Trabajan 35 horas **a** la semana.*
  Ils/Elles travaillent 35h par semaine.
- Indique la manière dont quelque chose est faite
  *Lo hizo **a** escondidas.*
  Il/Elle l'a fait en cachette.

con

- Indique le moyen de faire quelque chose
  *Hacen ropa **con** materiales reciclados.*
  On fait des vêtements avec des matériaux recyclés.
- Indique l'accompagnement
  *Vivo **con** mis padres y mi hermana.*
  J'habite avec mes parents et ma sœur.
- Indique le contenu
  *Tengo una hucha **con** dinero.*
  J'ai une tirelire avec de l'argent.

de

- **Indique la provenance, l'origine**
  *Alejandro es **de** Venezuela.*
  Alejandro est du Venezuela.

- **Indique la propriété, l'appartenance**
  *¿Has visto la bici nueva **de** Carlos?*
  Tu as vu le nouveau vélo de Carlos ?

- **Indique la matière dont quelque chose est faite**
  *Mi abuelo tiene un reloj **de** oro.*
  Mon grand-père a une montre en or.

- **Indique le moment *(de día, de madrugada, de momento…)***
  *Cuando hemos vuelto era ya **de** noche.*
  Quand nous sommes rentré(e)s, il faisait déjà nuit.

- **Sert à exprimer la date**
  *el 12 **de** octubre **de** 1492*
  le 12 octobre 1492

Attention ▶ On n'emploie pas la préposition ***de*** avec « ***ser*** + adjectif + infinitif » / « ***ser*** + infinitif » ni comme partitif :
Es importante estar en forma.
Il est important d'être en forme.
Lo mejor es hacer deporte.
Le mieux c'est de faire du sport.

desde

- **Indique le moment ou le lieu de départ**
  *No he ido a clase **desde** el martes.*
  Je ne suis pas allé(e) en cours depuis mardi.

  ¿Has venido andando ***desde** la estación?*
  Tu es venu(e) à pied depuis la gare ?

en

- **Indique la situation dans l'espace ou dans le temps**
  *Nací **en** Zaragoza **en** 2003.*
  Je suis né(e) à Saragosse en 2003.

- **Indique le moyen utilisé**
  *¿Prefieres ir **en** tren o **en** avión?*
  Tu préfères aller en train ou en avion ?

- **Équivalent de *sobre* (sur)**
  *El libro está **en** la mesa.*
  Le livre est sur la table.

hasta

- **Indique la limite dans le temps, l'espace, les actions, les quantités**
  *Las clases no empiezan **hasta** septiembre.*
  Les cours ne commencent qu'en septembre.

  *Me puedo gastar **hasta** 10 euros.*
  Je peux dépenser jusqu'à 10 euros.

para

- **Indique le but**
  *Me he comprado una impresora **para** imprimir mis fotos.*
  Je me suis acheté une imprimante pour imprimer mes photos.
- **Indique la direction**
  *Mis primas se van **para** Cádiz.*
  Mes cousines partent pour Cadix.
- **Indique le délai ou le moment où aura lieu quelque chose**
  *Anuncian buen tiempo **para** el fin de semana.*
  On annonce du beau temps pour le weekend.
- **Indique le destinataire**
  *Es un regalo **para** ti.*
  C'est un cadeau pour toi.
- **Indique le point de vue**
  ***Para** mis abuelos, lo importante es la salud.*
  Pour mes grands-parents, ce qui est important est la santé.

por

- **Indique le lieu par où l'on circule**
  *Hay que pasar **por** el puente.*
  Il faut passer par le pont.
- **Indique le motif, la cause**
  *Estoy triste **por** tu culpa.*
  Je suis triste par ta faute.
- **Indique le moyen, l'instrument**
  *Me han contactado **por** mail.*
  On m'a contacté par mail.
- **Indique l'échange ou le prix**
  *En ese restaurante hacen menús **por** 12 euros.*
  Dans ce restaurant, ils font des menus à 12 euros.
- **Indique la proportion**
  *El uso de las redes sociales aumentó un diez **por** ciento.*
  L'utilisation des réseaux sociaux a augmenté de 10%.
- **Indique un lieu ou un moment imprécis**
  *Volveremos **por** el mes de abril.*
  Nous retournerons vers le mois d'avril.
- **Introduit un complément d'agent (voix passive)**
  *Rubén fue recibido **por** la directora.*
  Rubén a été reçu par la directrice.

17 Les adverbes

- Les adverbes servent à modifier le sens de certains mots dans la phrase. Ils sont **toujours invariables.**

A Adverbes de lieu

- ***Aquí, acá*** (ici) désignent ce qui est proche de la personne qui parle :

  *Ven hacia **acá**.* Viens vers ici.

- ***Ahí*** (là) désigne ce qui est à moyenne distance de la personne qui parle :

  *Mira, **ahí** van a construir el nuevo carril bici.*
  Regarde, c'est là qu'on va construire la nouvelle piste cyclable.

- ***Allí, allá*** (là-bas) désignent ce qui est loin de la personne qui parle :

  *Nos fuimos de **allí** porque había mucha gente.*
  Nous sommes reparti(e)s de là-bas parce qu'il y avait beaucoup de monde.

Attention ▸ Les adverbes de lieu peuvent s'utiliser en corrélation avec ***este, ese, aquel***. ›11. Les démonstratifs

B Adverbes de temps

- ***Ya*** (déjà)

  *¿Has visitado **ya** Galicia?* Tu as déjà visité la Galice ?

- ***Siempre*** (toujours)

  *En mi casa cenamos **siempre** a las nueve.*
  Chez moi, on dîne toujours à 21h.

- ***Todavía/aún*** (encore)

  *¡No me digas que **aún** no te has vestido!*
  Ne me dis pas que tu n'es pas encore habillé(e) !

Attention ▸ Contrairement au français, on n'emploie pas *siempre* (toujours) à la place de ***todavía*** ou ***aún*** (encore) :

__Todavía__ no he aprendido a calcular logaritmos.
Je n'ai toujours pas appris à calculer des logarithmes.

C Adverbes d'affirmation et de négation

- Affirmation : ***sí*** (oui), ***cierto*** (certes, certainement), ***claro*** (clairement), ***seguro*** (sûrement, certainement), ***también*** (aussi)...

  __Sí, seguro__: en mayo habrá __también__ elecciones autonómicas.
  Oui, certainement, en mai y aura aussi des élections régionales.

- Négation : ***no*** (non), ***tampoco*** (non plus), ***nunca/jamás*** (jamais)

  *¿Tú **tampoco** quieres venir?*
  Toi non plus, tu ne veux pas venir ?

Attention ▸ ***No*** se place toujours devant le verbe. ***Tampoco, nunca*** ou ***jamás*** peuvent se placer devant le verbe, ou après si la phrase est introduite par ***no*** :

__Nunca__ les concederán la amnistía. = __No__ les concederán __nunca__ la amnistía.
On ne leur accordera jamais l'amnistie.

D Adverbes de quantité

- ***Mucho*** (beaucoup), ***poco*** (peu), **casi** (presque), ***bastante*** (assez), ***demasiado*** (trop)...

  *Me gusta **bastante**, pero **casi** no me queda dinero para comprarlo.*
  J'aime assez mais il ne me reste presque plus d'argent pour l'acheter.

E Adverbes de manière en *-mente*

- Ils se forment en ajoutant ***-mente*** à la forme féminine des adjectifs qualificatifs. Si l'adjectif a la même forme au masculin et au féminin, on ajoute ***-mente*** directement :

  seguro → *segura* → ***seguramente***
  suave → *suave* → ***suavemente***

Attention ▸ Quand plusieurs adverbes se trouvent à la suite, seul le dernier finira par ***-mente*** :

*Avanza segura y **rápidamente**.*
Il avance sûrement et rapidement.

18 Les pronoms personnels

sujets		COD		COI		réfléchis		introduits par une préposition	
yo	moi, je	*me*	me	*me*	me	*me*	me	*mí*	moi
tú	tu	*te*	te	*te*	te	*te*	te	*ti*	toi
él *ella* *usted*	lui, il elle vous	*lo, le* *la*	le la vous	*le*	lui vous	*se*	se	*el* *ella* *usted* *sí*	lui elle vous réfléchi : soi
nosotros/as	nous	*nos*	nous	*nos*	nous	*nos*	nous	*nosotros/as*	nous
vosotros/as	vous	*os*	vous	*os*	vous	*os*	vous	*vosotros/as*	vous
ellos/as *ustedes*	eux, ils vous	*los, les, las*	les vous	*les*	leur vous	*se*	se	*ellos, ellas, ustedes* *sí*	se réfléchi : soi

Attention ▸ Avec la préposition *con*, on emploie des formes contractées : ***conmigo, contigo, consigo***.

*¿Vienes **conmigo** a la piscina?*

Tu viens avec moi à la piscine ?

- **Les pronoms personnels sujets sont beaucoup moins employés qu'en français puisqu'en espagnol la personne est déjà indiquée par la terminaison du verbe :**

Comes mucho.

Tu manges beaucoup.

Cependant, on les utilise quand la phrase risque d'être ambigüe ou lorsqu'on veut insister sur la personne :

***Él** canta y **tú** bailas.*

Lui, il chante et toi, tu danses.

A Le vouvoiement

- **Lorsqu'on veut vouvoyer pour marquer le respect ou la distance, on emploie *usted* (avec le verbe conjugué à la 3e personne du singulier) si on s'adresse à une personne et *ustedes* (avec le verbe à la 3e personne du pluriel) si on s'adresse à plusieurs personnes.**

*¿**Ustedes** son los padres de Juan?*

Vous êtes les parents de Juan?

Attention ▸ Avec ***usted/ustedes***, on emploie les pronoms complément et les possessifs de 3e personne.

›12. Les possessifs

B L'ordre des pronoms compléments

- **En espagnol, l'ordre est toujours COI + COD :**

*El profesor **nos lo** ha explicado.*

Le professeur nous l'a expliqué.

Attention ▸ Lorsque deux pronoms commencent par la lettre « l », ils ne peuvent pas se suivre. Le pronom COI ***le/les*** prend dans ce cas la forme ***se*** :

***Se lo** he dicho dos veces.*

Je le lui ai dit deux fois.

C L'enclise

- **L'enclise consiste à placer les pronoms COD, COI et réfléchis soudés après le verbe, aux formes suivantes :**

– à l'infinitif :

*Vas a perder**los**.*

Tu vas les perdre.

*¿Crees que debes decír**selo**?*

Tu crois que tu dois le lui dire ?

– au gérondif :

*Sigue esperándo**me**.*

Continue à m'attendre.

*Estoy preparándo**telo**.*

Je suis en train de te le préparer.

– à l'impératif affirmatif :

*Ayúda**me**.*

Aide-moi.

*Explíca**noslo**.*

Explique-le-nous.

Attention ▸ Du fait de l'allongement du mot, l'accent tonique peut changer de place. Il faut appliquer la règle de l'accent écrit.

›2. L'accent

19 Les verbes du type *gustar*

- **Beaucoup de verbes espagnols qui expriment un sentiment, une sensation, une préférence suivent le modèle de construction de *gustar* (aimer), semblable à celle de « plaire » en français. Ces verbes s'accordent avec leur sujet, qui est placé derrière eux :**

***Me gusta** tu camiseta. **Me gustan** tus zapatillas.*

J'aime ton tee-shirt. J'aime tes baskets. = Ton tee-shirt me plaît. Tes baskets me plaisent.

- Ont cette même construction :

– ***apetecer*** (avoir/faire envie) :

¿Te apetecen unas fresas?

Tu as envie de fraises ?

– ***avergonzar*** (avoir/faire honte) :

Le avergüenzan sus errores.

Il/Elle a honte de ses erreurs.

– ***costar*** (avoir du mal à) :

A los gemelos les cuesta separarse.

Les jumeaux ont du mal à se séparer.

– ***doler*** (avoir mal) :

Después de correr me duelen las piernas.

Après la course, j'ai mal aux jambes.

– ***encantar*** (adorer) :

A mi madre le encanta la primavera.

Ma mère adore le printemps.

– ***interesar*** (être intéressé par) :

No me interesan las películas de ciencia ficción.

Les films de science-fiction ne m'intéressent pas.

20 Les équivalents de « on »

- **Il y a plusieurs manières d'exprimer « on » en espagnol dépendant de la valeur que prend la tournure :**

– Pour exprimer un fait général, on emploie ***se*** + verbe à la 3e personne du singulier ou du pluriel :

*Al Machu Picchu **se puede** subir andando.*

Au Machu Picchu, on peut monter à pied.

– Si « on » veut dire « nous », en espagnol on emploie simplement la 1re personne du pluriel :

*¿**Visitamos** la catedral?*

On visite la cathédrale ?

– Si le sujet est une personne ou groupe de personnes très indéterminé, on utilise la 3e personne du pluriel, sans sujet exprimé :

***Han restringido** el acceso al casco antiguo.*

On a restreint l'accès au centre historique.

– Si « je » est sous-entendu, on emploie *uno/una* suivi de la 3e personne du singulier :

***Uno debe** saber lo que quiere.*

On doit savoir ce qu'on veut.

21 L'emploi du subjonctif

>Tableaux de conjugaison p. 250

- **Avec le subjonctif, on exprime une action éventuelle, subjective, non encore réalisée ou irréalisable. Voici les emplois plus fréquents, suivant les valeurs de la phrase.**

A Dans la principale

- **L'éventualité : *quizás*, *tal vez*, *acaso* (peut-être)**

  *Quizás **llueva** hoy.*

  Peut-être qu'il va pleuvoir aujourd'hui.

- **Le souhait, le regret : *ojalá* (pourvu que), lástima que (dommage que)...**

  *¡Lástima que **haya** tan poca solidaridad!*

  Dommage qu'il y ait si peu de solidarité !

- **La défense : *no* + verbe au subjonctif**

  *No **insistas**, por favor.*

  N'insiste pas, s'il te plait.

Attention Pour exprimer l'ordre, l'impératif emprunte ses formes au subjonctif présent pour la 3e personne du singulier et pour la 1re et 3e personnes du pluriel :

***Dígame** su nombre.*

Dites-moi votre nom.

B Dans la subordonnée

- **Le but : *para que* (pour que)...**

  *Tiende la ropa para que se **seque**.*

  Éteint la lessive pour qu'elle sèche.

- **La volonté, le désir : *querer que* (vouloir que), *desear que* (désirer que), *esperar que* (espérer que)...**

  *Los sindicatos quieren que los trabajadores **hagan** huelga.*

  Les syndicats veulent que les travailleurs fassent une grève.

- **Le sentiment : *gustar que* (aimer que), *preferir que* (préférer que), *temer que* (craindre que)...**

  *Prefiero que **tomes** la decisión rápidamente.*

  Je préfère que tu prennes la décision rapidement.

- **Le doute : *dudar que* (douter que), *no creer que* (ne pas croire que)...**

  *No creo que **valga** la pena.*

  Je ne crois pas que cela vaille la peine.

- **La possibilité : *puede que* (il se peut que), *es posible/imposible que* (il est possible/impossible que)...**

  *Puede que **gane** el Barça.*

  Il se peut que le Barça gagne.

- **L'obligation : *ser necesario/preciso que, hacer falta que* (falloir)...**

  *Es necesario que **apruebes** el examen.*

  Il faut que tu réussisses l'examen.

- **La restriction : *sin que* (sans que), *a no ser que* (à moins que)...**

  *Colocaré mi habitación sin que mi madre me lo **pida**.*

  Je mettrai de l'ordre dans ma chambre sans que ma mère me le demande.

- **La demande, l'ordre, la prière, le conseil : *pedir que* (demander de), *decir que* (dire de), *mandar que* (ordonner de), *aconsejar que* (conseiller de)...**

  *El médico me ha aconsejado que **beba** mucha agua.*

  Le médecin m'a conseillé de boire beaucoup d'eau.

- **Le futur : *cuando* (quand), *mientras* (tant que), *en cuanto* (dès que)...**

  *Cuando **tenga** 18 años, me sacaré el carnet de conducir.*

  Quand j'aurai 18 ans, je passerai le permis de conduire.

- **La condition hypothétique :**

  – Dans le présent ou le futur : *si* + imparfait du subjonctif

  *Si **hubiese** menos coches, habría menos contaminación.*

  S'il y avait mois de voitures, il y aurait moins de pollution.

  – Dans le passé : *si* + plus-que parfait du subjonctif

  *Si nos **hubiésemos conocido** antes, habríamos compartido piso.*

  Si nous nous étions connu(e)s plus tôt, on aurait partagé l'appartement.

- **La concession : *aunque* (même si)...**

  *Aunque **corras**, no llegarás a tiempo.*

  Même si tu cours, tu n'arriveras pas à l'heure.

22 Ser et estar

›Tableaux de conjugaison p. 250

- Le verbe « être » se traduit en espagnol par deux verbes : ***ser*** et ***estar***. Pour pouvoir choisir, on tiendra compte du mot qui suit le verbe.

SER exprime une caractéristique essentielle	ESTAR exprime un état plus ou moins durable
+ nom : *Es una mujer.* C'est une femme. + pronom : *Es ella.* C'est elle. + numéral : *Somos cinco.* Nous sommes cinq. + infinitif : *Lo ideal es viajar.* L'idéal est de voyager.	+ gérondif : *Está durmiendo.* Il/Elle est en train de dormir.
+ complément de matière : *Es de oro.* C'est en or. d'origine : *Soy de Cuba.* Je suis de Cuba. d'appartenance : *Es de Pablo.* C'est de Pablo.	+ complément de lieu : *Están en el instituto.* Ils/Elles sont au lycée. de temps : *Estamos en mayo.* Nous sommes en mai. d'attitude : *Estoy de pie.* Je suis debout.
+ adjectif de nationalité : *Soy cubana.* Je suis Cubaine. de couleur : *Es rojo.* C'est rouge. de forme : *Es cuadrado.* C'est carré. trait physique : *Es rubio.* Il est blond. caractère : *Son divertidas.* Elles sont amusantes.	+ adjectif d'état physique : *Está pálida.* Elle est pâle. état moral : *Estoy triste.* Je suis triste de circonstance : *Estás solo.* Tu es seul.
+ participe passé (voix passive) : *La ley **es** votada por el Parlamento.* La loi est votée par le parlement.	+ participe passé (état résultant d'une action) : *La cena **está** preparada.* Le dîner est prêt.

- Le sens de certains adjectifs change selon qu'on emploie ***ser*** ou ***estar*** :

ser listo/a être intelligent(e) ≠ *estar listo/a* être prêt(e)

ser bueno/a être bon(ne)/gentil(le) ≠ *estar bueno/a* être en bonne santé

ser malo/a être méchant(e)/mauvais(e) ≠ *estar malo/a* être malade

ser rico/a être riche ≠ *estar rico/a* être délicieux/euse

ser moreno/a être brun(e) ≠ *estar moreno/a* être bronzé(e)

23 La concordance des temps

›Tableaux de conjugaison p. 250

- En espagnol, quand la proposition subordonnée est au subjonctif, le temps de ce verbe dépend du temps de celui de la principale. C'est la règle de la concordance des temps.

Temps de la proposition principale	Temps de la proposition subordonnée
Présent Futur présent Passé composé Impératif	→ Présent ou passé composé du subjonctif
Imparfait Passé simple Plus-que-parfait Conditionnel	→ Imparfait ou plus-que-parfait de subjonctif

***Quiero** que me **llames**.* Je veux que tu m'appelles.

***Quería** que me **llamaras**.* Je voulais que tu m'appelles.

***Habrían venido** si los **hubiéramos invitado**.* Ils/Elles seraient venu(e)s si nous les avions invité(e)s.

***Vendrían** si los **invitáramos**.* Ils/Elles viendraient si nous les invitons.

Tableaux de conjugaison

Infinitivo (*Infinitif*)	Presente de indicativo (*Indicatif présent*)		Presente de subjuntivo (*Subjonctif présent*)		Imperativo (*Impératif*)		Imperfecto de indicativo (*Indicatif imparfait*)	

LES VERBES RÉGULIERS

Infinitivo	Presente de indicativo		Presente de subjuntivo		Imperativo		Imperfecto de indicativo	
Hablar *parler*	hablo hablas habla	hablamos habláis hablan	hable hables hable	hablemos habléis hablen	habla	hablad	hablaba hablabas hablaba	hablábamos hablabais hablaban
Comer *manger*	como comes come	comemos coméis comen	coma comas coma	comamos comáis coman	come	comed	comía comías comía	comíamos comíais comían
Vivir *vivre*	vivo vives vive	vivimos vivís viven	viva vivas viva	vivamos viváis vivan	vive	vivid	vivía vivías vivía	vivíamos vivíais vivían

LES VERBES À DIPHTONGUE

E → IE **O → UE**

Infinitivo	Presente de indicativo		Presente de subjuntivo		Imperativo		Imperfecto de indicativo	
Pensar *penser*	pienso piensas piensa	pensamos pensáis piensan	piense pienses piense	pensemos penséis piensen	piensa	pensad	pensaba pensabas pensaba	pensábamos pensabais pensaban
Contar *raconter*	cuento cuentas cuenta	contamos contáis cuentan	cuente cuentes cuente	contemos contéis cuenten	cuenta	contad	contaba contabas contaba	contábamos contabais contaban

LES VERBES À AFFAIBLISSEMENT

E → I

Infinitivo	Presente de indicativo		Presente de subjuntivo		Imperativo		Imperfecto de indicativo	
Pedir *demander*	pido pides pide	pedimos pedís piden	pida pidas pida	pidamos pidáis pidan	pide	pedid	pedía pedías pedía	pedíamos pedíais pedían

Même modèle pour: seguir, corregir, despedir, elegir, impedir, medir, servir, vestir, reír

LES VERBES À ALTERNANCE

E → IE ET I **O → UE ET U**

Infinitivo	Presente de indicativo		Presente de subjuntivo		Imperativo		Imperfecto de indicativo	
Sentir *sentir, ressentir*	siento sientes siente	sentimos sentís sienten	sienta sientas sienta	sintamos sintáis sientan	siente	sentid	sentía sentías sentía	sentíamos sentíais sentían

Même modèle pour: divertir, mentir, preferir, sugerir

Infinitivo	Presente de indicativo		Presente de subjuntivo		Imperativo		Imperfecto de indicativo	
Dormir *dormir*	duermo duermes duerme	dormimos dormís duermen	duerma duermas duerma	durmamos durmáis duerman	duerme	dormid	dormía dormías dormía	dormíamos dormíais dormían

LES VERBES EN *-ACER* / *-ECER* / *-OCER* / *-UCIR*, TYPE *CONOCER*

C → ZC

Infinitivo	Presente de indicativo		Presente de subjuntivo		Imperativo		Imperfecto de indicativo	
Conocer *connaître*	conozco conoces conoce	conocemos conocéis conocen	conozca conozcas conozca	conozcamos conozcáis conozcan	conoce	conoced	conocía conocías conocía	conocíamos conocíais conocían

Même modèle pour: nacer, obedecer, padecer, parecer, pertenecer, relucir

LES VERBES EN *-DUCIR*, TYPE *DEDUCIR*

C → ZC **C → J**

Infinitivo	Presente de indicativo		Presente de subjuntivo		Imperativo		Imperfecto de indicativo	
Deducir *déduire*	deduzco deduces deduce	deducimos deducís deducen	deduzca deduzcas deduzca	deduzcamos deduzcáis deduzcan	deduce	deducid	deducía deducías deducía	deducíamos deducíais deducían

Même modèle pour: conducir, introducir, producir, traducir, seducir

Pretérito indefinido o pretérito perfecto simple *(Passé simple)*		Imperfecto* de subjuntivo *(Subjonctif imparfait)**		Futuro *(Futur)*		Condicional *(Conditionnel)*		Gerundio *(Gérondif)* Participio pasivo *(Participe passé)*	

LES VERBES RÉGULIERS

hablé hablaste habló	hablamos hablasteis hablaron	hablara hablaras hablara	habláramos hablarais hablaran	hablaré hablarás hablará	hablaremos hablaréis hablarán	hablaría hablarías hablaría	hablaríamos hablaríais hablarían	(g.) (p. p.)	hablando hablado
comí comiste comió	comimos comisteis comieron	comiera comieras comiera	comiéramos comierais comieran	comeré comerás comerá	comeremos comeréis comerán	comería comerías comería	comeríamos comeríais comerían	(g.) (p. p.)	comiendo comido
viví viviste vivió	vivimos vivisteis vivieron	viviera vivieras viviera	viviéramos vivierais vivieran	viviré vivirás vivirá	viviremos viviréis vivirán	viviría vivirías viviría	viviríamos viviríais vivirían	(g.) (p. p.)	viviendo vivido

LES VERBES À DIPHTONGUE

E → IE *O → UE*

pensé pensaste pensó	pensamos pensasteis pensaron	pensara pensaras pensara	pensáramos pensarais pensaran	pensaré pensarás pensará	pensaremos pensaréis pensarán	pensaría pensarías pensaría	pensaríamos pensaríais pensarían	(g.) (p. p.)	pensando pensado
conté contaste contó	contamos contasteis contaron	contara contaras contara	contáramos contarais contaran	contaré contarás contará	contaremos contaréis contarán	contaría contarías contaría	contaríamos contaríais contarían	(g.) (p. p.)	contando contado

LES VERBES À AFFAIBLISSEMENT

E → I

pedí pediste pidió	pedimos pedisteis pidieron	pidiera pidieras pidiera	pidiéramos pidierais pidieran	pediré pedirás pedirá	pediremos pediréis pedirán	pediría pedirías pediría	pediríamos pediríais pedirían	(g.) (p. p.)	pidiendo pedido
Même modèle pour: seguir, corregir, despedir, elegir, impedir, medir, servir, vestir, reír									

LES VERBES À ALTERNANCE

E → IE ET I *O → UE ET U*

sentí sentiste sintió	sentimos sentisteis sintieron	sintiera sintieras sintiera	sintiéramos sintierais sintieran	sentiré sentirás sentirá	sentiremos sentiréis sentirán	sentiría sentirías sentiría	sentiríamos sentiríais sentirían	(g.) (p. p.)	sintiendo sentido
Même modèle pour: divertir, mentir, preferir, sugerir									
dormí dormiste durmió	dormimos dormisteis durmieron	durmiera durmieras durmiera	durmiéramos durmierais durmieran	dormiré dormirás dormirá	dormiremos dormiréis dormirán	dormiría dormirías dormiría	dormiríamos dormiríais dormirían	(g.) (p. p.)	durmiendo dormido

LES VERBES EN *-ACER* / *-ECER* / *-OCER* / *-UCIR*, TYPE *CONOCER*

C → ZC

conocí conociste conoció	conocimos conocisteis conocieron	conociera conocieras conociera	conociéramos conocierais conocieran	conoceré conocerás conocerá	conoceremos conoceréis conocerán	conocería conocerías conocería	conoceríamos conoceríais conocerían	(g.) (p. p.)	conociendo conocido
Même modèle pour: nacer, obedecer, padecer, parecer, pertenecer, relucir									

LES VERBES EN *-DUCIR*, TYPE *DEDUCIR*

C → ZC *C → J*

deduje dedujiste dedujo	dedujimos dedujisteis dedujeron	dedujera dedujeras dedujera	dedujéramos dedujerais dedujeran	deduciré deducirás deducirá	deduciremos deduciréis deducirán	deduciría deducirías deduciría	deduciríamos deduciríais deducirían	(g.) (p. p.)	deduciendo deducido
Même modèle pour: conducir, introducir, producir, traducir, seducir.									

* *Il existe une autre forme de subjonctif en* -se : hablase, comiese, viviese, pensase, contase, pidiese, sintiese, durmiese...

Tableaux de conjugaison

AUTRES VERBES IRRÉGULIERS

Infinitivo *(Infinitif)*	Presente de indicativo *(Indicatif présent)*	Presente de subjuntivo *(Subjonctif présent)*	Imperativo *(Impératif)*	Imperfecto de indicativo *(Indicatif imparfait)*
Andar *marcher*	ando andas anda andamos andáis andan	ande andes ande andemos andéis anden	anda andad	andaba andabas andaba andábamos andabais andaban
Caer *tomber*	caigo caes cae caemos caéis caen	caiga caigas caiga caigamos caigáis caigan	cae caed	caía caías caía caíamos caíais caían
Dar *donner*	doy das da damos dais dan	dé des dé demos deis den	da dad	daba dabas daba dábamos dabais daban
Decir *dire*	digo dices dice decimos decís dicen	diga digas diga digamos digáis digan	di decid	decía decías decía decíamos decíais decían
Estar *être*	estoy estás está estamos estáis están	esté estés esté estemos estéis estén	está estad	estaba estabas estaba estábamos estabais estaban
Haber aux. *avoir*	he has ha hemos habéis han	haya hayas haya hayamos hayáis hayan		había habías había habíamos habíais habían
Hacer *faire*	hago haces hace hacemos hacéis hacen	haga hagas haga hagamos hagáis hagan	haz haced	hacía hacías hacía hacíamos hacíais hacían
Ir *aller*	voy vas va vamos vais van	vaya vayas vaya vayamos vayáis vayan	ve id	iba ibas iba íbamos ibais iban
Oír *entendre*	oigo oyes oye oímos oís oyen	oiga oigas oiga oigamos oigáis oigan	oye oíd	oía oías oía oíamos oíais oían
Poder *pouvoir*	puedo puedes puede podemos podéis pueden	pueda puedas pueda podamos podáis puedan		podía podías podía podíamos podíais podían
Poner *mettre*	pongo pones pone ponemos ponéis ponen	ponga pongas ponga pongamos pongáis pongan	pon poned	ponía ponías ponía poníamos poníais ponían
Querer *vouloir, aimer*	quiero quieres quiere queremos queréis quieren	quiera quieras quiera queramos queráis quieran	quiere quered	quería querías quería queríamos queríais querían
Saber *savoir*	sé sabes sabe sabemos sabéis saben	sepa sepas sepa sepamos sepáis sepan	sabe sabed	sabía sabías sabía sabíamos sabíais sabían
Salir *sortir*	salgo sales sale salimos salís salen	salga salgas salga salgamos salgáis salgan	sal salid	salía salías salía salíamos salíais salían
Ser *être*	soy eres es somos sois son	sea seas sea seamos seáis sean	sé sed	era eras era éramos erais eran
Tener *avoir, posséder*	tengo tienes tiene tenemos tenéis tienen	tenga tengas tenga tengamos tengáis tengan	ten tened	tenía tenías tenía teníamos teníais tenían
Traer *apporter*	traigo traes trae traemos traéis traen	traiga traigas traiga traigamos traigáis traigan	trae traed	traía traías traía traíamos traíais traían
Venir *venir*	vengo vienes viene venimos venís vienen	venga vengas venga vengamos vengáis vengan	ven venid	venía venías venía veníamos veníais venían
Ver *voir*	veo ves ve vemos veis ven	vea veas vea veamos veáis vean	ve ved	veía veías veía veíamos veíais veían

AUTRES VERBES IRRÉGULIERS

Pretérito indefinido o pretérito perfecto simple *(Passé simple)*		Imperfecto* de subjuntivo *(Subjonctif imparfait)**		Futuro *(Futur)*		Condicional *(Conditionnel)*		Gerundio *(Gérondif)* Participio pasivo *(Participe passé)*	
anduve anduviste anduvo	anduvimos anduvisteis anduvieron	anduviera anduvieras anduviera	anduviéramos anduvierais anduvieran	andaré andarás andará	andaremos andaréis andarán	andaría andarías andaría	andaríamos andaríais andarían	(g.) (p. p.)	andando andado
caí caíste cayó	caímos caísteis cayeron	cayera cayeras cayera	cayéramos cayerais cayeran	caeré caerás caerá	caeremos caeréis caerán	caería caerías caería	caeríamos caeríais caerían	(g.) (p. p.)	cayendo caído
di diste dio	dimos disteis dieron	diera dieras diera	diéramos dierais dieran	daré darás dará	daremos daréis darán	daría darías daría	daríamos daríais darían	(g.) (p. p.)	dando dado
dije dijiste dijo	dijimos dijisteis dijeron	dijera dijeras dijera	dijéramos dijerais dijeran	diré dirás dirá	diremos diréis dirán	diría dirías diría	diríamos diríais dirían	(g.) (p. p.)	diciendo dicho
estuve estuviste estuvo	estuvimos estuvisteis estuvieron	estuviera estuvieras estuviera	estuviéramos estuvierais estuvieran	estaré estarás estará	estaremos estaréis estarán	estaría estarías estaría	estaríamos estaríais estarían	(g.) (p. p.)	estando estado
hube hubiste hubo	hubimos hubisteis hubieron	hubiera hubieras hubiera	hubiéramos hubierais hubieran	habré habrás habrá	habremos habréis habrán	habría habrías habría	habríamos habríais habrían	(g.) (p. p.)	habiendo habido
hice hiciste hizo	hicimos hicisteis hicieron	hiciera hicieras hiciera	hiciéramos hicierais hicieran	haré harás hará	haremos haréis harán	haría harías haría	haríamos haríais harían	(g.) (p. p.)	haciendo hecho
fui fuiste fue	fuimos fuisteis fueron	fuera fueras fuera	fuéramos fuerais fueran	iré irás irá	iremos iréis irán	iría irías iría	iríamos iríais irían	(g.) (p. p.)	yendo ido
oí oíste oyó	oímos oísteis oyeron	oyera oyeras oyera	oyéramos oyerais oyeran	oiré oirás oirá	oiremos oiréis oirán	oiría oirías oiría	oiríamos oiríais oirían	(g.) (p. p.)	oyendo oído
pude pudiste pudo	pudimos pudisteis pudieron	pudiera pudieras pudiera	pudiéramos pudierais pudieran	podré podrás podrá	podremos podréis podrán	podría podrías podría	podríamos podríais podrían	(g.) (p. p.)	pudiendo podido
puse pusiste puso	pusimos pusisteis pusieron	pusiera pusieras pusiera	pusiéramos pusierais pusieran	pondré pondrás pondrá	pondremos pondréis pondrán	pondría pondrías pondría	pondríamos pondríais pondrían	(g.) p. p.	poniendo puesto
quise quisiste quiso	quisimos quisisteis quisieron	quisiera quisieras quisiera	quisiéramos quisierais quisieran	querré querrás querrá	querremos querréis querrán	querría querrías querría	querríamos querríais querrían	(g.) (p. p.)	queriendo querido
supe supiste supo	supimos supisteis supieron	supiera supieras supiera	supiéramos supierais supieran	sabré sabrás sabrá	sabremos sabréis sabrán	sabría sabrías sabría	sabríamos sabríais sabrían	(g.) (p. p.)	sabiendo sabido
salí saliste salió	salimos salisteis salieron	saliera salieras saliera	saliéramos salierais salieran	saldré saldrás saldrá	saldremos saldréis saldrán	saldría saldrías saldría	saldríamos saldríais saldrían	(g.) (p. p.)	saliendo salido
fui fuiste fue	fuimos fuisteis fueron	fuera fueras fuera	fuéramos fuerais fueran	seré serás será	seremos seréis serán	sería serías sería	seríamos seríais serían	(g.) (p. p.)	siendo sido
tuve tuviste tuvo	tuvimos tuvisteis tuvieron	tuviera tuvieras tuviera	tuviéramos tuvierais tuvieran	tendré tendrás tendrá	tendremos tendréis tendrán	tendría tendrías tendría	tendríamos tendríais tendrían	(g.) (p. p.)	teniendo tenido
traje trajiste trajo	trajimos trajisteis trajeron	trajera trajeras trajera	trajéramos trajerais trajeran	traeré traerás traerá	traeremos traeréis traerán	traería traerías traería	traeríamos traeríais traerían	(g.) (p. p.)	trayendo traído
vine viniste vino	vinimos vinisteis vinieron	viniera vinieras viniera	viniéramos vinierais vinieran	vendré vendrás vendrá	vendremos vendréis vendrán	vendría vendrías vendría	vendríamos vendríais vendrían	(g.) (p. p.)	viniendo venido
vi viste vio	vimos visteis vieron	viera vieras viera	viéramos vierais vieran	veré verás verá	veremos veréis verán	vería verías vería	veríamos veríais verían	(g.) (p. p.)	viendo visto

* *Il existe une autre forme de subjonctif en* -se : anduviese, cayese, diese, dijese, estuviese, hubiese, hiciese, fuese...

Comment dit-on...

Comment dit-on...
...BIEN QUE

bien que (+ subjonctif) ➡ **aunque** (+ **indicatif**)
A une valeur de concession,
le fait est réel.

Bien qu'il fasse froid, j'irai me promener.
Aunque *hace frío, iré a pasear.*

Uniquement si le fait est éventuel, une supposition, on emploiera :
aunque (+ **subjonctif**) ➡ **même si** (+ indicatif)

Même s'il fait froid, j'irai me promener.
Aunque *haga frío, iré a pasear.*

Comment dit-on...
...DEVENIR

devenir ➡ **hacerse**
Changement volontaire ou demandant une certaine durée

devenir grand(e)
hacerse *mayor*

devenir ➡ **volverse**
Changement radical et rapide, ressenti comme définitif

devenir fou/folle
volverse *loco/a*

devenir ➡ **convertirse en**
Changement radical plus progressif

devenir le/la chef(fe)
convertirse *en jefe/a*

devenir ➡ **ponerse**
Changement rapide et passager, subi par le sujet

devenir furieux/euse
ponerse *nervioso/a*

devenir ➡ **llegar a ser**
Aboutissement après un long processus

devenir n° 1
llegar a ser *n° 1*

Une expression du langage courant en français...

SE FAIRE + infinitif

Cette construction passive se traduit, le plus souvent, avec le verbe à la 3e personne du pluriel, précédé du pronom personnel correspondant.

- Je me suis fait aider. — *Me han ayudado.*
- Tu t'es fait frapper. — *Te han golpeado.*
- Il s'est fait prendre sa place. — *Le han quitado el sitio.*
- Nous nous sommes fait gronder. — *Nos han reñido.*
- Vous vous êtes fait opérer. — *Os han operado.*
- Ils se sont fait voler. — *Los han robado.*

Comment dit-on…

…DONT

dont le/la/les (+ nom) ➡ **cuyo/a/os/as** (+ nom)

C'est le chien **dont** le maître est aveugle.
*Ese es el perro **cuyo** amo es ciego.*

dont ➡ **del que/de quien/de quienes** (+ verbe)

C'est la jeune fille **dont** je suis amoureux.
*Es la chica **de quien** estoy enamorado.*

Comment dit-on…

…RESTER

rester ➡ **quedarse, permanecer**
Dans l'espace (endroit, situation, position)

rester debout
***quedarse** de pie*

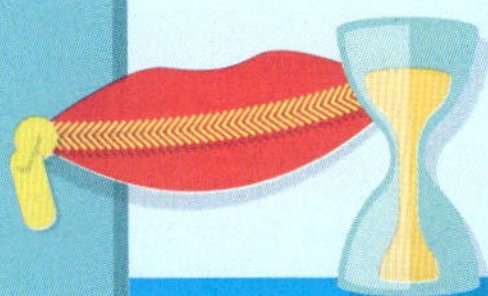

rester ➡ **seguir siendo, seguir estando, permanecer**
Dans le temps

rester tabou
***seguir siendo** tabú*

rester ➡ **sobrar, quedar**
Après soustraction

rester de l'argent
***sobrar** dinero*

Comment dit-on…

…DEMANDER

demander = poser une question ➡ **preguntar**

Il m'**a demandé** si j'ai un téléphone.
*Me **ha preguntado** si tengo teléfono.*

demander = chercher à obtenir qqch ➡ **pedir**

Elle m'**a demandé** de lui prêter mon téléphone.
*Me **ha pedido** que le preste mi teléfono.*

Comment dit-on…

…MAIS

mais ➡ **pero**

Mes chaussures sont confortables **mais** trop voyantes.
*Mis zapatos son cómodos, **pero** demasiado llamativos.*

ne… pas… mais ➡ **no… sino**

Ce **ne** sont **pas** des gants **mais** des moufles.
***No** son guantes **sino** manoplas.*

…et en espagnol

SE ME

Expression typiquement espagnole, elle se construit avec un verbe pronominal, précédé de « se ».

- J'ai brûlé la pizza. — *Se me ha quemado la pizza.*
- Tu as cassé tes lunettes. — *Se te han roto las gafas.*
- Il/elle a perdu ses cheveux. — *Se le ha caído el pelo.*
- Notre portable s'est éteint. — *Se nos ha apagado el móvil.*
- Votre voiture est-elle en panne ? — *¿Se os ha estropeado el coche?*
- Ils/elles ont oublié l'anniversaire. — *Se les olvidó el cumpleaños.*

Crédits

Couverture (Centre Niemeyer) : M. Ramírez/Age-fotostock © NIEMEYER, OSCAR/Adagp, Paris, 2019 ; (Jeune fille) : innovatedcaptures/Age-fotostock ; (Moai) : Wikimedia Commons ; (Casa de Papel) : P. Le Segretain/Getty Images/AFP (Photomontage) ; (Ruth Beitia) : I. MacNicol/Getty Images/AFP (Photomontage) ; (Almudena Grandes) : L. Cendamo/Getty Images ; (Li Saumet) : T.Hiatt/WireImage/Getty Images ; (Gael Garcia Bernal) : G. Cattermole/Contour/Getty Images ; (Coco Davez) : V. J. Palmeiro/Coco Davez © Adagp, Paris, 2019 ; (Éléments iStock) : iStock/warrengoldswain, ithinksky, gchutka, SimonDannhauer, valentinrussanov, Dopeyden, Lucy Brown – loca4motion, m-imagephotography ; (Éléments Shutterstock) : Shutterstock/tassel78, jayk67. S01 11 : Marina Gondra ; 12h : B. Hernandez/CUARTOSCURO.COM ; 12b : C. Rosillo/Ediciones EL PAÍS S.L 2018 ; 15 : www.labeabogados.com ; 17 : CCMA/Aurimages ; 18g et d : V. J. Palmeiro/Coco Davez © Adagp, Paris, 2019 ; 20hd : S. Wenig/AP Photo ; 20mg : EFE/yv/Aurimages ; 20bm : AGIP/Bridgeman Images. S02 23 : Propiedad de « La Lirio ». Fotografía : A. Barroso ; 24 : E. Parra/Getty Images/AFP ; 25 : Campaña *El largo de mi falda NO te dice que si.* Ayuntamiento de Sevilla, 2018 ; 26 : D. Deamo Fajol et X. Morató Garcia ; 31 : iStock/mattjeacock ; 32 : © 2016, Fundación Mutua Madrileña y Fundación ANAR ; 33 : Creative common stock photos/Dreamstime ; 34hg, hd, bg, et bd : © Cortesía de Editorial Planeta, 2019. S03 37 : C. Brunskill/Getty Images Europe/AFP ; 38 : I. Diaz/Age-fotostock ; 39 : M.Humphrey/AP Photo/SIPA ; 40 (téléphone) : Pixeden ; 40 (tweet) : © IAAF ; 41 : Campaña Valores del Deporte- Kirolaren Baloreak. Gobierno de Navarra ; 43 : iStock/skynesher ; 44hd : DR ; 44mg : T. Koene/Age-fotostock ; 44md : SuperStock/Age-fotostock ; 44bg : DR ; 45 : Gobierno de Cantabria/Consejeria de educacion, cultura y deporte ; 46 : Shutterstock/Pavel Shlykov. S04 49 : Edurne Pasaban ; 50 : Women Play Beach Basketball (b/w photo)/Underwood Archives/UIG/Bridgeman Images ; 51 : Inpho/Oisin Keniry/Presse Sports ; 52 : Iniesta © Dibbuks, Gol y E. Ventura – 2018 ; 53 : Patagonik Film Group/BBQ_DFY/Aurimages ; 55 : C. Lum/Icon SMI/Corbis via Getty Images ; 56 : D'après Nielsen ; 57 : Marca/Icon Sport ; 58g : D. MEYER/AFP ; 58d : J. Ferrario/ZUMA Wire/Rea photo. S05 61 : Q. Vives/Mediaset Espana/Telecinco Cinema/Zeta Cinema/Gran Superproduccion/BBQ_DFY/Aurimages ; 62h : Tute (2019) ; 62b : Shutterstock/Africa Studio ; 64 : DR ; 65 : iStock/akindo ; 66 : E. Arias/EFE/Newscom/Maxppp ; 69 : Sendra ; 70h : L. Rob/Alamy/Photo 12 ; 70m : L. Acosta/AFP ; 70b : P. Clarke-Hill/Age-fotostock ; 71 : iStock/Rawpixel. S06 75 : iStock/NirutiStock ; 76 : D'après Infobae (source : Center for the future of Work/Mc Kinsey Global Institute) ; 78 : iStock/Weedezign ; 79 : N. Pisarenko/AP Photo/SIPA ; 81 : iStock/Metamorworks ; 82 : D'après Latercera (source Injuv) ; 83 : iStock/Andrey Suslov ; 84 : M. Brygier/Joblift. S07 87 : Pedro Ruiz ; 88 : Patricia Gutiérrez ; 91h : Successió Miró/Adagp, Paris, 2019 - Photo Archive Successio Miró ; 91b : T.Marline/Naturimages ; 93h : Aisa/Leemage ; 93b : E. Lee/Alamy/Photo12 ; 95 : Nórdica Libros. Illustration de D. de las Heras ; 96h : Illustration L. Rivera, 2015/Penguin Random House Grupo Editorial, S.A.U. ; 96b : Andersen/SIPA. S08 99 : iStock/Photoservice ; 100 : L. Dafos/Alamy/Photo12 ; 101 : C. Manso/AFP ; 102 : Muak Studio ; 103 : C. Mora/Alamy/Photo12 ; 105 : iStock/fotoVoyager ; 106h : D. Leoz ; 106b : DR ; 107 : iStock/mustafahacalaki ; 108 : D'après l'affiche du festival multiculturel de la Tapa et de la musique de Lavapiés (Madrid). S09 111 : ADAGP, Paris, 2019-Photo World, 1929 (oil on canvas), Santos Torroella, Angeles (1912-2002)/Museo Nacional Centro de Arte Reina Sofia, Madrid, Spain/Index Fototeca/Bridgeman Images ; 113 : iStock/Negaprion ; 114 : M.-A.Cruz ; 117 : J. Macchi, Marienbad, 2011-Biennale de Lyon 2011 © B. Adilon ; 118 (les 4) : A. Nance/REA-REDUX ; 119 : Encuentro Internacional por Ciudades Igualitarias ; 120h : D. Rodriguez ; 120b : iStock/Kupicoo. S10 123 : A. Durán ; 124h : Greenpeace/P. Armestre ; 124b : Photo F. Loriou/www.crepusculeprod.fr (d'après *Méduses de mer et de terre* de S.Hélène)/Design J. Charbonnier ; 126 : M. Alipaz/EPA/Maxppp ; 127 : Alamy/Photo12 ; 129-1, 2, 3, 4 et 5 : iStock/Hartmanc10, bzzup, Grigorii Pisotckii, Palenque, Black_Shogun ; 130 : Montage Humensis, hg : N. Lage/Greenpeace, hd et bg : V. Cunha/Greenpeace, bd : G. Bicho/Greenpeace, 131h : Perchero modelo Pivot Grind de skate-home.com ; 131m : iStock/undefined undefined ; 131b : iStock/yulyao ; 132 : basurama.org CCBY-NC-SA 4.0. S11 135 : L. Goce ; 136 : ecologistasenaccion.org ; 139 : © Cortesía de Editorial Planeta, 2019 ; 140 : De la ilustración © A. Bustelo, 2016. Del texto © F. Llorca, 2016. Publicado en el libro *Pequeños grandes gestos por el planeta*, Alba editorial, 2016 ; 141h : DR ; 141b : Bridgeman Images/Leemage ; 143 : O. Gonzalez/NurPhoto/AFP ; 144 : D'après la revue Cuerpo Mente ; 145 : R. Levine/Alamy/Photo12 ; 146h : Alamy/Photo12 ; 146b : iStock/South_Agency. S12 149 : G. Iturbide ; 152 : P. Dávila Castañeda ; 153 : Guzelian/Lorne Campbell/SIPA ; 155 : CSP_HighwayStarz/Age-fotostock ; 157 : M. Romanelli/Age-fotostock ; 158 : El Directorio S.A.C./BBQ_DFY/Aurimages. S13 161 : iStock/sturti ; 162 : Invicta Films/BBQ_DFY/Aurimages ; 163 : Arcadia Motion Pictures, Alfa Picture/Aurimages ; 164 : © 2014, Ediciones Ekaré Sur © 2014 V. Reinamontes, ilustraciones ; 165h : Ayuntamiento de Madrid ; 165b : Ayuntamiento de Madrid ; 167g : P. Barrena/AFP ; 167d : iStock/Cecilie_Arcurs ; 168 : DR Mineduc, Consejo Nacional de educacion, Chile ; 169 : Hero Images/Getty Images ; 170h : 2019 © Photo Archive-Fondazione Musei Civici di Venezia ; 170b : Cincinnati Art Museum, USA/Bridgeman Images. S14 173 : C. Lombardi/ARCHIVOLATINO-REA ; 174hg : De Agostini/J.L.C-Age-fotostock ; 174hd : McPhoto/MDF/Age-fotostock ; 174b : C. Michot/Alamy/Photo12 ; 176 : A. Rios Szalay-Age-fotostock ; 177 : I. Alastruey/Alamy/Photo12 ; 179g et d : A. Aguilar/La Tapicera ; 180hg et bg : iStock/Sarawutnam, jmillard37 ; 180hd : Adraincture69/Getty Images ; 180bd : Alamy/Photo12 ; 181 : Shutterstock/Dani Vincek ; 182 : Photo S. Maung/Designer B. Equihua. S15 185 : D. Van Der Veen Lacueva ; 186 : M. Perez (acrilique sur papier 70x120cm, 2018) ; 188 : J. del Pozo/Medina al Andalus ; 189 : Black Aperture/Getty Images ; 193 : S. Gilera/Age-fotostock ; 194 : iStock/Fazeful. S16 197 : Publié par M. Hermanos/Illustration J. Guadalupe Posada/Courtesy of the Jean Charlot collection/ University of Hawaii, Manoa Library ; 199 : Bibliothèque nationale de France, Département des Manuscrits. Mexicain 59-64 ; 201h : Filatelia y Cultura Postal Inposdom ; 201b : Global Set Spain/Movistar+/BBQ_DFY/Aurimages ; 202 : Ayuntamiento de Galapagar ; 206 : D'après *Camino del inca*, diarioeldia.cl, 16/05/16 ; 207 : Heros Images/Getty Images ; 208 (de h en b et de g à d) : De Agostini/Leemage ; iStock/axz66, apomares, Romaoslo, Cnincbc, Sorincolac, Javarman3, Azmani, Siempreverde22 ; AGF/Leemage. S17 211 : JEOSM ; 212g : Boa Mistura ; 212d : U. Lennartz-Lembeck/www.ute-lennartz-lembeck.de ; 213 : *Jump* (5x12 mètres), Alfula, Israël, 2017, E. Relero ; 214 : Bombardos de Poemas-Xavi Olmos ; 215 : Photo Chema Madoz/Banco de Imágenes VEGAP, ©ADAGP, 2019 ; 217 : iStock/Mordolff ; 218hg : *Téléphone Homard*, 1936, Salvador Dali, Tate Gallery. Photo ©Tate, London 2019. ©ADAGP, 2019 ; 218hm : J.Dieuzaide/AKG Images ; 218bg : P. Fuentes ; 218bm : P. Fuentes ; 219 : Joan Miro. The Eye Attracts Diamonds. February 9, 1974. Umbrella, partially painted wood, wire, paper, and plastic and cloth flowers ; 71 3/4 × 47 1/4 × 24 3/4" (182.2 × 120 × 62.9 cm) excluding umbrella 88 1/2 × 70 1/4 × 55" (224.8 × 178.4 × 139.7 cm). The Museum of Modern Art, New York, NY. Gift of the artist. Photo © The Museum of Modern Art/Licensed by SCALA/Art Resource, NY © ADAGP, 2019 ; 220 : iStock/Vision China. S18 223 : V. Villasana ; 224 : D. Arzola ; 225 : L. Zafra Moreno/@LauraZafraArt ; 227 : A.Jaar, *The Geometry of Conscience*, 2010, Santiago de Chile, Museo de la Memoria y de los Derechos Humanos, Photography : C. Palma, Courtesy the artist, New York ; 228 : D. Escalona , Duelo 1, 2017. Hospital Real de Granada ; 229 : Photo Brescia e Amisano © Teatro alla Scala ; 231 : E. Chauvet ; 232h : R. Corrales/SDO W. Lam ; 232m : SDO W. Lam ; 232bg et bd : Bibliothèque de l'Assemblée nationale ; 233 : Golden productions/Age-fotostock ; 234h et b : Herederos Guayasamín. Éléments graphiques : iStockphoto.com.

Crédits textes : 13, 200 : Penguin Random House Grupo editorial ; 14, 64, 73, 85, 115, 159, 162, 171, 235 : Grupo Planeta ; 21, 133 : Visor Libros ; 27, 88, 127, 147, 183, 215 : permiso otorgado por Carmen Balcells Agencia Literaria ; 29 : mujerhoy.com ; 35 : ciudadseva.com ; 38, 109 : Tusquets Editores ; 47, 203 : Siglo XXI Editores ; 50 : Renacimiento Sevilla ; 59 : Editorial Letras cubanas ; 63 : Vintage Español, una división de Random House ; 112 : Editorial Anagrama ; 113, 221 : Penguin Random House Argentina ; 121 : Ediciones Siruela ; 139 : Ediciones Península ; 140 g : Alba ediciones ; 140d : Christina Rosenvigne/El Segell del Primavera 2017/Primavera Labels ; 151 Plataforma editorial ; 152 Muevetulengua ; 164 Ediciones Ekaré ; 187 Editorial cuarto centenario ; 195 HarperCollins Ibérica ; 209 Editorial Txalaparta.

Crédits audio et vidéo : 15 : ¿Firmar un contrato entre padres e hijos para fijar las normas de convivencia?, Telenoticias 1 - 09/01/2019, TeleMadrid (RADIO TELEVISIÓN MADRID) ; 25 : *El largo de mi falda NO te dice que sí*, Telediario – 22/11/2017, RTVE ; 28 : Época selfie, YouTuber "Mississippi spoken Word" – 12/07/2017 ; 51 : *Seas como seas tienes un sitio. Solo tienes que ser valiente*, Selección Española femenina de rugby / Joma Sport, D.R. – 28/12/2017 ; 58 : *Saúl Craviotto, embajador en Mozambique*, Manus Unidas / Saúl Craviotto, D.R. – 22/10/2018 ; 58 : *Alive*, Buenos Aires 2018 (Juegos Olímpicos de la Juventud Buenos Aires 2018), D.R. – 03/10/2018 ; 62 : *Orientación Vocacional*, carrerasconfuturo.com/USMP, D.R. – 23/06/2018 ; 65 : *Siete claves para elegir profesión*, Aquí Hay Trabajo - 19/06/2018, RTVE ; 66 : Liniers, Arte Único 2016/Ricardo Siri 'Liniers', D.R. – 22/08/2016 ; 77 : *Metodologia para desarollar tus habilidades blandas*, Alcaldía de Envigado (Colombia), D.R. – 28/11/2017 ; 78 : ¿Cómo convertirse en un(a) influencer?, DW España, D.R. - 15/11/2017 ; 84 : *El talento quiere volver a casa*, EL PAÍS - 21/05/2017 ; 89 : Pedro Almodóvar, *La flor de mi secreto*, réalisation Pedro Almodóvar, production El Deseo 1995, distribution TF1 Studio ; 96 : El Tiempo TV, *Cien años de soledad cumple 50 años*, El Tiempo 2017, D.R. ; 102 : Hackity App, Hackity Social Design SL 2014 ; 112 : ¡Voces jovenes de Villaverde!, réalisation Pedro Rodriguez Guerrero, production Asociación De Vecinos La Unidad Este De Villaverde – 27/05/2018 ; 114 : Gustavo Taretto, *Medianeras*, Medianeras The Film – 2011, D.R. ; 120 : *Huertos Escolares Ecológicos*, réalisation La Luciernaga, production El Enjambre sin Reina, Ecohuertos escolares, D.R. – 29/05/2017 ; 124 : Las Hermanas Caronni, *Santa Plástica*, 2019 ; 126 : *Latamé (La Selva)*, #SalvemosElTipnis, Patricia Quintanilla Ballivian/Ernesto Fernandez T. - PQu Films (ex EQuFilms) – 2017 ; 132 : *Navidad a pedales*, Projet de Ciclabab et Basurama, licence «CCBY-NC-SA 4.0» – 2015 ; 136 : *Autobuses eléctricos ya circulan por Santiago*, AFP Espagne, D.R. - 18/01/2019 ; 138 : Sin Filtros.com, *Consumo responsable, combate de futuro*, Cuerdos De Atar, D.R. – 2017 ; 146 : *Ruth Buendía ganó el premio ambiental Goldman*, América Noticias (Pérou), D.R. – 28/04/2014 ; 150 : Icíar Bollaín, *El olivo*, Morena Films SL - Match Factory Productions - El Olivo La Pelicula A.I.E. – 2016/EntoneGroup (D.R.) ; 153 : *El traje que te hace viejo*, El País – 22/02/2017 ; 158 : Gustavo Saavedra Calle, *El Abuelo*, EL DIRECTORIO y EL COLECTIVO – 2018 ; 163 : Celia Rico Clavellino, *Viaje al cuarto de una madre*, Alfa Pictures – Noodles Pictures, D.R. – 2018 ; 165 : *Pleno de adolescentes*, Ayuntamiento de Madrid, 12/06/2016 (D.R.) ; 177 : ¿Qué es el estilo vintage?, Ellen te dice, D.R. – 15/04/2016 ; 189 : Jesus Armesto, *Las llaves de la memoria*, Almutafilm S.L. – 2017 ; 201 : *Conquistadores Adventum*, Movistar+ / Telefonica - Sky UK – 2017 ; 203 : *Celebración del Día de la Descolonización en Bolivia*, Telesur TV, D.R. 12/10/2018 ; 212 : ¿Qué es el arte urbano?, Líneas cruzadas, D.R. – 10/05/2016 ; 224 : Entrevista a Daniel Arzola, Informe21TV, D.R. - 16/07/2014 ; 229 : Paul Smaczny et Maria Stodtmeier, *El Sistema*, Aere France/NHK/SF – EuroArts – 2009 ; 234 : Ana Vivanco, *La Capilla del hombre*, Fundacion GUAYASAMIN – 2015.

Coordination éditoriale : Sara Festi.
Édition : Adriana Laguna.
Direction éditoriale : Giovanni Picci.
Assistants éditoriaux : Juliette Caussé et Bryan Rivera.
Conception de la maquette et direction artistique : Clémentine Largant.
Réalisation de la maquette intérieure : Aude Gertou.

Illustration de couverture : Raphaël Chantalat.
Illustrations : Vero Escalante : p. 73, 97, 133, 173, 183, 235. Nans Grall : p. 30, 54, 80, 104, 128, 154, 178, 204, 230. Maite Ortiz : p. 35, 47, 85, 121, 147, 209. David Pintor : p. 21, 59, 109, 159, 195, 221. Emmanuelle Pioli : p. 16, 42, 68, 92, 116, 142, 168, 190, 216.
Infographies : Mathilde Boucher et Bertrand Loquet.

Iconographie : Chloé Williamson et Loan Herr (couverture).
Recherche vidéo : INIT-ep.
Droits textes : Kathy Reymann.
Photogravure et prépresse : IGS et Carole Pronnier.
Lecture-correction : Dulce Gamonal.

La pâte à papier utilisée pour la fabrication du papier de cet ouvrage provient de forêts certifiées et gérées durablement.

Certifié PEFC
Ce produit est issu de forêts gérées durablement et de sources contrôlées.
PEFC 10-31-2722
pefc-france.org

Imprimé en France par l'imprimerie Clerc
Dépôt légal : mai 2019
N° d'édition : 03580203-08/septembre 2023